Marcus Damm

Achterbahnfahrten im Klassenraum

Konstruktive Zugänge finden zu Schülerinnen und Schülern mit Borderline-Persönlichkeit

Klett | Kallmeyer

Bibliografische Information der Deutschen Nationalbibliothek
Die Deutsche Nationalbibliothek verzeichnet diese Publikation in der Deutschen Nationalbibliografie; detaillierte bibliografische Daten sind im Internet über https://dnb.d-nb.de abrufbar.

Impressum

Marcus Damm
Achterbahnfahrten im Klassenraum
Konstruktive Zugänge finden zu Schülerinnen und Schülern mit Borderline-Persönlichkeit

1. Auflage 2019

Redaktion: Dirk Haupt, Leipzig
Realisation: SchwabScantechnik, Göttingen
Druck: Beltz Bad Langensalza GmbH, Bad Langensalza
Printed in Germany

ISBN: 978-3-7727-1308-8

Marcus Damm

Achterbahnfahrten im Klassenraum

Konstruktive Zugänge finden zu Schülerinnen und Schülern mit Borderline-Persönlichkeit

Klett | Kallmeyer

Inhaltsverzeichnis

Vorhang auf ...

Deine Welt
Hast dein Gesicht keiner Mitgestalt mehr anvertraut
wer hat deinen Liebgesang so einfach weggestohlen

Hast deinen Gedankengang für mich aufgehoben
kannst dem Erlebten nur noch Zweifel schenken
jedoch nicht geloben

Gehst immer noch den Weg nach gestern
suchst den artgerechten Schein in Richtung jetzt
dem Heute und auch Morgen
sehnst dich nach Ruhe und Beschaulichkeit, vor allem ohne Sorgen

Auf der Reise, einsam und allein in ein Niemandsland
vielleicht mit einer Rückfahrkarte in der Hand

Da gab's 'ne Zeit, unbeschreiblich, unendlich, das Elend ruft unaufhörlich weit
so viele Jahre, so viele Stunden dem Sein getrotzt, dennoch den Schein gewahrt
der Wirklichkeit die Stirn geboten, zu allem bereit

Hör auf dein Herz, hör auf dein Gefühl – hörst du dein Leben
wie es in dir bebt und auch mit dir spricht
Du bist der Puls, der mich Tag für Tag aufs Neue belebt
und mich des Nachtens heimlich erwischt

Hat die Blüte in dir das Gespür für Liebe irgendwann mal weggeblutet
Wie oft hat es schon wehgetan, was hat man dir so alles zugemutet

Warum? – Eine Frage, die für dich keine Antwort finden will
so suchst du kleines Licht im Dunkeln, ganz still

In den Augen führt dich ein unwiderstehliches Lächeln
das auch dann noch leuchtet, wenn andere bereits schon schwächeln

Hans-Jörg Treitler

Der Autor, Jahrgang 1959, ist Polizeibeamter und lebt in Worms. Er ist Dichter, Sänger, Songwriter und hält Lesungen über Gott und die Welt. Kontakt: hansjoergtreitler@gmx.de

Geleitwort von Michael Armbrust & Anja Link

Nein, nicht jede Schülerin, die sich ritzt, hat eine Borderline-Störung. Und ja, man kann eine schwere Pubertätskrise von einer Borderline-Störung unterscheiden. Wenn man genau hinschaut und etwas Erfahrung hat. Gut 6 % der Jugendlichen weisen eine Borderline-Symptomatik auf. Das sind nun so viele, dass Sie, wenn Sie im pädagogischen Feld tätig sind, nicht umhinkommen, sich mit der Thematik auseinanderzusetzen – man könnte sagen: An den Borderlinern kommen Sie nicht vorbei. Und besser, man ist dann gewappnet und hat gängige Klischees gegen aktuell verfügbares Wissen eingetauscht. Das macht es leichter, für alle Beteiligten – und dieses Buch ist ein wertvoller Beitrag dazu mit konkreten Handlungsoptionen.

A. L.: Als Schülerin habe ich selbst nicht provoziert oder gestört. Ich habe eher still vor mich hin gelitten, konnte meine eigenen Gefühle nicht verstehen und nicht klar formulieren, dass ich eigentlich Hilfe brauchte. Aber ich wollte gesehen werden, mit diesem inneren Schmerz und dem nicht aushaltbaren Druck. Die Narben von den Selbstverletzungen habe ich vor denen versteckt, von denen ich kein Verständnis mehr erwartete – und denen offenbart, die mir helfen sollten.

So haben sich in meiner Schulzeit zwei Situationen eingeprägt. Die Leute, von denen ich Unterstützung gebraucht hätte, fühlten sich eigentlich immer entweder hilflos oder wurden wütend. Schwankten zwischen Verrat und Angriff oder ohnmächtigem Mitleid. Beides überforderte mich zusätzlich.

Von der einen Situation wurde mir erst Jahre später bewusst, wie alle Beteiligten überfordert waren. Während des Unterrichts riss ich ein Pflaster von einer Wunde und ahnte nicht, dass sie noch gar nicht verheilt war. So klaffte sie auseinander, blutete und ließ sich nicht mehr ignorieren. Meine Banknachbarin und beste Freundin war schockiert. Immerhin fiel ihr noch ein, an wen wir uns wenden könnten, und wir gingen zum Biologielehrer, der für Erste Hilfe zuständig war. Die Situation war mir sehr unangenehm und zu allem Überfluss spürte ich, wie hilflos auch der Lehrer sich fühlte.

Die andere Situation ergab sich, als ich im Fach Französisch eine Schulaufgabe mit der Note 6 herausbekam. Ich war am Boden zerstört. Beim Hinausgehen in die Pause hielt mich der Lehrer zurück und sagte drohend zu mir, ich solle nicht gleich wieder einen Suizidversuch produzieren, und griff dabei nach meinem Handgelenk, drehte es herum, sodass die Narben sichtbar wurden. Ich fühlte mich in diesem Moment gedemütigt und unverstanden.

Wenig später folgte meine erste Einweisung in eine psychiatrische Klinik, die ich mit der Diagnose „Borderline-Persönlichkeitsstörung" im Entlassungsbrief verließ. Das hatte damals keine große Relevanz, denn die wenigsten Fachleute(!) konnten damals mit dem Begriff etwas anfangen. Der Begriff „Borderline“ war einfach nur negativ konnotiert.

Das war 1988, ich war 16 Jahre alt und naheliegend wäre zu behaupten, seitdem habe sich viel verändert. Ist das wirklich so? Teilweise ja, teilweise jedoch erschreckend wenig.

Heute begegnen mir Borderline-Jugendliche im Rahmen meiner Arbeit in der Borderline-Trialog Kontakt- und Informationsstelle. Eine Konstellation, die mir sehr häufig begegnet, ist die, dass die Jugendlichen sich zurückziehen, mit niemandem über ihr emotionales Achterbahnfahren, den Selbsthass und das Gefühl, ein Alien zu sein, reden. Auf Nachfrage höre ich dann, dass es bereits Kontakte zu Psychiatern oder Therapeuten gab, aber „die haben eh nix verstanden“ und so ist das professionelle Feld schnell zur verbrannten Erde geworden. „Mit Therapeuten will ich nichts mehr zu tun haben. Da bringen mich keine zehn Pferde mehr hin!“ In der Fachsprache heißt es dann, die Betroffenen haben eine hohe Zurückweisungssensitivität. Es genügt ein „falscher“ Tonfall oder eine abwertende Bemerkung und schon fühlt ein Borderline-betroffener Jugendlicher sich nicht nur unverstanden, sondern auch abgelehnt. Diese Erfahrung wird schnell generalisiert und auf alle professionellen Helfer übertragen. Doch nach Hilfe und Unterstützung wird ja trotzdem weiter gesucht. Dann wird im Lebensumfeld gesucht. Und dann werden die Lehrer, neuerdings auch die Schulsozialarbeiter, zu wichtigen Bezugs- und Ansprechpersonen.

Vor zwei Jahren wurde ich als Referentin für mehrere Treffen der Schulsozialarbeiter und Schulpsychologen eingeladen. Bei diesen Fortbildungen wurde mir deutlich, in welchem Spannungsfeld diese Pädagogen stehen: Schüler, die psychische Probleme mitbringen, stellen eine große Herausforderung dar; gleichzeitig soll diese Herausforderung ganz nebenbei, neben dem anspruchsvollen Schulalltag, gemeistert oder beseitigt werden. Ich selbst hatte damals keine Idee, wie das funktionieren könnte.

Marcus Damm schließt hier eine Lücke – im pädagogischen Bereich, dem Lebensumfeld der Betroffenen, braucht es sehr dringend Wissende.

Er hat konkrete Handlungsoptionen erarbeitet, die beiden Seiten eine Hilfestellung geben. Insofern können wir diese Methodik allen Pädagogen, die mit Jugendlichen zu tun haben, ans Herz legen.

M. A.: Meine persönlichen Erfahrungen mit der Borderline-Störung beginnen 1990, als ich als junger Assistenzarzt in der Psychiatrie begann auf einer Station für junge Patienten, auf der sich auch sechs Borderline-Betroffene befanden, die ich spannend und auch durchaus sympathisch fand.

Zu dieser Zeit war diese Diagnose zwar schon eingeführt, aber niemand, auch meine Vorgesetzten, wusste, was das wirklich ist. Bei den Ärzten und v. a. dem Pflegepersonal herrschte die Auffassung vor, dass alle Borderliner schrecklich und nicht auszuhalten sind. Jeder Patient, der sich in den Augen des Personals „schwierig" verhielt, bekam schnell die Verdachtsdiagnose Borderline, auch wenn sonst nichts dafür sprach. Das hat sich bis heute nun doch stark geändert.

Und niemand wusste damals, wie man den Betroffenen helfen konnte. Medikamente helfen nicht wirklich – bis heute – und Psychotherapie dafür war unbekannt. Da es um die 3 % Betroffene gibt, denen aber keiner helfen konnte, entschied ich mich früh, das zu meinem beruflichen Lebenssinn zu machen.

Besonders schräg fand ich damals, dass vom Chefarzt verboten wurde, mit Betroffenen über ihre Diagnose zu sprechen und über mehr natürlich erst recht nicht. Sie erhielten eine „frühe Störung" und der Rest blieb im Dunkeln. Hier hat sich nun viel verändert – es wird erheblich mehr und v. a. offener über die Störung gesprochen. Die trialogischen Ansätze und Umsetzungen haben hierzu wahrscheinlich am meisten bewegt. Den psychiatrischen Profis wurde das alleinige „Sagen" (und Wissen) abgesprochen und dies bot so auch den Einstieg in viel breitere Auseinandersetzungen aufseiten aller Beteiligten.

Schade ist, dass relativ spät Schulpädagogen miteinbezogen wurden – bei dieser in der Regel im Schulalter beginnenden Störung. Die Gründe hierfür sind sicher vielfältig – auf jeden Fall ist es gut, dass sich das nun ändert. Vor wenigen Wochen war ich nach 25 Jahren in der hiesigen Klinik nun zum ersten Mal in der ortsansässigen Gesamtschule zum Thema *Borderline* im Rahmen eines Schülerprojektes von 15-Jährigen.

Es ist großartig, dass Marcus Damm nun hilft, Lücken zu schließen und Brücken zu bauen. Er wird die pädagogischen Profis unterstützen und so indirekt auch die Betroffenen.

Dr. med. Michael Armbrust, geb. 1960, ist Chefarzt an der Schön Klinik in Bad Bramstedt, wo er ab 1995 den Borderline-Schwerpunkt aufbaute. Er ist leitender Arzt des Bereiches für Persönlichkeitsstörungen, ADHS und soziale Phobie. Gemeinsam mit Anja Link veröffentlichte er 2015 im Junfermann Verlag das Buch „Borderline im Trialog: Miteinander reden – voneinander lernen".

Anja Link, geb. 1972, ist Diplom-Sozialpädagogin (FH) und Mitbegründerin des Borderline-Trialogs, seit 2006 Aufbau und Etablierung der bundesweit tätigen Borderline-Trialog Kontakt- und Informationsstelle in Nürnberg (http://www.borderline-trialog.de).

Geleitwort von Rudi Merod

Durch das 1999 erlassene Psychotherapeutengesetz wurden Verbesserungen vor allem in der psychotherapeutischen Behandlung von Kindern und Jugendlichen erzielt, zusätzlich zeigt sich besonders die Vielzahl der neuen Ergebnisse in der Forschung bezüglich der Störungen in diesem Altersbereich. Die große Anzahl der aus diesem Altersbereich stammenden Forschungsberichte zeigt, dass dieser insgesamt viel stärker in den Fokus genommen wurde. Wir stellen dadurch gleichzeitig immer deutlicher fest, dass die therapeutische Arbeit mit Kindern und Jugendlichen anders ist als die Arbeit mit Erwachsenen, und diese Ergebnisse belegen ebenso, dass deren soziales Umfeld weit stärker in die Behandlung miteinbezogen werden muss.

Das bedeutet, dass diese Arbeit gerade nicht ausschließlich mit den Kindern geleistet werden kann, denn das Umfeld hat einen deutlich stärker ausgeprägten Einfluss als bei erwachsenen Patienten. Kinder und Jugendliche reagieren sehr viel stärker auf das Verhalten der Umwelt und sind deutlich stärker von „prägenden Bezugspersonen" abhängig, als dies bei Erwachsenen der Fall ist, und diese „prägenden Bezugspersonen" gestalten bewusst oder unbewusst die Schemata mit, die dann das Verhalten und Erleben der Kinder und Jugendlichen mitprägen, das dann eventuell zu Problemen führt.

Aus diesem Grund finden sich in den Behandlungsprogrammen für Jugendliche mit einer emotional instabilen Persönlichkeitsstörung auch Anteile, die die Bedeutung der Erwachsenen für die Entwicklung und das Aufrechterhalten der Störung verdeutlichen (Miller, Rathus & Linehan 2007; Merod 2013). Dass aber auch andere Personen von großer Bedeutung für das Entstehen und die Aufrechterhaltung der Störung sein können, wird in den bisherigen Behandlungsprogrammen schlichtweg nicht berücksichtigt. Wahrscheinlich, weil es für die „klassische" Psychotherapie unter den Bedingungen des SGB V im Prinzip nicht machbar erscheint und auch nicht vorgesehen ist, weitere Personen, auch solche, die nicht zur Familie gehören, in die Behandlung zu integrieren.

Die Heidelberger Schulstudie (Brunner et al. 2007) hat deutlich gemacht, dass eines der schwierigsten Symptome, nämlich die Selbstverletzung, in hohem Maße bei Schülern anzutreffen ist und damit für die Betroffenen selbst, aber auch für das Umfeld eine gravierende Beeinflussung darstellt. Gleichzeitig wird die Behandlung dieser und anderer Symptome nicht systematisch in die Behandlung einbezogen.

Die seit einigen Jahren zur Behandlung von Borderline-Störungen auch bei Jugendlichen angebotenen Verfahren haben sich mittlerweile recht gut in die Behandlungen eingefügt und werden auch wissenschaftlich beforscht. Aber diese Behandlungsprogramme erfassen nur einen Teil der Probleme, wenn auch einen sehr wichtigen. Von daher erscheint eine Erweiterung der Behandlung, die das weitere soziale Umfeld einbezieht, sehr bedeutsam, damit genau dieses Umfeld genutzt, aber auch unterstützt werden kann.

Nun ist es keine Überraschung, dass genau wie bei vielen anderen psychischen Störungen auch Borderline-Störungen in der Schule deutlich sichtbar werden, so wie es bei den meisten externalisierenden Störungen der Fall ist. Der Umgang mit den betroffenen Menschen in der Schule scheint für die Behandlung von großer Bedeutung zu sein. Viele Kinder werden in erster Linie und zuallererst von Lehrern als „auffällig" erkannt und gerade Lehrer sorgen sehr häufig dafür, dass diese Kinder in Therapie kommen, dort diagnostisch erfasst und dann, falls sinnvoll und notwendig, auch angemessen behandelt werden. In den Behandlungsprogrammen werden jedoch die Probleme in der Schule und auch mit den Mitschülern in der Regel nicht systematisch miteinbezogen. Diese gehören nicht zu dem im SGB V definierten Behandlungsrahmen.

Dadurch werden sicherlich einerseits wichtige Teile der Problematik nicht erfasst und andererseits können bei den Betroffenen zusätzliche Probleme entstehen, wie beispielsweise Schulversagen. Hierdurch kann sich die Symptomatik verschlimmern und dadurch weiteres Leid und langfristige negative Folgen verursacht werden, was nicht notwendig ist und unbedingt verhindert werden sollte. Gleichzeitig werden die Lehrkräfte und die Mitschüler in Situationen gebracht, die sie überfordern und zum Teil massiv belasten, was auch bei diesen Personen Schäden hervorrufen kann.

Mit dem jetzt vorliegenden Programm von Marcus Damm soll eine Lücke in der Behandlung geschlossen werden. Es sollen Ergänzungen in die therapeutischen Behandlungen eingefügt werden, die den Patientinnen und Patienten, aber auch den Therapeutinnen und Therapeuten, Unterstützung bieten sollen, damit die Therapie nicht an Schulproblemen scheitert. Es zeigt, wie Lehrer und Mitschüler sehr hilfreiche Cotherapeuten sein können und wie sie sinnvoll in den Gesamtbehandlungsplan einbezogen werden können.

Dr. Rudi Merod
Bad Tölz

Literatur

Brunner, R., Parzer, P., Haffner, J., Steen, R., Roos, J., Klett, M. & Resch, F. (2007): Prevalence and psychological correlates of occasional and repetitive Deliberate Self-Harm in adolescents. In: Archives of Pediatrics and Adolescent Health, 161, S. 641–649.

Merod, R. (2013): Dialektisch-behaviorale Therapie (DBT-A) mit Jugendlichen mit einer Borderline-Persönlichkeitsstörung. Tübingen: DGVT Verlag.

Miller, A., Rathus, J., Linehan (2007): Dialectical Behavior Therapy with Suicidal Adolescents. New York: Guilford Press.

Dr. Rudi Merod, Diplom-Psychologe, Psychologischer Psychotherapeut, Supervisor, ist seit 1993 Leiter des Ausbildungszentrums München/Bad Tölz der DGVT und Gründungsmitglied des Dachverbandes Deutschsprachiger Psychosenpsychotherapie (DDPP). Seine Arbeitsschwerpunkte sind u. a.: Persönlichkeitsstörungen im Erwachsenen- sowie Kinder- und Jugendlichenbereich. Diverse Veröffentlichungen im Bereich der Persönlichkeitsstörung und Traumastörungen.

Vorwort

Sie sind vielleicht aufgrund von aktuellem Leidensdruck oder nur aus Interesse am Thema selbst schon darauf gekommen: Das vorliegende Buch war längst überfällig! Es ist derzeit (noch) erstaunlicherweise einzigartig, besetzt eine Nische und schließt eine sehr offensichtliche Bildungslücke bei uns Lehrkräften. In Zeiten, in denen viele Professionelle im Umgang mit herausfordernden Schülerinnen und Schülern (im Folgenden abgekürzt mit: SuS) an ihre Grenzen stoßen, macht gerade beim Phänomen Borderline ein längerer und vor allem genauer Blick über den Tellerrand der Schulpädagogik hinaus Sinn – hin zur Psychotherapie. Im Prinzip kommen wir auch gar nicht umhin: Die Borderline-Störung ist vor allem ein Bild bei Jugendlichen und jungen Erwachsenen und somit auch ein realer Prüfstein im Klassenraum, mit dem wir uns irgendwann auseinandersetzen müssen.

Die wohl erfolgversprechendsten Erkenntnisse über verhaltensauffällige Kinder und Jugendliche wurden in den letzten Jahren und Jahrzehnten im Praxisfeld Psychotherapie/Psychiatrie gefunden und von Psychotherapeutinnen und Psychotherapeuten[1] veröffentlicht. Nur wenige Inhalte wurden erstaunlicherweise von Bildungsberuflern in Theorie und Praxis adaptiert. Ich wiederhole mich an dieser Stelle gern noch einmal: Für uns Lehrkräfte gab es bis dato keine einzige, auf unser Praxisfeld zugeschnittene Literaturgrundlage, die uns im Umgang mit Borderlinerinnen und Borderlinern hätte umfänglich und fundiert unterstützen können.

Nach meiner Einschätzung begegnen die meisten Lehrkräfte, die mit diesem Thema real in Berührung kommen, der hier fokussierten Personengruppe grob fahrlässig mit Vorurteilen („Ach ja, das sind die hochmanipulativen Mädels, die sich ritzen!") bzw. Ängsten („Was mache ich nur, wenn die Schülerin mal hier durchdreht?"). Grenzgängerinnen gelten zwar im klinischen Kontext im Allgemeinen als besonders schwierig, manipulativ, herausfordernd, emotional, impulsiv usw., aber im Praxisfeld Schule ist das nicht immer so.

Es lohnt sich, auch die eigene Lehrerpersönlichkeit dahingehend zu beleuchten: Borderline-Kandidatinnen werfen aufgrund ihrer Charakterstruktur und Verhaltensweisen *existenzielle* Fragen auf, die uns, wenn wir uns darauf einlassen, in den Bann ziehen und durchaus dazu motivieren können, zwischenmenschliche Beziehungen im Klassenraum tiefgründiger zu

1 Aufgrund der besseren Lesbarkeit wird im Folgenden häufig die männliche Form bei der Professionellenperspektive verwendet. Selbstverständlich sind immer auch Lehrerinnen, Kolleginnen, Autorinnen usw. gemeint. Ferner geht es hauptsächlich um Heranwachsende mit Borderline-Persönlichkeitsstruktur. Da in diesem Fall ein Geschlechterunterschied vorliegt, bietet sich die weibliche Form an.

betrachten und verstehen zu wollen. Denn der individuelle Umgang mit Borderline-Betroffenen sagt in der Regel auch immer etwas über die innerpsychische Struktur der *Lehrkraft* aus.

Ich selbst jedenfalls kann mit Fug und Recht rückblickend sagen, dass mich die Erfahrungen mit SuS mit Borderline-Persönlichkeitsfacetten am meisten inspiriert haben in Bezug auf mein Classroom Management. Des Weiteren habe ich sehr viel über mich selbst und meine „abgründigen" Persönlichkeitsanteile herausgefunden. Diese Erfahrungen möchte ich nicht missen, obwohl sie mich auch manchmal an meine Grenzen gebracht haben.

Ich hoffe, dass Sie während der Lektüre dieses Buches schlussendlich Fragen beantworten können, die Ihnen möglicherweise schon länger unter den Nägeln brennen, z. B.: „Wie kann ich Borderline-Tendenzen bei SuS als solche erkennen und etwa von normalen pubertären Ausbrüchen unterscheiden?", „Mit welchen möglichen Auswirkungen ist neben den zu erwartenden Stimmungsschwankungen im Laufe des Schuljahres zu rechnen?", „Wie gehe ich im Allgemeinen und Speziellen professionell und vor allem methodisch mit SuS mit Borderline-Persönlichkeitsstil um?", „Wie schaffe ich es, mich in problematischen Situationen innerlich abzugrenzen?" usw.

Der Bedarf an der Erweiterung des diagnostischen und pädagogischen Handwerkskoffers auf Lehrerseite ist nach meiner Einschätzung so oder so sehr groß, nicht nur an „meiner" Anna-Freud-Schule in Ludwigshafen (BBS Sozialwesen, Gesundheit und Hauswirtschaft). Auch im Rahmen meiner Schemapädagogik®-Seminare und -Weiterbildungen heißt es seit Jahren vonseiten der Teilnehmerinnen und Teilnehmer unisono: „Wir Pädagogen brauchen in unserer praktischen Arbeit mehr psychotherapeutisches Hintergrundwissen und, darauf aufbauend, einfach mehr Konfliktmanagement-Methoden!"

Seit ich an meiner Institution beschäftigt bin, immerhin schon seit November 2004, hatte ich es regelmäßig mit Heranwachsenden mit Borderline-Persönlichkeitsstruktur zu tun. Viele von ihnen hatten tatsächlich die ärztliche Diagnose „Borderline-Persönlichkeitsstörung" gestellt bekommen und mir das auch so direkt kommuniziert, mal im 1:1-Setting, in der Pause in der Raucherecke oder auch schon mal vor der ganzen Klasse.

Einfach gesagt: Mit diesen Schülerinnen musste ich inner- und außerhalb des Unterrichts irgendwie zurechtkommen bzw. auf sie reagieren. – Ich weiß, Eigenlob stinkt, aber trotzdem möchte ich hier offen sagen: Heute gelingt mir das meistens, aber natürlich nicht immer ohne Reibungsverlust. In meiner Zeit als Anfänger war ich so gut wie immer überfordert: Die eine Borderline-Schülerin beispielsweise – Jahre ist es schon her – war extrem reizvoll, weil sozial kompetent und witzig, und sie idealisierte mich („Ich habe zwar einen Freund, aber ich hätte heute Abend Zeit für einen Seitensprung – ich komme einfach kurz mit meinem Auto in Worms vorbei!"). Eine andere Grenzgängerin (hochmanipulativ) diskreditierte mich aus heiterem Himmel vor versammelter Mannschaft („Sie sind das Allerletzte, Sie haben uns doch hier von Anfang an nur verarscht!").

Dann gab es Situationen, in denen ich mit Betroffenen mit aufgeschnittenen Unterarmen, mit Alkohol- und Drogenmissbrauch und suizidalen Tendenzen zu tun hatte. Schnell war ich in den erwähnten Situationen schachmatt und wusste nicht mehr weiter. Aus dieser Not heraus, die meine Kollegen damals wie auch heute ebenso hin und wieder teilten bzw. teilen (Sie vielleicht auch), erwuchs mein Interesse am Borderline-Phänomen. Was ich vorauseilend schon mal feststellen kann, ist, dass es sehr komplex und facettenreich ist und mit anderen flankierenden Bildern wie ADHS, Narzissmus und etwa Süchten einhergehen kann. Allein schon diese Tatsache geht weit über das im Volksmund bekannte Ritzen hinaus.

Ich möchte Ihnen gern im Folgenden u. a. auch meine persönlichen Erfahrungen wiedergeben. Diese werden als anonymisierte Fallbeispiele im Buch verstreut auftauchen. Des Weiteren erhoffe ich mir, dass Sie (a) während und nach der Lektüre viele Aha-Momente erleben, (b) die Hintergründe und Auffälligkeiten des Achterbahnfahrten-Phänomens in der gebotenen Fachlichkeit kennenlernen; und vor allem (c) wünsche ich Ihnen, dass Sie Ihren pädagogischen Methodenkoffer erweitern können (mehr als genug pädagogische Interventionen werden genannt und ausführlich beschrieben). Denn der Umgang mit den betreffenden SuS kann sich, wie bereits mehrfach erwähnt, als extrem zermürbend bzw. auch überfordernd darstellen.

Mit diesem Buchprojekt geht, wie im ersten Satz des Vorworts bereits angeschnitten wurde, eine sehr erfreuliche Besonderheit einher (ich nehme hier starken Bezug auf meine narzisstische Persönlichkeitsfacette): Es wird Neuland betreten. Aus diesem Grund gestatte ich mir großzügig eine gewisse Narrenfreiheit in Bezug auf die Struktur und Inhalte des Projekts.

Ich mache an dieser Stelle von Herzen denjenigen Lehrkräften Mut, die sich dazu berufen fühlen, sich mit dem Thema näher auseinanderzusetzen, und die einen eigenen Beitrag zur Hauptangelegenheit dieses Buches leisten wollen. Denn das Wissen von Psychotherapeuten ist viel zu wichtig, als dass man es ihnen überlassen dürfte. Wir sollten Entschlossenheit zeigen und das Bild aus unserer Perspektive angehen.

Es gibt diesbezüglich viel zu tun. Nähere Informationen zu meinen aktuellen Arbeitsschwerpunkten finden Sie im Internet (http://www.schemapädagogik.de).

Marcus Damm
Worms, im September 2019

Einleitung: Warum Lehrkräfte heutzutage psychotherapeutische Kenntnisse und Kompetenzen brauchen

B

Living on the Edge-Style **– Sarahs Achterbahnfahrten im Klassenraum**

Rückblende ins Schuljahr 2012/2013. „Vielen Dank, dass Sie vor einer Woche einfach nur da waren und mir zugehört haben in Ihrer Vertrauenslehrerstunde. Da hatte ich echt eine Krise wegen meines Partners. Ich habe noch am selben Tag meinen Therapeuten angerufen und nicht die Rasierklinge benutzt. Respekt. Mal was Neues, haha!", flötete mir Sarah (21), damals Schülerin der Fachschule für Erzieher, in der Mittagspause in süffisantem Ton entgegen. Wir standen im Eingangsbereich vor meiner Schule im Rauchereck, und sie blies den Rauch ihrer Zigarette souverän über meinen Kopf hinweg. Sie grinste mich an. Es war Juni, die Sonne lachte. Ich grinste vielsagend zurück. An dem Tag war alles gut.

Das war selten so.

Sarah zeigte im Unterricht über einen längeren Zeitraum hinweg täglich ganz unterschiedliche, teils widersprüchliche Stimmungen. Da war in Bezug auf die Klaviatur der Gefühle alles dabei. Von himmelhoch jauchzend bis zu Tode betrübt, wie man so sagt. Auffallend war, dass die entsprechenden Kippmomente gar keine bzw. nur geringfügig nachvollziehbare Auslöser hatten. Zumindest aus meiner Wahrnehmung; sie kamen aus heiterem Himmel.

Die Schülerin war der mit Abstand herausforderndste Borderline-Fall, den ich jemals erlebt hatte (und das waren einige). Die hochgewachsene, schlanke und sehr attraktive, sprachgewandte junge Frau beendete die dreijährige Ausbildung zur Erzieherin letztlich mit einem guten Gesamtabschluss. Die Zeit an unserer Schule war für sie selbst, die Gruppe und auch für mich als Klassenlehrer mehr oder weniger eine kollektive emotionale Achterbahnfahrt. Man wusste z. B. in schwierigen Phasen nie, was zu Unterrichtsbeginn auf einen zukam, wenn sie den Raum betrat. Mehr oder weniger waren alle Anwesenden nach zwei Monaten im neuen Schuljahr in Habachtstellung – und jedes Mal erleichtert, wenn sie gut drauf war, sozusagen im Sonnenscheinmodus.

Mit ihr verband mich eine besondere pädagogische Beziehung. Ich fühlte mich gewissermaßen als Klassenlehrer für sie verantwortlich und wollte sie von ihren zahlreichen persönlichen und zwischenmenschlichen Dilemmata befreien (im Nachhinein war das offen gesagt ein klarer Hinweis auf eine symbiotisch-gestörte Beziehung).

Sarah war ziemlich impulsiv bis unberechenbar. Sie wertete mich an dem einen Tag plötzlich ab („Sie immer mit Ihrem Psychoscheiß!"), am nächsten idealisierte sie mich („Ich habe noch nie einen so charismatischen und fachlich kompetenten Lehrer erlebt wie Sie!"). So erging es den anderen Lehrkräften natürlich auch. Sie war im Unterricht eine Person, die viel Aufmerksamkeit und Raum einnahm. Auf psychoanalytische, psychotherapeutische und klinisch relevante Themen (Ängste, Süchte, Kindeswohlgefährdung, Persönlichkeitsstörungen, Traumapädagogik usw.) reagierte sie automatisch, wie auf Knopfdruck. Ihr war in solchen Situationen sehr daran gelegen, sich der ganzen Klasse zeitintensiv mitzuteilen und im

Mittelpunkt der kollektiven Aufmerksamkeit zu stehen („Damals musste ich wegen meines alkoholkranken Vaters die zweite Therapie beginnen!"). Ich musste sie irgendwann dann bremsen. Wieder so ein Kippmoment ...
Sarah war eine sehr spezielle Schülerin, die auf jeden, mit dem sie in Kontakt kam, einen bleibenden Eindruck hinterließ, nämlich, um gleich auf den Punkt zu kommen: einen sehr ambivalenten.

Historie, Phänomen und Verbreitung der Borderline-Persönlichkeitsstörung

In vielen Schulklassen gibt es mindestens eine Sarah bzw. einen männlichen Vertreter des schillernden Gesamtbildes, entsprechend mit ähnlich gelagerten Verhaltensauffälligkeiten und Potenzialen (einige marginale Geschlechtsunterschiede gibt es aber meistens, s. u.). In diesem ungeschönten Beispiel (s. o.), das sich genau so und nicht anders gestaltete, kommen viele typische Borderline-Faktoren zusammen. Jedoch ist jeder Fall anders gelagert, unterschiedlich gewichtet und konnotiert.

Schon vor hundert Jahren wurde die Borderline-Persönlichkeitsstörung von Psychologen und Psychoanalytikern in Einzelfällen ausführlich beschrieben. Diese Art von Störungsbild konnte damals weder den sogenannten Neurosen noch Psychosen zugeordnet werden, weshalb man es eben auf einer „Grenzlinie" (Borderline) verortete (Armbrust & Link 2015, S. 23). Erstaunlicherweise wurde die Diagnose *borderline personality disorder* erst 1980 offiziell eingeführt, und zwar in der dritten Version der amerikanischen Klassifikation der psychischen Störungen: DSM-III (vgl. Kapitel 1.2). Seitdem stieg die Anzahl an relevanten Veröffentlichungen und Forschungsprojekten rapide an. Die Thematik vereint heute auf sich nach Schätzungen mehr als 40 % aller Veröffentlichungen zu Persönlichkeitsstörungen (Fiedler & Herpertz 2016). Klar ist mittlerweile, dass das Konzept einige Überschneidungen mit anderen Persönlichkeitsstilen bzw. -störungen aufweist und nicht immer ganz klar abgrenzbar und isoliert zu definieren ist. Kurz gesagt (und diese Erkenntnis nehme ich gern vorweg): Auch die Fachleute sind sich nicht einig, aber es gibt natürlich gemeinsame Nenner! Eine beruhigende Ausgangslage für uns Lehrkräfte, wie ich finde. Heißt: Wir müssen uns nicht verstecken, sollten keine Angst oder Hemmnisse in Bezug auf die Auseinandersetzung mit diesem Thema haben, wir können davon nur profitieren!

Borderline ist faszinierend – und wie! Ich meine das jetzt gar nicht ironisch oder gar sarkastisch, wenn ich sage: Ich sitze im Rahmen meines beruflichen Praxisfeldes mit dem Forscherblick direkt an einer Borderline-Quelle (s. u.). Ich „genieße" – und eine Prise Ironie gönne ich mir jetzt doch – den „Luxus", an einer Fachschule für Sozialpädagogik zu arbeiten. Dieses Setting hat eine geradezu magnetische Wirkung auf Betroffene. Ohnehin: Pädagogische (Erzieherin, Sozialassistentin), pflegerische (Gesundheits- und Krankenpflegerin) und auch hauswirtschaftlich orientierte Ausbildungen sind nachweislich bevorzugte Nischen von Borderlinerinnen (Bohus 2002). Aber auch in anderen Schulformen gibt es selbstredend SuS mit Borderline-Facetten, -Stilen und auch -Störungen.

Besondere Kriterien, die häufig mit diesem Bild mitschwingen, sind nach Fiedler & Herpertz (2016, S. 348):

- auffällige Instabilität im Bereich der Stimmung und Affektivität,
- Identitätsproblematik,
- Impulskontrollstörung,
- autoaggressive Impulse.

Auffallend ist des Weiteren häufig die Tendenz zu Risikoverhaltensweisen *(Sensation Seeking)*. Das heißt, viele Betroffene brauchen stärkere psychosoziale Impulse („verhaltenskreativen" Freundeskreis, extrovertierte Mitschüler usw.) und andere Stimuli (etwa legalen bzw. illegalen Substanzmittelmissbrauch), um sich zu stimulieren und zu *spüren*. Dieses Bedürfnis basiert in der Regel auf der sogenannten innerpsychischen *Spaltung*, die je nach Einzelfall mal mehr, mal weniger stark ausgeprägt ist (vgl. Kapitel 2.1). Zum angedeuteten Geschlechterunterschied (s. Vorwort) ist konkret anzumerken: Im klinischen Bereich sind je nach Einrichtung zwischen 60 % bis 75 % der Personen mit Borderline-Störung weiblich (Breil & Sachse 2018).

Mit Blick auf die Verbreitung der Borderline-Persönlichkeitsstörung in der Allgemeinbevölkerung gibt es unterschiedliche Angaben. Rahn (2015) beispielsweise geht von 2 % aus. Laut der *American Psychiatric Association* (APA 2015) erfüllen zwischen 1,6 % bis 5,9 % der Gesamtbevölkerung von Amerika die Kriterien einer entsprechenden Diagnose. Die Prävalenz in Deutschland wird auf 1,1 % bis 2,5 % geschätzt (Arntz & van Genderen 2010, S. 2). Nach den Erkenntnissen von Wewetzer & Bohus (2016) offenbaren etwa 5 % der Jugendlichen und jungen Erwachsenen hierzulande das Borderline-Phänomen in der Ausprägung einer Persönlichkeitsstörung (vgl. Kapitel 1.2).

Diese entwickelt sich meistens schon in der frühen Adoleszenz (Bohus & Reicherzer 2012). Jedoch verdichten sich seit Jahren die Hinweise, dass sich bereits im Kindesalter erste Ansätze zeigen (Kernberg, Weiner & Bardenstein 2015). Man kann sich also leicht vorstellen, dass sich in Bezug auf die Frage nach dem Zeitpunkt der ersten Diagnosestellung die Geister scheiden. Als unangemessen wird in der ICD-10 (vgl. Kapitel 1.2) angesehen, dass das „Label" Borderline-Persönlichkeitsstörung vor dem 17. oder 18. Lebensjahr vergeben wird. Ein weiterer wichtiger Aspekt, über den man nachdenken kann: Die Gesamtkosten der therapeutischen Maßnahmen (z. B. ambulante und stationäre Angebote) belaufen sich in Deutschland jährlich auf 3,2 Milliarden Euro (Breil & Sachse 2018).

Lehrkräfte brauchen zunehmend einen psychotherapeutischen Background

Wenn man sich die Daten zur Verbreitung der Materie ansieht, dann wird schnell klar: Die Wahrscheinlichkeit, dass wir irgendwann im Klassenraum eine Schülerin mit der entsprechenden Problematik (in unterschiedlicher Ausprägung) mindestens ein Schuljahr lang vor uns sitzen haben, ist gar nicht mal so gering. Und man sollte bedenken: Die erwähnten Befunde zur Prävalenz beziehen sich ausschließlich auf den Gegenstand Borderline-Störung. Wie viele Heranwachsende nur eine entsprechende Tendenz oder gar einen stabilen Borderline-Persönlichkeitsstil offenbaren – darüber kann man nur spekulieren. Herausfordernd sind in der Regel alle drei genannten Personengruppen.

Durch die Darlegung dieser Zusammenhänge ergibt sich folgende Notwendigkeit wie von selbst: Lehrkräfte aller Schulformen sollten eine Erweiterung ihrer (psychologischen) Fach- und Methodenkompetenz anstreben. Denn psychische Störungen führen so gut wie immer auch zu Konflikten auf der Beziehungsebene im Klassenraum. Diese emotionalen Reibungsflächen lassen sich ohne den entsprechenden Background (a) gar nicht erkennen und infolgedessen (b) auch nicht zielorientiert bearbeiten. Das heißt natürlich nicht, dass Lehrkräfte sich nach einem entsprechenden Update als Hobbypsychotherapeuten versuchen sollten. Darum geht es nicht! Es geht lediglich um die Professionalisierung der Lehrerrolle. Die Umstände erfordern dies geradezu!

Das Thema *Verhaltensauffälligkeiten und psychische Störungsbilder in der Schule* wird seit Jahren erfreulicherweise relevanter und rückt mehr und mehr ins öffentliche Bewusstsein. Nach Bauer (2007) sind im Lebensraum Schule 10 % bis 15 % der Heranwachsenden psychisch beeinträchtigt (ADHS, Süchte, Depressionen usw.). Dieser Trend wird von einigen Autorinnen und Autoren wahr- und aufgenommen und sinnstiftend in Form von Publikationen verarbeitet (Steinhausen 2006; Preuss-Lausitz 2013). Aber diese Einzelprojekte sind vergleichbar mit dem berühmten Tropfen auf dem heißen Stein. Warum ist das so? Ein Hauptproblem vor dem Hintergrund dieser Angelegenheit ist nach wie vor Folgendes: Psychotherapeuten haben zwar die entsprechende Fachkompetenz, aber in der Regel keinen praktischen Einblick in den doch komplexen Schulalltag, der nicht selten Qualitäten einer „pädagogischen Front" aufweist. Auf der anderen Seite sind die Schulpraktiker zwar voll drin in der Pädagogik, aber in Sachen Psychotherapie überwiegend unwissend.

Diese bildungspolitischen Rahmenbedingungen werden sicherlich mittelfristig nach und nach aufgeweicht. Das vorliegende Buch soll ein entsprechender Impuls in diesem Sinne sein! Noch einmal: Lehrkräfte sind gut damit beraten, einige psychotherapeutische Schätze zu heben und diese im Praxisalltag nach eigener Couleur zu kultivieren. Schließlich müssen wir mit SuS mit psychischen Auffälligkeiten/Störungen zurechtkommen, ob wir wollen oder nicht. Wer soll uns in erster Linie zeitnah dabei helfen, wenn nicht wir selbst?

Aufbau des Buches

Im **ersten Kapitel** geht es zunächst darum, das Phänomen *Borderline* fachlich und nachvollziehbar zu verorten. Relevante Grundbegriffe wie *Persönlichkeit, Persönlichkeitsstil* und *Persönlichkeitsstörung* werden dabei miteinbezogen und in Zusammenhang gebracht mit dem Hauptthema. Sie spielen eine große Rolle in Bezug auf das Gesamtverständnis des Borderline. Danach schließt sich die psychotherapeutisch relevante Beschreibung der Diagnosekriterien in den beiden weltweit anerkannten Klassifikationssystemen für psychische Störungen an (ICD-10, DSM-5). Außerdem dreht es sich um typische Auffälligkeiten von SuS mit Borderline-Tendenzen in *Bildungseinrichtungen*. An dortiger Stelle wird also der Transfer hin zu unserer Praxis vollzogen. Die Schilderungen basieren überwiegend auf meinen eigenen Erfahrungen sowie auf denen meiner Kolleginnen, die mich freundlicherweise regelmäßig daran teilhaben lassen. *De facto* gibt es keine anderen entsprechenden Fallberichte von anderen Autorinnen oder Autoren aus dem Berufsfeld Schule, die ich hätte aufgreifen und verarbeiten können. (Im Hauptkapitel werden die skizzierten Auffälligkeiten eine sehr große Rolle spielen.) Psychosoziale und neurobiologische Zusammenhänge werden danach beschrieben. Letztlich wird das Borderline-Phänomen vom narzisstischen und antisozialen Persönlichkeitsstil im Allgemeinen und auch Speziellen abgegrenzt.

Das **zweite Kapitel** gibt Ihnen Einblick in diejenigen Therapieformen, die bei Borderlinern grundsätzlich zum Einsatz kommen und mittlerweile wissenschaftlich gut untersucht sind. Sie haben eine hohe Effizienz, arbeiten aber teilweise mit unterschiedlichen Menschenbildern und Methoden. Es handelt sich dabei um die Psychodynamische Therapie (PT), Dialektisch-Behaviorale Therapie (DBT), Mentalisierungsbasierte Therapie (MBT), Schematherapie (ST) und Klärungsorientierte Psychotherapie (KOP).

Danach **(drittes Kapitel)** wird sehr ausführlich auf die im Titel schon angekündigten Achterbahnfahrten im Klassenraum eingegangen. Zunächst stehen die betroffenen SuS im Vordergrund, die diese inszenieren, das heißt häufig den Kick brauchen, ambivalente Beziehungsbedürfnisse haben, impulsiv sind, diverse Formen von psychischer und/oder physischer Selbstverletzung praktizieren oder auch manchmal sexualisiertes Verhalten an den Tag legen. Nicht selten gehen ihrerseits auch Selbst- und Fremdabwertungstendenzen einher mit dem typischen Schwarz-Weiß-Denken. Daran beteiligt sind in der Regel primitive Abwehrmechanismen wie Verleugnung, projektive Identifizierung, Idealisierung und Entwertung. Nachfolgend schließt sich die ressourcenorientierte Perspektive an. Diese darf nicht fehlen. Tatsächlich offenbaren Borderliner eine Menge an Potenzialen, die gewinnbringend zur Förderung der Selbsterkenntnis genutzt werden können.

Im zweiten Teil wird die Perspektive gewechselt und die Frage aufgeworfen: Was lösen diese Inszenierungen im Klassenraum aufseiten der Professionellen aus? Im Rahmen der sogenannten Gegenübertragung wechseln sich nicht selten Ohnmachtsgefühle und Überforderung mit Faszination oder gar (un- bzw. vorbewusstem) sexuellem Interesse ab (Dulz, Benecke & Richter-Appelt 2009). Ganz wichtig ist meines Erachtens die Stärkung der Kompetenz auf Lehrerseite, sich (a) abgrenzen und auch gegebenenfalls (b) loslassen zu können. Dass dies nicht immer so leicht zu bewerkstelligen ist, versteht sich von selbst. Tipps für Notfallsituationen sind am Ende des Kapitels genauso platziert wie auch die relevante Frage: Wann sind die Grenzen auf Lehrerseite erreicht?

Im Anschluss daran **(viertes Kapitel)** wird die Schemapädagogik® als didaktisch-methodisches Modell zum Umgang mit SuS mit Borderline-Persönlichkeit im Praxisfeld Schule vorgestellt. Es basiert u. a. auf der Schematherapie und Klärungsorientierten Psychotherapie und wurde vor einigen Jahren grundgelegt (Damm 2010).

Das **fünfte Kapitel** leitet ein in den schemapädagogischen Methodenkoffer. Die dort vorgestellten Materialien und Handlungsempfehlungen sollen Sie in der Arbeit mit SuS mit entsprechenden Tendenzen unterstützen. Dabei werden anschließend **(sechstes und siebtes Kapitel)** die einzelnen Phasen in der Schemapädagogik® methodisch berücksichtigt, die im Rahmen der Dokumentation und des komplementären Beziehungsaufbaus relevant sind: Problemklärung und Transfer der erarbeiteten Lösungen in den Schulalltag.

Im **achten Kapitel** werden Empfehlungen für eine schemapädagogisch-fokussierte Elternarbeit ausgeführt. Die Erziehungsberechtigten können Lehrkräfte in der Arbeit mit SuS mit Borderline-Persönlichkeitsfacetten unterstützen.

Ausblick

Im ersten Kapitel wird in das Hauptthema eingeführt und es werden Grundlagen geschaffen, auf denen Lehrkräfte schrittweise didaktisch-methodisch im Umgang mit Borderline-Betroffenen aufbauen können. Zunächst geht es um Grundaxiome, das heißt um die Einordnung und Beschreibung des Borderline-Konzepts. Nachdem die Diagnosekriterien beschrieben werden, erfolgt ein erster Einblick in das Thema *Borderline im Schulalltag*. Die Ursachenklärung sowie die Abgrenzung zu anderen Persönlichkeitsstilen erfolgen danach.

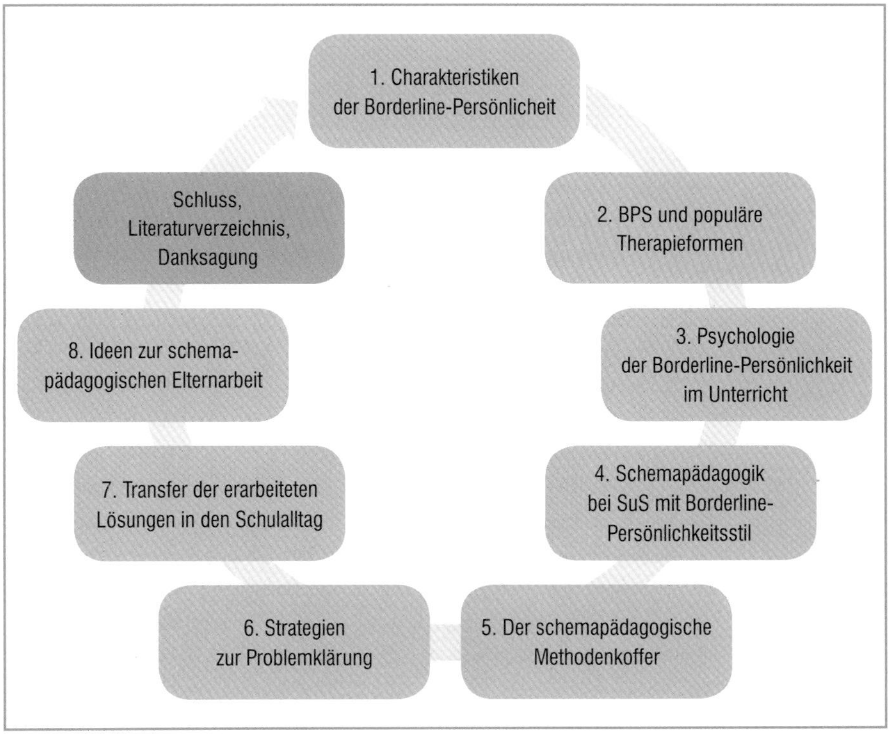

Abb. 1: Kapitelübersicht

1 Charakteristiken der Borderline-Persönlichkeit

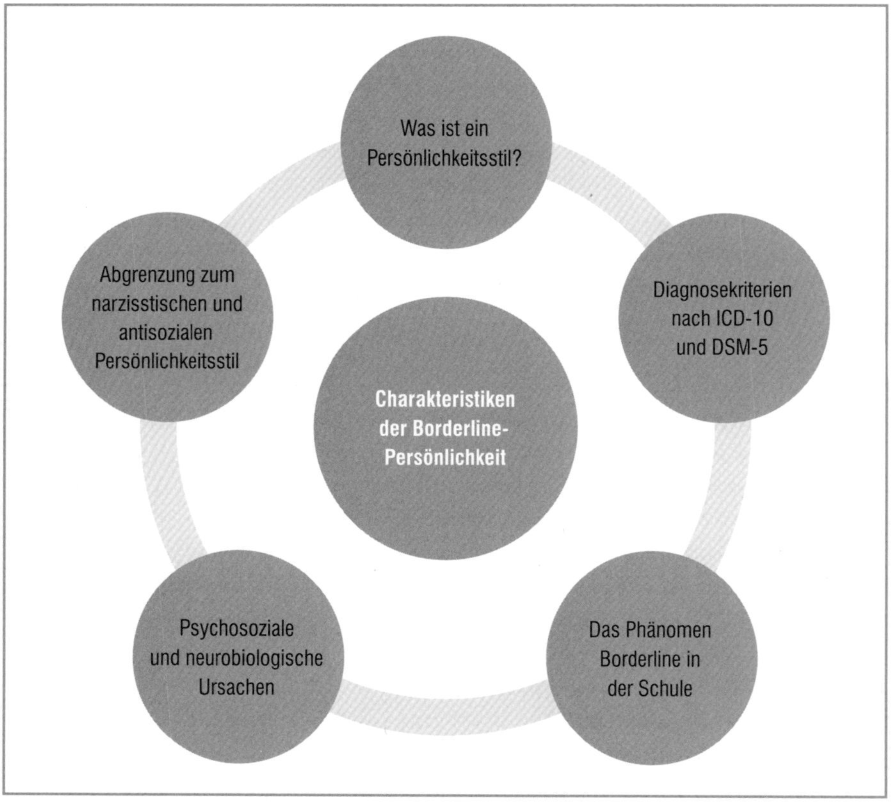

Abb. 2: Charakteristiken der Borderline-Persönlichkeit

1.1 Was ist ein Persönlichkeitsstil?

Jeder Mensch ist einzigartig, unverkennbar und zeigt individuelle Charakteristiken und Besonderheiten. Anders gesagt: Jeder offenbart signifikante Unterschiede zu anderen, und zwar in Hinsicht auf seine Eigenschaften und emotionalen und kognitiven Strukturen (Wahrnehmung, innere Glaubenssätze über sich selbst und andere usw.). Die Persönlichkeitsstruktur gestaltet sich schon in den ersten 6 bis 8 Lebensjahren aus, ist dann recht stabil (Roth 2016) und bleibt ein Leben lang relativ konstant. Zahlreiche Studien zeigen, dass die meisten Menschen einen steten und eingespurten Lebenswandel pflegen, das heißt auf verschiedene Alltagsereignisse und die soziale Umwelt auf eine ähnliche Art und Weise reagieren (vgl. Lelord & André 2009). Aber es gibt auch spontane und temporäre Denk- und Verhaltensabweichungen, anders gesagt eine Modifizierung des Wertesystems. Dann zeigt sich, nebenbei erwähnt, wie sehr man bis dato mit Erwartungshaltungen vonseiten der Umwelt konfrontiert wurde und entsprechend automatisch funktionierte. Die scheinbaren „Ausreißer“ werden durch Alltagszufälle, Schicksalsschläge oder unvorhergesehene Umstände herbeigeführt. Die für das soziale Umfeld in solchen Phasen neuartigen Verhaltensweisen wirken verstörend und stoßen daher in der Regel auf kollektives Unverständnis („Das bist doch gar nicht du!“), gehören aber natürlich auch zum jeweiligen Charakter, sie waren lediglich im Routinealltag zuvor nicht aktiv.

Persönlichkeit – Persönlichkeitsstil – Persönlichkeitsstörung

Fiedler & Herpertz (2016, S. 23 ff.) unterscheiden diese drei Begriffe, die vor dem Hintergrund der Thematik *Borderline* zu berücksichtigen sind. Rahn (2015) definiert Persönlichkeit als Gesamtheit der charakteristischen Merkmale einer Person. Klienten beispielsweise werden im psychotherapeutischen bzw. klinischen Setting darüber hinaus u. a. auch mithilfe von sogenannten Persönlichkeitsstilen beschrieben (vgl. Oldham & Morris 2017). Ein Persönlichkeitsstil beinhaltet per Definition eine bestimmte Kombination aus Kognitionen (Denkmuster), emotional besetzten Impulsen und Verhaltensweisen. Es wird davon ausgegangen, dass 15 % bis 20 % der Allgemeinbevölkerung mindestens einen hervorstechenden Persönlichkeitsstil offenbaren (Lelord & André 2009). Manche Stilbegriffe sind interessanterweise auch in der Alltagssprache gebräuchlich (s. Tabelle 1). Liegt ein Persönlichkeitsstil in sehr extremer Ausprägung vor, so wird unter Umständen von Psychotherapeuten auf das Konzept der Persönlichkeitsstörungen zurückgegriffen und eine entsprechende Diagnose gestellt.

Schätzungen zufolge sind mindestens 10 % der Menschen in Deutschland von mindestens *einer* Persönlichkeitsstörung betroffen (Fiedler & Herpertz 2016). An dieser Stelle sollte erwähnt werden: *Eine Persönlichkeitsstörung ist keine Störung der Persönlichkeit* (Sachse 2010). Breil & Sachse (2018, S. 27) bemerken: „Eine Persönlichkeitseigenart ist [erst] dann eine Störung, wenn sie stört.“

Persönlichkeitsstil	Persönlichkeitsstörung
• wachsam	• paranoid
• ungesellig	• schizoid
• exzentrisch	• schizotypisch
• abenteuerlich	• antisozial
• sprunghaft	• borderline
• dramatisch	• histrionisch
• selbstbewusst	• narzisstisch
• sensibel	• selbstunsicher
• anhänglich	• dependent
• gewissenhaft	• zwanghaft
• lässig	• passiv-aggressiv
• aufopfernd	• selbstschädigend
• aggressiv	• sadistisch

Tabelle 1: Persönlichkeitsstile und Persönlichkeitsstörungen (nach Oldham & Morris 2017)

Nach dem bisher beschriebenen Modell lässt sich Persönlichkeit nunmehr differenzierter betrachten. Demnach verkörpert jeder Mensch einen bestimmten Mix aus Persönlichkeitsstilen, vielleicht ragt dann einer hervor (was gar nicht mit psychosozialen Nachteilen verbunden sein muss). Interessanterweise – und das zeigt auch die Alltagserfahrung – verhalten sich Menschen nicht in jedem sozialen Kontext gleichartig. Je nach Umfeld können unterschiedliche Persönlichkeitsstile dominieren.

Beispiel: Es gibt Lehrkräfte, die sind in unserem Praxisfeld sehr ordentlich, strukturliebend *(gewissenhafter Stil)* und auch „mütterlich" *(fürsorglicher Stil)*, dafür zu Hause aber im Umgang mit ihren Familienmitgliedern vorwiegend distanziert *(schizoider Stil)* oder auch expressiv-emotional *(dramatischer Stil)*. Diese von außen sichtbare Widersprüchlichkeit, die den einen oder anderen Beobachter zu irritieren vermag, ist psychologisch gesehen völlig normal. Variationen an Stilen und deren unterschiedliche Relevanz in verschiedenen Lebensbereichen sind so vielfältig wie das Borderline-Phänomen selbst.

Wir gehen im Folgenden von SuS aus, die in Hinsicht auf die Ausprägung des Bildes mindestens einen Borderline-Stil bzw. eine -Persönlichkeitsstörung offenbaren. Die Betreffenden leben dann entsprechend sehr großzügig ihre Borderline-Qualitäten und -Kompetenzen aus.

1.2 Diagnosekriterien nach ICD-10 und DSM-5

Die Borderline-Störung zählt, wie oben schon erwähnt, seit 1980 offiziell zu den Persönlichkeitsstörungen. Die entsprechende Diagnose wird in der Regel nicht vor dem 18. Lebensjahr gestellt; wobei es nachweislich aber auch Ausnahmen gibt. Manche Expertinnen und Experten schlagen vor, die Diagnose bereits ab dem 16. Lebensjahr zu stellen, falls die Kriterien erfüllt werden (Armbrust & Link 2015, S. 103). Einige der Fachvertreter gehen noch einen Schritt weiter und empfehlen, die Diagnose schon ab dem 13. Lebensjahr in Betracht zu ziehen (Fleischhaker & Schulz 2010; Kernberg, Weiner & Bardenstein 2015). Ein sehr strittiges Thema, wie man sieht.

Die zwei gängigen Diagnose- bzw. Klassifikationssysteme, die psychische Störungen definieren und in ihren Phänomenen deskriptiv beschreiben, heißen: *International Classification of Diseases* (ICD) und *Diagnostic and Statistical Manual of Mental Disorders* (DSM). Das erstgenannte Manual liegt mittlerweile in der zehnten Version vor (die elfte Version wird 2022 eingeführt), das letztgenannte in der fünften. Die definierten Beurteilungsmerkmale sind in der Praxis dem jeweiligen Therapeuten sozusagen als Richtschnur dienlich, er kann sich an ihr entlanghangeln. Im Laufe des Prozesses fügen sich die Eindrücke bestenfalls zu einem Bild zusammen. Längere Analysen in Sitzungen von Schilderungen, Kognitionen, körpersprachlichen Ausdrücken des Gegenübers usw. führen dann, zeitlich natürlich strukturiert, zu einer Diagnose.

ICD-10

In diesem Manual (Dilling, Mombour & Schmidt 2015) wird die **emotional instabile Persönlichkeitsstörung** mit zwei verschiedenen Subtypen beschrieben: a) **Impulsiver Typ;** b) **Borderline-Typ.** In Bezug auf den impulsiven Typ müssen – neben den allgemeinen Kriterien einer Persönlichkeitsstörung (Sachse 2010) – mindestens drei der folgenden Aspekte erfüllt sein:

- deutliche Tendenz, unerwartet und ohne Berücksichtigung der Konsequenzen zu handeln;
- ausdrückliche Tendenz zu Streitereien und Konflikten mit anderen, vor allem dann, wenn impulsive Handlungen unterbunden oder getadelt werden;
- Neigung zu Ausbrüchen von Wut oder Gewalt mit Unfähigkeit zur Kontrolle explosiven Verhaltens;
- Schwierigkeiten in der Beibehaltung von Handlungen, die nicht unmittelbar belohnt werden;
- unbeständige und launische Stimmung.

Die Diagnose des Borderline-Typs erfolgt erst dann, wenn neben den allgemeinen Kriterien einer Persönlichkeitsstörung auch drei Kriterien des impulsiven Typs (s. o.) sowie mindestens zwei der folgenden Charakteristiken vorliegen:

- Störungen und Unsicherheit bezüglich Selbstbild, Zielen und inneren Präferenzen (einschließlich sexueller);

- Neigung, sich auf intensive, aber instabile Beziehungen einzulassen, oft mit der Folge von emotionalen Krisen;
- übertriebene Bemühungen, das Verlassenwerden zu vermeiden;
- wiederholte Drohungen oder Handlungen mit Selbstschädigung;
- anhaltende Gefühle von Leere.

DSM-5

In der von der *American Psychiatric Association* (APA 2015) herausgegebenen Klassifikation wird die **Borderline-Persönlichkeitsstörung** als Diagnose-Begriff ausgeführt, und zwar ohne Subtypen. Es müssen aufseiten des Klienten fünf der nachfolgenden Charakteristiken faktisch vorliegen:

- verzweifeltes Bemühen, tatsächliches oder vermutetes Alleinsein zu vermeiden;
- ein Muster instabiler, aber intensiver zwischenmenschlicher Beziehungen, das durch einen Wechsel zwischen den Extremen der Idealisierung und Entwertung gekennzeichnet ist;
- Identitätsstörung: ausgeprägte und andauernde Instabilität des Selbstbildes oder der Selbstwahrnehmung;
- Impulsivität in mindestens zwei potenziell selbstschädigenden Bereichen (Geldausgeben, Sexualität, Substanzmissbrauch, rücksichtsloses Fahren, Essanfälle);
- wiederholte suizidale Handlungen, Selbstmordandeutungen oder -drohungen oder Selbstverletzungsverhalten;
- affektive Instabilität infolge einer ausgeprägten Reaktivität der Stimmung (z. B. hochgradig episodische Dysphorie, Reizbarkeit oder Angst, wobei diese Verstimmungen gewöhnlich einige Stunden und nur selten mehr als einige Tage andauern);
- chronisches Gefühl von Leere;
- unangemessene, heftige Wut oder Schwierigkeiten, die Wut zu kontrollieren (z. B. häufige Wutausbrüche, andauernde Wut, wiederholte körperliche Auseinandersetzungen);
- vorübergehende, durch Belastungen ausgelöste paranoide Vorstellungen oder schwere dissoziative Symptome.

Sind wir nicht alle (mindestens ein bisschen) Borderline?

Die beiden erwähnten Diagnosesysteme implizieren ganz klar zwei *Kategorien: gesund* und *gestört.* Dazwischen gibt es nichts, keine Grautöne. Heißt: Je mehr Kriterien erfüllt werden, desto höher die Wahrscheinlichkeit, dass die Diagnose Borderline-Persönlichkeitsstörung gestellt wird. Haken dran – und fertig! Diese Gegebenheit erleichtert und beschleunigt die Diagnostik, etwas ironisch formuliert, ist aber nicht unumstritten.

Sehr viele Kritiker bevorzugen vor dem Hintergrund des Themas *Persönlichkeitsstörung* demgegenüber die sogenannte *dimensionale* Perspektive (Sachse 2010; Fiedler & Herpertz 2016; Oldham & Morris 2017). Diese Ansicht impliziert ein Kontinuum zwischen einem gesunden und pathologischen Pol in der Persönlichkeit (Rentrop 2013, S. 4). Es gibt also Abstufungen. Jemand kann Borderline-Tendenzen haben, aber auch einen entsprechenden -Stil bis hin zu einer -Störung.

Auch im vorliegenden Rahmen wird die dimensionale Perspektive eingenommen, sie entspricht auch geradewegs meinen Erfahrungen im Schulalltag. Es gibt kein Entweder-oder-Prinzip, sondern lediglich Ausprägungsgrade, die jeder Mensch auf sich vereint.

Dies führt uns zu der auf den ersten Blick vielleicht überraschenden Schlussfolgerung: Auch Lehrkräfte können Borderline-Tendenzen bzw. -Stile innehaben und sie bewusst wie unbewusst in die Beziehungsgestaltung mit der Klasse einfließen lassen. In Kapitel 3.2 ff. wird dieser Gedanke noch einmal aufgegriffen und ausführlich reflektiert inklusive Praxisbeispiele.

1.3 Das Phänomen Borderline in der Schule

Allgemeines

In die folgenden Ausführungen fließen zahlreiche Beobachtungen und dokumentierte Erfahrungen ein, die ich im Rahmen meiner Berufsbiografie mit SuS mit entsprechender Diagnose bzw. mittelstarker Borderline-Thematik gemacht habe und die an dieser Stelle verknüpft werden mit klinischen Diagnosekriterien (ICD-10, DSM-V). Noch einmal: Das Borderline-Phänomen zeigt sich bei jedem Fall anders, hat stets einen unterschiedlichen Schweregrad und offenbart verschiedenartige Facetten und Konnotationen. Außerdem ist es sehr wichtig, vor dem Hintergrund des Störungsbildes noch einmal zu betonen (Rahn 2015, S. 19): „Der Übergang zur Normalität ist fließend." Es gilt die Faustformel: Je weniger Borderline-Phänomene, desto unproblematischer der Umgang mit der betreffenden Schülerin. Wie zeigt sich dieses Bild nun konkret in Bildungseinrichtungen?

So gut wie immer zeigen die jungen Erwachsenen, ganz allgemein festgestellt, Auffälligkeiten in der Interaktion (Idealisierung vs. Entwertung). Dies führt in der Regel dazu, dass sie sowohl von der Klasse im Allgemeinen als auch von Lehrkräften im Speziellen zunächst einmal offensichtlich wahrgenommen werden. Sprich: Sie fallen auf! Nicht selten provozieren sie im Rahmen der Interaktionsauffälligkeiten (s. u.), egal ob gewollt oder ungewollt, Konflikte bzw. regelmäßige Beratungstermine beim Klassen- und/oder Vertrauenslehrer.

Meistens irritieren Heranwachsende mit Borderline-Tendenzen durch eine stark ausgeprägte Sensibilität und Kränkbarkeit. Mit Ironie und Sarkasmus sollten Lehrkräfte daher zu Beginn des Schuljahres besonders vorsichtig mit denjenigen Heranwachsenden umgehen, die einen entsprechenden Eindruck hinterlassen (es sei denn, man möchte eigene Vermutungen direkt auf ihre Relevanz hin überprüfen). Ergänzt werden diese Phänomene überwiegend auch durch eine flankierende schwach ausgeprägte Frustrationstoleranz. Diese zeigt sich insbesondere bei kritischen Rückmeldungen vonseiten der Lehrkraft zum Verhalten und insbesondere bei der Herausgabe von befriedigenden bis mangelhaften Leistungsnachweisen. Hinter der erwähnten Frustrationsproblematik steht tendenziell ein ausgeprägtes Perfektionismusstreben, das sich aber gleichzeitig als echte Kompetenz beim Lernen und bei der Mitarbeit im Unterricht herausstellen kann.

Eine häufig beobachtbare Überforderung durch Unterforderung (Armbrust & Link 2015, S. 80) betrifft in der Regel ebenfalls beide Geschlechter. Das heißt, es entsteht schnell ein innerer Anspannungszustand in Unterrichtsphasen, die wenig anspruchsvoll erscheinen, Leerlaufeigenschaften haben und infolgedessen die betreffenden SuS kognitiv oder praktisch nicht ausreichend beschäftigen. Automatisch entsteht eine innere Leere. Diese ist naturgemäß unerträglich und somit gekoppelt an Stressempfindungen, die sehr zeitnah irgendwie kompensiert bzw. abgebaut werden müssen – und schon ergibt sich meistens wieder ein Problem im Klassenraum.

Ich habe es des Weiteren schon öfter erlebt, dass SuS mit Borderline-Tendenzen Außenseiter in der Klasse sind bzw. nur wenige, aber dafür sehr intensive soziale Kontakte pflegen. Hin und wieder können Auffälligkeiten rund um das Thema *Sexualität* auftreten, besonders hinsichtlich der Präferenzen (Stichwort: homo- bzw. bisexuelle Einstellungen, Bevorzugung von offenen bzw. polyamoren Beziehungsmodellen usw.), die tendenziell verursacht sind durch eine signifikante Identitätsstörung (Dulz, Benecke & Richter-Appelt 2009).

Borderline bei Schülerinnen

Mit dem Gesamtphänomen gehen manchmal auch temporäre oder auch chronifizierte **Essstörungen** einher (Armbrust & Link 2015, S. 119), etwa Anorexie, Bulimie, Adipositas mit Binge-Eating-Disorder. Davon sind tendenziell eher Borderlinerinnen betroffen.

Ich hatte schon viele Gespräche mit jungen Frauen, deren schulische Probleme durch eine **unvorteilhafte Partnerwahl** mitverursacht wurden. Da muss man nicht lange drumherum reden: Häufig haben Borderlinerinnen eine Vorliebe für männliche Jugendliche mit Bad-Boy-Eigenschaften, anders gesagt für Borderliner vom impulsiven Typ (s. u.). Dass solche Beziehungskonstellationen ebenfalls Qualitäten von Achterbahnfahren implizieren und dadurch einen mehr oder weniger chaotischen Lebensstil auslösen können, kann man sich leicht vorstellen. Nach meiner Erfahrung zeigen eher weibliche als männliche Borderliner **promiskuitives Verhalten** (Vorliebe für häufig wechselnde Sexualpartner). Das kann aber auch lediglich daran liegen, dass in meinem Praxisfeld mehrheitlich weibliche Schüler anzutreffen sind und es tendenziell aus diesem Grund zu diesem Effekt kommt. Nicht wenige Borderlinerinnen übernehmen, ja, man muss schon fast sagen: in zwanghafter Manier die Rolle der **Klassenmutter** und opfern sich dann für die anderen mit hohem Leidensdruck und noch höheren Erwartungshaltungen auf. Das kann manchmal ein Hinweis auf selbstschädigendes Verhalten sein (vgl. Kapitel 3.1.4).

Borderline bei Schülern

Die männlichen Vertreter der Borderline-Thematik haben zum Teil dieselben oder ähnliche Präferenzen. Aber es gibt nach meiner Erfahrung auch einige geschlechtstypische Abweichungen, das heißt Verteilungen. Die Vorliebe für **Alkoholmissbrauch** und **illegale Drogen** inklusive „Totalabsturz" etwa scheint eher eine Sache der männlichen Jugendlichen mit Borderline-Allüren zu sein. Dasselbe gilt für sehr waghalsige **Risikohobbys** wie U- oder S-Bahn-Surfen, House Running, Downhill mit Mountain Bike oder Skateboard, Parcouring usw. Den besonderen **Kick** provoziert man u. U. durch Wochenendschlägereien oder im Kampfsport (etwa Boxen, MMA, UFC, Thai- bzw. Kickboxen).

Typische Probleme und Herausforderungen für Lehrkräfte

Es wird allein schon durch die Beschreibung bis hierhin klar, dass der Umgang mit SuS mit Vorliebe für emotionale Achterbahnfahrten im Freizeitbereich *auch* im Schulbereich herausfordernd sein *muss.* Denn wenn schon im normalen Alltag (abseits) der Schule extreme bis chaotische Phänomene inszeniert werden – Wie sollte es da möglich sein, im Klassenraum auf Knopfdruck umzuschalten, um ein angepasstes Schülerdasein zu inszenieren? Und weiter: Gäbe es, selbst wenn der Wille bestehen würde, überhaupt die entsprechenden Kompetenzen? Spannende Fragen, wie ich finde.

In Kapitel 3 geht es u. a. speziell um die schon im Buchtitel angekündigten Achterbahnfahrten im Klassenraum, die Borderline-Betroffene häufig inszenieren und die zu entsprechenden Reaktionen auf der Gegenseite führen. Diesbezüglich wurde im vorliegenden Projekt angestrebt, die zahlreichen populären Borderline-Phänomene zu einzelnen größeren Themen zusammenzufassen, das heißt zu clustern. An dieser Stelle möchte ich einen kurzen Ausblick hierzu geben.

Zunächst wird auf das **signifikante Bedürfnis nach Reizstimulation** (Kapitel 3.1.1) eingegangen, das allein schon für sich den Unterrichtsablauf stark in Mitleidenschaft ziehen kann. Das heißt, man unterbricht häufig Mitschüler, die gerade reden, formuliert eigene Beiträge in zeitintensiver Monologform, kommentiert bzw. kritisiert regelmäßig Beiträge und Arbeitsaufträge der Lehrkraft usw.

Danach wird die Thematik **ambivalente Bindungsbedürfnisse und Schwarz-Weiß-Denken aufgegriffen** (Kapitel 3.1.2). Diese Auffälligkeit kann ebenfalls ein echter Prüfstein für die Lehrkraft sein. Denn zum einen werden in dieser Angelegenheit Mitschüler konfrontiert bzw. irritiert; zum anderen auch möglicherweise Lehrkräfte – mit demselben Effekt. Im Rahmen dieser Problematik scheint es zunächst so zu sein, als wären die Betreffenden stark motiviert, *positive* Beziehungen mit Einzelnen aus der Klasse zu inszenieren; unerwartet stößt man diese dann aber wieder wie aus dem Nichts vor den Kopf, um Abstand herzustellen. Dasselbe kann, wie oben schon erwähnt, auch Lehrkräften passieren, die im Anschluss daran vorschnell beginnen, nach den möglichen Ursachen zu suchen. Sisyphusarbeit.

Als besonders problematisch gilt die ultimative Borderline-Trias **Impulsivität, Streitsucht, Frustrationsintoleranz** (Kap 3.1.3). Liegt sie im Einzelfall vor und dominiert die Persönlichkeitsstruktur, wird es richtig abwechslungsreich, weil verhaltenskreativ im Schulalltag. Dann kann es unregelmäßig aus heiterem Himmel zu emotionalen Ausbrüchen kommen, die alle Anwesenden im Klassenraum entweder stark belasten *oder* auch – Achtung: sogar kollektiv *beflügeln* können. Es gibt Fälle, da weiß die Lehrkraft kurz vor Unterrichtsbeginn nie, was der Tag dem Klassenverband so bringen mag. Echt krass, lapidar gesagt, was sich da aus systemischer Sicht entwickeln kann. Und dann ergeben sich nolens volens Fragen wie diese:

- Wird die Schülerin heute in der Spur laufen?
- Oder aber: Wird sie schlechte Laune mitbringen und sie wenigstens einigermaßen ertragen – wie lange wird das dann gut gehen? Bis zur 3. Stunde?
- Oder: Wird sie in der 1. Stunde wieder vor Publikum ausflippen und dann alle in die Show aktiv miteinbeziehen?

Faszinierenderweise gehen solche Gedanken zu Unterrichtsbeginn nicht nur der Lehrkraft durch den Kopf, *sondern irgendwann auch allen anwesenden SuS.* Das muss man als Einzelperson erst mal hinbekommen! Und unter solchen Voraussetzungen bzw. Konstellationen soll dann noch (a) störungsfreier Unterricht sowie (b) der Erziehungs- und Bildungsauftrag umgesetzt werden?!

Borderlinerinnen haben oft ganze Klassen im Griff und spielen auch mit Lehrkräften ganz souverän das Spiel „Himmel und Hölle", je nach Stimmungslage.

Auf verschiedene **Formen von psychischer und physischer Selbstschädigung** (Kapitel 3.1.4) wird danach ausführlicher eingegangen. Dieses Phänomen ist manchmal gar nicht so leicht für Lehrkräfte zu erkennen. Manchmal werden etwa Mitschüler oder Lehrkräfte so lange provoziert, bis diese endlich ein kritisierendes oder auch diskreditierendes Verhalten an den Tag legen – was dann dem Bedürfnis nach psychosozialer Selbstschädigung entgegenkommt, das von der Initiatorin zuvor subversiv kommuniziert wurde. Populäre physische Formen der Selbstschädigung im Schulalltag andererseits gibt es auch: (a) Verzicht auf Frühstück, (b) zu wenig Wasser, dafür aber (c) zu viel Kaffee trinken.

Ein ganz wichtiger Punkt ist die Erwähnung des oben schon angedeuteten **sexualisierten Verhaltens** (Kapitel 3.1.5). Viele Borderlinerinnen (und Borderliner), nicht alle, benutzen Sexualität in der Klasse manchmal als Kontrollelement, als „Waffe", um Beziehungen zu generieren bzw. um Macht auszuüben. Dazu gehört z. B. auch das Spielen mit den geschlechtsspezifischen Reizen: Flirten, doppeldeutig-süffisante Aussagen platzieren usw. Damit können viele Mitschüler wie auch Lehrkräfte beeindruckt und schnell um den sprichwörtlichen Finger gewickelt werden, weshalb das Thema hochrelevant ist und ausführlich dargelegt wird.

In Kapitel 3.1.6 werden die sogenannten **primitiven Abwehrmechanismen wie Verleugnung, projektive Identifizierung, Idealisierung und Abwertung beschrieben.** Lehrkräfte sollten über diese Phänomene Bescheid wissen, da sie zu schwerwiegenden Konflikten führen können.

Die besonderen **Stärken und Ressourcen,** die mit dem Borderline-Phänomen häufig einhergehen und die konstruktiv in den Schulalltag eingepflegt werden können, werden abschließend in Kapitel 3.1.7 behandelt.

In diesem Kontext kann natürlich die Gegenseite nicht außen vorbleiben. Entsprechend geht es in Kapitel 3.2 ausführlich um mögliche Reaktionen (auf die skizzierten Borderline-Phänomene) von Lehrerseite. Auf die sogenannten Gegenübertragungsprozesse – Ohnmacht und Überforderung, Faszination und (sexuelles) Interesse – wird an den relevanten Stellen genauer eingegangen.

1.4 Psychosoziale und neurobiologische Befunde

In Hinsicht auf die frühkindlichen Auslöser und Verstärker des Borderline-Phänomens herrschen zahlreiche Vorurteile vor. In vielen nichtwissenschaftlichen, aber dennoch inspirierenden Publikationen mit zusagenden Erfahrungsberichten werden überwiegend sexuelle, physische und verbale Missbrauchsthematiken angeführt, die dann zu den typischen innerpsychischen Spaltungsphänomenen (vgl. Kapitel 2.1) und weiteren neurotischen Mechanismen führen (Schwartz-Salant 2006; Rösel 2010). Quasi nach dem Motto: Die genannten Traumatisierungen fanden statt, in welcher Form auch immer, und führten dadurch zu einer Diffusion bzw. Destruktion des Identitätskonzepts.

In ausgewiesenen Fachkreisen wird dies tendenziell bejaht. Außerdem wird von einer multifaktoriellen Entstehung der Borderline-Persönlichkeitsstörung ausgegangen (Fiedler & Herpertz 2016; Bohus 2002; Rauchfleisch 2019). Eins steht ganz klar fest, und darüber gibt es keinen Zweifel: Niemand kommt als Borderline-Persönlichkeit auf die Welt! Es braucht, etwas ironisch-sarkastisch formuliert, ein dahingehend „unterstützendes" Umfeld.

Es gibt nicht *die typischen Ursachen*, aber doch spezifische familiäre und auch andere soziale Konstellationen, die zur Entstehung und Ausformung von Borderline-Auffälligkeiten wie Impulsivität, Schwarz-Weiß-Denken, Identitätsdiffusion usw. beitragen können. Natürlich muss bei der Ursachenklärung die Kindheit untersucht werden. Denn nicht umsonst gilt folgendes eiserne Gesetz: „Die Reaktion eines Menschen auf die Umwelt ist nicht spontan, sondern basiert auf der Auswertung von vergangenen Erfahrungen." (Rahn 2015, S. 27)

Good Cop, Bad Cop – ambivalente Erziehungsberechtigte

Zunächst stellen Armbrust & Link (2015, S. 27 f.) grundlegend fest: „Borderline-Betroffene haben oft instabile Bindungserfahrungen erleben müssen." Diesbezüglich kann etwa nach den Erkenntnissen der Bindungsforschung (Bowlby 2014) auf den sogenannten **desorganisierten Erziehungsstil** hingewiesen werden. Im Rahmen dieses Stils ist die Kommunikation zwischen Kind und mindestens einer Hauptbezugsperson dauerhaft gestört, chaotisch, unvorteilhaft, nicht altersgemäß und wenig bedürfnisorientiert. Das Kind wird nicht als eigenständige Person wahrgenommen. Außerdem finden regelmäßig Übergriffe statt, Grenzüberschreitungen, die mit dem unliebsamen Thema *Kindeswohlgefährdung* zu tun haben können. Beispiel: So werden manchmal richtige Wahrnehmungen bzw. Gefühlsäußerungen des Kindes regelmäßig zurückgewiesen („So darfst du jetzt aber nicht denken! Jetzt ist die Mama [der Papa] ganz enttäuscht und traurig!") oder ironisch-sarkastisch *ad absurdum* geführt („Oh, jetzt heulst du! Vergieß mal schön ein paar Krokodilstränen!") (Lohmer 2013).

Vor dem Hintergrund dieses Spektrums geht Kernberg (2017) davon aus, dass viele Borderline-Patienten die **Sündenbockrolle** in der Ursprungsfamilie spielen mussten, sich wohl oder übel abgelehnt fühlten und mit Diskreditierungen und sadistischen Impulsen vonseiten des sozialen Umfeldes konfrontiert wurden. Nicht selten wachsen angehende Borderline-Patientinnen bei Borderline-strukturierten Bezugspersonen auf (vgl. Kapitel 8), weshalb etwa hiervon betroffene Klienten im Therapie-Setting ihre Eltern im Nachhinein als kontrollierend, sprunghaft und eindringend beschreiben (Kernberg, Weiner & Bardenstein 2015, S. 175).

Fatal ist tatsächlich, dass Kinder – etwas pathetisch formuliert – auf Gedeih und Verderb ihren Bezugspersonen ausgeliefert sind. Es gibt keinen Ausweg. Manche haben Pech: In Borderline-Haushalten bleibt dem Heranwachsenden oft nichts anderes übrig, als die Menschen, die regelmäßig als „Aggressoren" wahrgenommen werden, einerseits zu idealisieren, andererseits massiv abzuwerten, um die Gesamtsituation psychisch verkraften zu können. Eigentlich ist dieser Spaltungsprozess ein sinnvoller psychischer Schutzmechanismus. Aber: Gerade hierin liegt der Ursprung des späteren Schwarz-Weiß-Denkens (vgl. Kapitel 3.1.2) sowie des ambivalenten Idealisierung-Abwertungs-Teufelskreises, der die sozialen Beziehungen sehr belasten kann (Kernberg, Weiner & Bardenstein 2015, S. 177).

Weitere Risikofaktoren, die Borderline-Tendenzen auslösen und fördern können, sind nach Lammers (2014): **Substanzmittelmissbrauch** in der Herkunftsfamilie, **Traumata** (etwa Scheidung der Eltern, Todesfall), **Stiefelternkonstellationen, Vernachlässigung, psychische Störungen** im engsten Kreis, **Promiskuität** der Hauptbezugsperson, Vorgeschichte aus **sexuellen** und **physischen Missbrauchserfahrungen.**

Nach Linehan (1996) sind folgende Einflüsse hochrelevant: Unangemessene, **diskreditierende, widersprüchliche Kommunikation** der Eltern, **Abwertung, Bestrafung,** Sabotage des **Selbstbildes,** des **Realitätsprinzips, Grenzüberschreitungen.**

Aus der Vergangenheit wird Gegenwart

Man kann sich leicht vorstellen, dass Kinder, die unter solchen Voraussetzungen heranwachsen müssen, anfällig sind für ungünstige innerpsychische Entwicklungen, die ein Leben lang relevant bleiben. Da wäre zunächst einmal die Gefahr der Etablierung der oben schon erwähnten innerpsychischen Spaltung, auf die in Kapitel 2.1 ausführlicher eingegangen wird. Sie entsteht, wenn man die ambivalenten Eindrücke des sozialen Umfeldes („gutes Objekt" vs. „böses Objekt") nicht gleichzeitig integrieren kann. Grund: Die Wahrnehmungen sind *zu* widersprüchlich und *zu* extrem. Es gibt für den Heranwachsenden unter dieser Voraussetzung unter Umständen nur noch zwei Objektbeziehungsmuster: 1. „*Jetzt* ist Mama/Papa *total lieb!*"; 2. „*Jetzt* ist Mama/Papa *total böse!*"

Diese Eindrücke können sich verfestigen, je länger man sie wahrnimmt. Man kann davon ausgehen, dass in diesem Fall viele zukünftigen Beziehungen unter diesem (schlechten) Stern (Schwarz-Weiß-Denken) stehen können

(Heedt 2019). Aber auch bereits in den ersten Lebensjahren kann durch diesen sich entwickelnden Mechanismus ein gravierender Nachteil entstehen, nämlich dann, wenn sich das Kind auf eine bestimmte Bezugsperson mittels der Abwertung einschießen muss, damit der jeweils andere Elternteil idealisiert werden kann (das wird dann Auswirkung auf das spätere Bild von Frauen bzw. Männern haben).

Wohnt noch ein Schwesterchen oder Brüderchen mit im Haus, kann sich diese Spaltungsdynamik weiter entfalten: Kinder, die Tendenzen dieser Wahrnehmungsstörung entwickeln, sind geradezu unfähig, mit Rivalität und Neid seitens der anderen umzugehen. Infolgedessen wird häufig eine akkurate Feindseligkeit gegenüber den Geschwistern zum Ausdruck gebracht. Diese kann zu direkten Misshandlungen führen.

Ferner kann in Borderline-Familien aufseiten des Kindes die (a) kognitive wie auch die (b) sozial-emotionale Entwicklung in Mitleidenschaft gezogen werden. Im ersten Fall (a) ist eine entstehende Verzerrung der Selbst- und Fremdwahrnehmung nicht selten. So kommt es, dass Betreffende Jahre später noch von völlig irrationalen Überzeugungen heimgesucht werden, die dann zu massiven Konflikten mit dem Beziehungspartner oder dem sozialen Umfeld führen können. Oder aber (b) eine sich etablierende Unsicherheit den eigenen Gefühlen gegenüber entwickelt sich. Grund: Ein gesundes Selbstkonzept kann sich möglicherweise nicht entwickeln, weil es dauerhaft irritiert wird.

Findet sexueller Missbrauch im Rahmen eines solchen Umfeldes statt – nach Fiedler & Herpertz (2016) in etwa 20 % bis 40 % der Fälle –, können sich die Borderline-Tendenzen massiv verstärken und später für eine sehr selbstschädigende Partnerwahl sorgen. Nachweislich suchen und finden Jugendliche und junge Erwachsene mit Borderline-Persönlichkeitsstörung immer wieder „Täter", mit denen frühe Traumata unbewusst inszeniert, aber niemals aufgelöst werden können (Damm 2019a, S. 167 ff.). Selbstverständlich kann auch ein Interesse an allen Varianten des BDSM (Sammelbegriff für Techniken aus dem Bereich Sadomasochismus) daraus erwachsen. Den Grund hierfür sehen Kernberg, Weiner & Bardenstein (2015, S. 183 f.) in der besonderen kindlich-ödipalen Situation, die im Alter zwischen dem 5. bis 7. Lebensjahr besteht. Demnach ist die phallische Phase instabil. Dem Mädchen bzw. Jungen ist es nicht möglich, sich von der Mutter zu trennen. In diesen Fällen wird seitens der Hauptbezugsperson eine inzestuöse Bindung verwirklicht. Dies verstärkt gleichzeitig die Hemmung von Autonomiebestrebungen des Heranwachsenden. Das heißt, die Identifizierung inklusive Symbiose mit der Hauptbezugsperson bleibt bestehen. Dies erschafft die Prädisposition von Sexualstörungen bzw. spezifischen fetischbasierten Themen später hinaus. Nach psychoanalytischen Erkenntnissen sind in solchen Fällen spätere heterosexuelle Beziehungen gekennzeichnet durch zwei ex-

treme Themen, die einander diametral gegenüberstehen. Entweder (a) wird Sexualität bzw. die Partnerschaft als solche kontrollierend bis tendenziell sadistisch orientiert gestaltet oder aber (b) man nimmt eine altruistische, devote (masochistische) Rolle ein.
Im Folgenden einige Worte zu Erkenntnissen der Hirnforschung.

Neurobiologische Befunde

Gehirne von Borderline-Patienten weisen einige interessante Auffälligkeiten auf. In den letzten Jahren und Jahrzehnten wurden im Rahmen von sogenannten bildgebenden Verfahren wie etwa der funktionellen Kernspintomografie (f-MRI) wichtige Erkenntnisse gewonnen. So hat man z. B. bei impulsiv auftretenden Personen mit Borderline- oder antisozialer Persönlichkeitsstörung (vgl. Kapitel 1.5) eine Dysfunktion im präfrontalen Cortex nachgewiesen sowie Veränderungen im Bereich der Amygdala; dabei handelt es sich um das Angst-/Stresszentrum im Gehirn (Breil & Sachse 2018, S. 29).

Impulsives Verhalten, das ein Hauptmerkmal von Borderlinern sein kann, wird in Zusammenhang gebracht mit funktionalen Veränderungen im orbitofrontalen Cortex (Rentrop 2013, S. 5).

Spannend ist an dieser Stelle natürlich die Frage, ob die neurobiologischen Auffälligkeiten der jeweiligen Borderline-Störung *vorausgehen* – oder eine *Auswirkung* der oben beschriebenen ungünstigen Sozialisationserfahrungen sind. Nachweislich wirken sich frühkindliche Beziehungserfahrungen auf das Wachstum und die „neuronale Feinverdrahtung" des Gehirns aus. Daher sagt auch Bauer (2006): „Aus Psychologie wird Biologie."

Zusammenfassend lässt sich die Hypothese aufstellen: Es gibt kein einfaches Vererbungsmuster von Borderline! Vielmehr ist von einem Zusammenspiel verschiedener genetischer Potenziale und ungünstigen Sozialisationsbedingungen (s. o.) auszugehen, welches die Entstehung einer impulsiv-aggressiven (Borderline-)Persönlichkeitsfacette begünstigt.

1.5 Abgrenzung zum narzisstischen und antisozialen Persönlichkeitsstil

Borderline hat grundsätzlich vieles mit anderen klinisch relevanten Phänomenen gemeinsam, weshalb es an dieser Stelle Sinn ergibt, tendenzielle Abgrenzungen bzw. Reflexionen vorzunehmen. Tatsächlich herrscht eine sogenannte hohe Komorbidität mit anderen psychischen Störungen und auch Persönlichkeitsstörungen vor, gerade mit narzisstischen und antisozialen (Breil & Sachse 2018, S. 23; Kernberg 2017). Ferner existieren auch konzeptuelle Gemeinsamkeiten (Fiedler & Herpertz 2016, S. 356).

„Gar nichts muss ich!" – Narzisstische Persönlichkeiten im Unterricht

Narzissten haben im Allgemeinen ein schlechtes Image in unserer Gesellschaft. Sie gelten als Ausbeuter, Selbstdarsteller, rücksichtslose Egomanen (Kernberg 2017). Häufig offenbaren sie aus psychologischer Perspektive ein Größen-Selbst, das heißt ein aufgeblähtes Selbstbild, und sind gleichzeitig kritikunfähig. Sie gehen schnell an die Decke, wenn man ihnen ihre Unzulänglichkeiten und Unvollkommenheiten, die immer auch vorliegen, bewusst machen will (Damm 2019b). Im Unterricht sind sie oft rechthaberisch und beziehen viele Unterrichtsinhalte auf sich selbst – und die müssen dann selbstverständlich kommentiert werden („Also ich kenne das ja, bei mir war das ja so ...!"). Sie brauchen Aufmerksamkeit, stehen gern im Mittelpunkt und lieben den Applaus der Menge.

Im Umgang mit Lehrkräften sind narzisstische Kinder und Jugendliche, wenn die pädagogische Beziehung im Klassenraum (noch) nicht geklärt ist, sehr herausfordernd. Sie neigen zum Diskreditieren, legen sich auch mit der Lehrkraft an und haben vor allem eine Vorliebe fürs Mobbing – falls die narzisstische Persönlichkeitsfacette zumindest mittelstark ausgeprägt ist.

Ihre Kompetenzen liegen aber gerade auch in ihrer Selbstdarstellermentalität. Narzissten sind in der Regel extrovertiert, manchmal echte Rampensäue, zudem charismatisch und können daher ganze Klassen emotional mitreißen. Nicht selten sind derart gestrickte SuS bestens aufgehoben in schulischen Ämtern wie Klassen- oder Stufensprecher. Dort können sie ihre Stärken ausspielen.

Gemeinsamkeiten

Auch Borderlinerinnen sind häufig charismatisch und extrovertiert (Armbrust & Link 2015). Eine weitere Parallele offenbart sich in Hinsicht auf das Bedürfnis, regelmäßig im Mittelpunkt der kollektiven Aufmerksamkeit zu stehen. Dieses Anliegen kann sich natürlich als problematische Tendenz herausstellen, da einzelne SuS irgendwann die zahlreichen Formen der Selbstinszenierung schon im Ansatz erkennen, entsprechend genervt sind und sie nicht mehr tolerieren. Schließlich beanspruchen die entsprechenden Auftritte viel Unterrichtszeit. Außerdem wird in deren Rahmen immer eine klare Rollenverteilung vom Initiator kommuniziert: Der König spricht, die Untertanen müssen gespannt zuhören und *aktiv beeindruckt bzw. begeistert sein.*

Noch eine Anmerkung zum Thema *Gemeinsamkeiten.* Borderliner und auch Narzissten gleichermaßen sind trotz ihrer temporären Grandiositätsbestrebungen anfällig für depressive Einbrüche bzw. Krisen.

Unterschiede

Narzissten sind vor allem eins: entscheidungsfreudig und zielstrebig (Lammers 2014). Auch im Schulalltag. Selbstbewusst gehen sie ihren Weg, zumindest dann, wenn sie leistungsorientiert und entsprechend erfolgreich sind (Sachse, Sachse & Fasbender 2011). Hierin unterscheiden sie sich von vielen Borderline-Betroffenen. Jene leiden nämlich aufgrund der meistens vorhandenen Identitätsdiffusion nach einem erfolgreichen, weil motivierten Schuljahresbeginn irgendwann unter einer Art Entscheidungsproblematik. Vor diesem Hintergrund wird klar, wieso in der Regel eine starke Anziehung zwischen Borderlinerinnen und Narzissten bestehen kann (Dulz, Benecke & Richter-Appelt 2009). Der Narzisst gibt den Takt vor, sein Pendant folgt. Er genießt dann außerdem die Idealisierung, die von der Gegenseite inszeniert wird, meistens nach dem folgenden Motto: „Du bist so toll, ein wunderbarer Mann, ich habe noch nie einen wie dich kennengelernt."

Außerdem sind narzisstisch strukturierte SuS auch befreit von intensiveren Stimmungsschwankungen, die maßgeblich durch ein gespaltenes Selbstbild hervorgerufen werden (positive vs. negative Selbstwahrnehmung). Zudem offenbaren sie gewöhnlich eine stärker ausgeprägte Charakterstabilität als ihre Borderline-Pendants. Auch reagieren Narzissten in der Regel auf zwischenmenschlichen Stress weniger impulsiv und emotional (Mentzos 2005).

Nun einige Anmerkungen zur Abgrenzung zum Phänomen *antisoziale Persönlichkeiten.*

„Schon mal ohne Zähne gelacht?!" – Antisoziale Persönlichkeiten im Klassenraum

SuS mit antisozialer Persönlichkeitsstörung bekommen bereits in manchen Fällen mit 14 Jahren eine Störung des Sozialverhaltens diagnostiziert, quasi die Vorläuferdiagnose. Die Betreffenden sind schon in der Pubertät chronisch verhaltensauffällig, häufig straffällig, im Umgang hochproblematisch, abgängig (auch über Nacht). Eine Vorliebe fürs Stehlen, Lügen, für Schlägereien und Tierquälerei sind weitere mögliche Auffälligkeiten (Kernberg, Weiner & Bardenstein 2015, S. 218).

Nach Hare (2005) gehört eine sehr niedrige Frustrationstoleranz sowie eine gesteigerte Impulsivität ebenfalls zum Persönlichkeitsinventar von antisozialen Persönlichkeiten im Kindes- und Jugendalter. Meistens fehlen trotz offensichtlich devianter Verhaltensweisen, die vonseiten der Erwachsenenwelt aufgegriffen, kritisiert bzw. sanktioniert werden, die Einsicht und insbesondere die Schuldgefühle seitens der Täterinnen/Täter im Nachhinein. Es greift ein bestimmter Wahrnehmungsfehler in diesen Fällen: Natürlich sind an solchen „Kleinigkeiten" (aus Sicht der Betreffenden) immer andere schuld bzw. irgendwelche Umstände. Die Verantwortung für Fehlverhaltensweisen wird in der Regel nie übernommen. Fachlich nennt man dieses Phänomen *externale Kausalattribuierung* (Damm 2010).

Dessen ungeachtet können Antisoziale einen oberflächlichen Charme versprühen und durch einen überzeugenden Wolf-im-Schafspelz-Eindruck

Lehrkräfte um den Finger wickeln. Die Betreffenden verfügen durchaus über Empathie, das heißt, sie können sehr schnell erkennen, beschreiben und für sich selbst nachvollziehen, was genau in anderen Menschen vor sich geht. Aber sie *empfinden* Empathie wenig bis gar nicht.

In der Schule fallen sie aber auch durch verschiedene Kompetenzen auf. Zum einen wirken sie unglaublich abgebrüht und erwachsen und zeigen Emotionen in der Regel nur dann, wenn sie sie als Mittel zum Zweck einsetzen. Eine noch minderjährige Schülerin mit antisozialen Tendenzen meinte einmal ganz trocken zu mir: „Wissen Sie, Herr Damm, gegen mich hat niemand eine Chance: Ich kann auf Knopfdruck weinen und so Mitleid bei anderen auslösen, wenn ich will. Ich kann aber auch von jetzt auf gleich aggressiv werden und mein Gegenüber einschüchtern. Kein Ding! Ich habe meine Mitmenschen im Griff, besonders meine Eltern. Die haben Angst vor mir, das können Sie mir glauben!" Ich glaubte ihr das sofort.

Ergeben sich Konflikte im Klassenraum, die häufig von betreffenden SuS verursacht werden, so kommt es bei anschließenden Konfrontationsgesprächen, an denen z. B. mehrere Personen teilnehmen, zu einem geradezu imposanten Effekt. Die oder der Beschuldigte kann so schnell aufdrehen und ohne Punkt und Komma eine glaubwürdige Verteidigungsrede halten, die jegliche Täterschaft unwahrscheinlich werden lässt.

Ich habe auch schon beobachten dürfen, dass Täter vor Zeugen nur unhaltbares Zeug von sich gegeben und trotzdem letzten Endes den Kopf aus der Schlinge gezogen haben. Danach grinste mich einer mal unter vier Augen an und sagte: „Sehen Sie, ich bin unantastbar! Sie haben das sicher jetzt verstanden!"

Aber es geht noch besser: Manchmal übernehmen die Beschuldigten(!) in solchen Gesprächen irgendwann die Kontrolle, stellen eine Art kumpelhafte Wohlfühlatmosphäre her und schmieren allen Anwesenden professionell Honig ums Maul. Alles schon erlebt! Faszinierend wie auch erschreckend!

Es ist noch wichtig anzumerken, dass Kinder und Jugendliche mit antisozialen Strukturen resistent gegenüber klaren Ansagen und pädagogischen Konsequenzen sind (Stout 2010). Sowieso steht man als antisozialer Jugendlicher der Erwachsenenwelt sehr skeptisch und misstrauisch gegenüber, das macht es für uns Pädagogen nicht einfacher.

Viel lieber sind derart Strukturierte Bestandteile von gesellschaftlichen Randgruppen. Nehmen wir die unvermeidlichen „Bahnhofsromantiker" als Beispiel. Interessant ist in diesem Kontext der Befund von Kernberg, Weiner & Bardenstein (2015, S. 226), wonach *sozialisierte* dissoziale Jugendliche sich deviant verhalten, um Zugang zu einer Gruppe zu finden, während der *nicht-sozialisierte* Teenager weder die Motivation noch die Fähigkeit hat, sich anderen anzuschließen, es sei denn, man inszeniert ein kurzfristiges Bündnis mit einer Bande, bei der letztlich jeder ein Einzelkämpfer ist.

Antisoziale Persönlichkeiten kommen schon mit zahllosen Reglementierungsbeschlüssen (Verweisen, Schulausschlüssen, Elterngespräche, pädagogische Konferenzen) irgendwann zu uns in die Schule. Und dann wird der Maßnahmenkatalog wieder von Neuem chronologisch durchexerziert. Das juckt die Betreffenden kein bisschen, sie sind dahingehend sehr erfahren und tatsächlich beratungsresistent.

Gemeinsamkeiten

Auf den ersten Blick könnte man denken: SuS mit Borderline-Tendenzen und antisoziale Persönlichkeiten verfügen über eine stark ausgeprägte Empathie. Das stimmt auch – aber nur unter der Prämisse, dass man zwischen kognitivem und gefühlsspezifischem Einfühlungsvermögen unterscheidet (Bauer 2013, S. 91). Wie oben schon angedeutet, können antisoziale Kinder und Jugendliche gedanklich erkennen und einordnen, was der Interaktionspartner empfindet; aber die Fähigkeit ist so gut wie frei von Mitgefühl. Anders die Borderliner, die allein schon aufgrund ihrer emotionalisierten Persönlichkeitsstruktur mit ihrem Umfeld intuitiv verbunden sind. Sie können sehr gut Mimik und Gestik von anderen lesen, was wiederum in ihnen Gefühle aktiviert. Borderliner sind also, zusammengefasst gesagt, zur *emotionalen* Empathie fähig (Stout 2010).

In Hinsicht auf das Thema *Impulsivität* scheinen ebenfalls Parallelen zu bestehen. Tatsächlich kann dieses Merkmal beiden Strukturen zugeordnet werden. Antisoziale Jugendliche handeln direkt aus Impulsen heraus, spontan und geradeheraus. Sie zeigen gewöhnlich keine Reue, wenn die daraus folgenden Handlungen die Mitschüler bzw. Klasse sowie die Lehrkräfte in Mitleidenschaft ziehen. Im Unterschied hierzu kommen SuS mit Borderline-Struktur zur Einsicht sowie zu realistischen Einschätzungen, wenn sie Vorfall XY im Nachhinein mit der Lehrkraft reflektieren und gemeinsam einordnen (vgl. Kapitel 6).

Unterschiede

Ganz klar: Borderliner werden viel stärker von ihren Emotionen beeinflusst als Antisoziale. Diese Tatsache lässt sich auch beobachten in Situationen, in denen es zu Gewalt und zu Fremdschädigungen kommt. Borderliner befinden sich im Rahmen ihrer Impulsivität dann in der Regel in einem „heißen" Aggressionszustand (Stichwort: Ausflippen). Antisoziale demgegenüber imponieren tendenziell mit ihrer Kompetenz zur „kalten" Aggression (Bauer 2013).

Ich erinnere mich an einen Fall, da hat ein Schüler mit antisozialen Tendenzen mit einem Mitschüler über die Geschehnisse des letzten Wochenendes gesprochen: „Da hab ich dem Penner auf dem Rathausplatz derart eine reingezimmert, der ist einfach umgefallen, das war schon lustig!" Antwort: „Was haste dann gemacht? Notarzt gerufen?" Dann wieder der Erzähler: „Nee, ich bin dann zum Türken gegenüber und hab erst mal in aller Ruhe einen Döner gegessen. Das passierte ja direkt vor dem Laden. Das war schon praktisch! Wie war dein Wochenende so?"

Ausblick

Nachdem nun im 1. Kapitel grundlegende Begrifflichkeiten, Ursachen sowie populäre und diagnostisch relevante Phänomene des Borderline beschrieben wurden, geht es im Folgenden um Therapieformen, die bei emotionalen Achterbahnfahrten vor allem infrage kommen, das heißt Anwendung finden. In den letzten Jahren wurden zahlreiche Studien zu den populärsten Psychotherapieverfahren durchgeführt und so deren Effizienz in Hinsicht auf die Behandlung von Borderline-Patienten nachgewiesen (Lohmer 2013; Heedt 2019).

Die Therapieform mit der längsten Tradition ist die Psychodynamische Therapie (PT). Sie basiert auf den Arbeiten von Sigmund Freud zur Psychoanalyse (2011). Daneben ist auch die Dialektisch-Behaviorale-Therapie (DBT) von Marsha Linehan (1996) als relevante Methode zu nennen. Außerdem werden nachfolgend die Mentalisierungsbasierte Psychotherapie (MBT) (Bateman & Fonagy 2016), Schematherapie (ST) von Jeffrey Young (Young, Klosko & Weishaar 2008) und die Klärungsorientierte Psychotherapie (KOP) von Janine Breil und Rainer Sachse (2018) erläutert. Die beiden letztgenannten Konzepte vereinen gewissermaßen tiefenpsychologische und kognitiv-verhaltenstherapeutische Ansätze und verheißen daher in Bezug auf den Behandlungserfolg viel Gutes, da sie die integrativen Kriterien einer Allgemeinen Psychotherapie erfüllen (Rauchfleisch 2019).

Die Beschäftigung mit den erwähnten Konzepten ergibt für Lehrkräfte in vielerlei Hinsicht Sinn. So eröffnet die Thematik (a) zunächst einmal die Augen für die große Komplexität des Borderline-Phänomens sowie die Herausforderungen, denen sich Therapeuten verschiedener Schulen methodisch stellen, sollten sie sich dafür entscheiden, mit Borderlinern zusammenzuarbeiten (was nicht die Regel ist). Auf der anderen Seite (b) entsteht durch die Erweiterung der Fachkompetenz möglicherweise ein tiefgründigeres Verständnis für die biografischen Ursachen von Betreffenden, was gleichzeitig das Mitgefühl fördert. Vor allem Empathie braucht es nämlich im Umgang mit SuS mit Borderline-Tendenzen – neben anderen Faktoren (vgl. Kapitel 3.2 ff.). Letztlich (c) eröffnet die Beschäftigung mit den verschiedenen Therapieformen auch Möglichkeiten, den eigenen pädagogischen Handwerkskoffer mit neuen Methoden zu füllen. Tatsächlich sind manche Vorgehensweisen auch im Schulalltag praktizierbar, wenn auch in modifizierter Version (vgl. Kapitel 6 und 7).

2 Borderline-Persönlichkeitsstörung und populäre Therapieformen

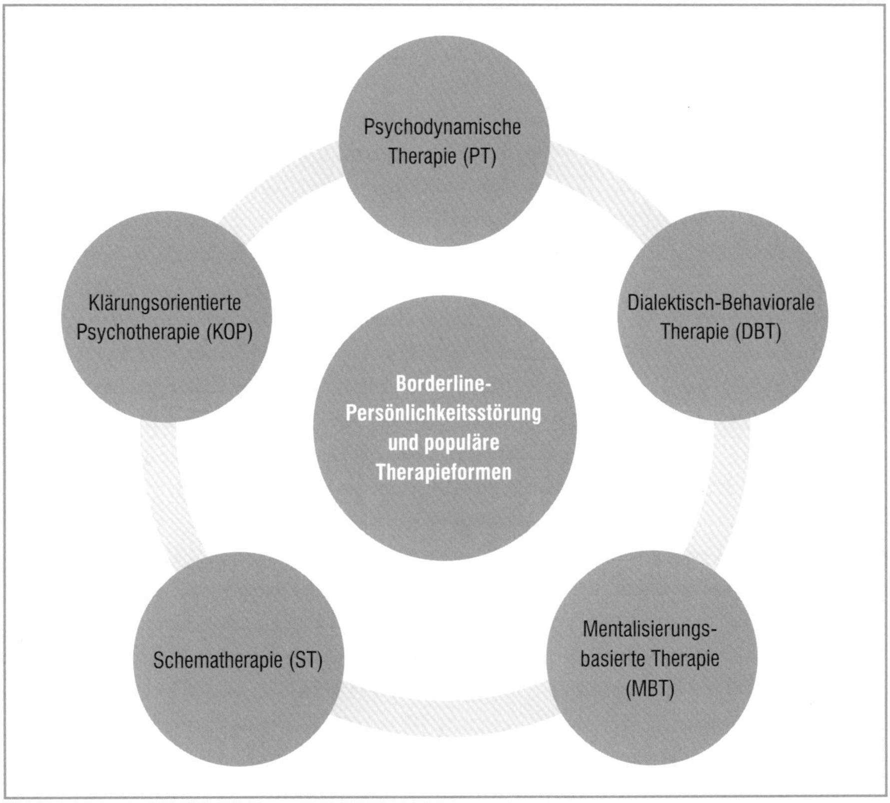

Abb. 3: Populäre und wirksame Therapieformen bei Borderline

2.1 Psychodynamische Therapie (PT)

„Wo Es war, soll Ich werden!“ – Psychoanalyse als Wegbereiterin

Sigmund Freud (2011) lieferte mit seinem Lebenswerk u. a. die Grundlage für die Entwicklung und Ausarbeitung der sogenannten *Übertragungsfokus-*

sierten Psychotherapie (Kernberg 2017; Lohmer 2013). Sie ist seit Jahrzehnten erwiesenermaßen sehr erfolgreich in Bezug auf die Verbesserung der Borderline-Problematik im klinischen und ambulanten Setting (s. u.). Freuds populäres Drei-Instanzen-Modell: *Ich-Es-Über-Ich* ist weithin bekannt. Es ist gleichzeitig ein Versuch, unsere Persönlichkeit, die uns gemäß tiefenpsychologischer Auffassung zum Großteil nicht bewusst ist (Roth 2016), greifbar zu machen. Prinzipiell ist sein Modell auch im vorliegenden Rahmen hilfreich.

Das *Ich* steht für unsere innerpsychische rationale Struktur, die zwischen den verinnerlichten moralischen Ansprüchen der Gesellschaft und den Werten unserer Eltern *(Über-Ich)* und den angeborenen Trieben und primitiven Motiven und Wünschen *(Es)* vermittelt. Verpönte, weil sexuelle, perverse bzw. aggressive Inhalte (Triebwünsche) werden von einem reifen *Ich* erfolgreich ins Unbewusste verdrängt bzw. „erwachsen" reflektiert, abgewogen und auf der Grundlage des Realitätsprinzips verworfen oder auch tendenziell in harmloser Weise ausgelebt (Steiner 2015).

In Bezug auf diese persönlichkeitsspezifische Ansicht ist es wichtig zu erwähnen: Als Begleiterscheinungen der Borderline-Persönlichkeitsstörung kommen vor allem eine Ich-Instabilität (mit der tendenziellen Unfähigkeit zur Verdrängung) sowie eine mangelhaft ausgeprägte Kompetenz zum Aufbau reifer Beziehungen in Betracht, die auch naturgemäß von Alltagsambivalenzen und „normalen" Problemen geprägt sind. Borderline-Beziehungen sind, wie oben schon erwähnt, naturgemäß Achterbahnarrangements.

Diese doch sehr typischen Auffälligkeiten in der Beziehungsgestaltung haben natürlich ihre Ursachen (vgl. Kapitel 1.4)!

Auch vor dem Hintergrund des skizzierten freudschen Persönlichkeitsmodells kommt es in der frühen Kindheit, in der sich die Persönlichkeitsstruktur fundamental entwickelt bzw. ausgestaltet (Siegel 2006), häufig zu doch eher ambivalenten Situationen und Erfahrungen mit den Hauptbezugspersonen.

Nach Kernberg (2017) entwickeln sich auf Kindesseite die Definitionen von sogenannten Objektbeziehungen (sowie die subjektiven Erwartungshaltungen in Beziehungen überhaupt) schrittweise zwischen dem 1. und 3. Lebensjahr. Mit dem Begriff Objektbeziehungen sind Interaktionen in und mit der sozialen Umwelt gemeint. Einfach gesagt: Im Kleinkinderalter lernt man durch Beobachtung und Erfahrungen mit dem engsten Umfeld, wie zwischenmenschliche Beziehungen allgemein ablaufen (sollten). Mit dieser entstehenden subjektiven Beziehungsbrille werden später eigene Partnerschaften unbewusst analysiert, interpretiert und auch aufgrund der Habituation aktiv inszeniert (Heedt 2019).

In der erwähnten Zeitspanne generiert das Kind gleichzeitig das Bestreben nach Autonomie und Selbstwirksamkeit, welches dann bestenfalls dazu führt, dass sich der Heranwachsende nach und nach als selbstbestimmtes und

-wirksames Wesen in einer Welt mit – voneinander abgetrennten – Objekten begreift. (Anfänglich kann sich der Säugling noch nicht gelöst von den Bezugspersonen als eigenes Individuum definieren.) Die Erfahrungen mit den Hauptbezugspersonen, das heißt Objekten, können den Verselbstständigungsprozess unterstützen oder aber auch behindern bzw. sogar im Keim ersticken. In letzterem Fall entstehen neben einer eingeschränkten Selbstwirksamkeit des Weiteren leicht Fixierungen an psychosexuelle Entwicklungsthemen (orale, anale, phallisch-ödipale), die die Entstehung einer Borderline-Persönlichkeit begünstigen können.

Bei einer positiven, genauer gesagt bedürfnisentsprechenden Entwicklung hat das Kind spätestens zum Ende des 3. Lebensjahres – mittlerweile auch im gesunden Maß von den Objekten getrennt – gelernt, pädagogisch angebrachte „gute" wie auch „unwillkommene" Reaktionen der Hauptbezugspersonen psychisch zu integrieren und zu einem einigermaßen realistischen Selbstbild mit positiven und negativen Einheiten zu bilden (sogenannte Selbstrepräsentanzen). Dies führt zu einer tendenziell realistischen Selbsteinschätzung, die ebenfalls das spätere Leben begleitet.

Bei angehenden Borderlinern liegen die Umstände jedoch meistens anders. Bezugspersonen mit extrem ausgeprägten „guten" und „bösen" Persönlichkeitsanteilen und den damit einhergehenden widersprüchlichen Verhaltenstendenzen legen in der Psyche ihrer Nachkommen den Nährboden für die sogenannte *Spaltung*. Diese zeigt sich späterhin u. a. durch sich abwechselnde Idealisierungs- und Abwertungstendenzen (vgl. Kapitel 3.6 f.). Spaltungsphänomene prägen dann sowohl die Selbst- („Ich bin *nur* gut bzw. *nur* böse!") als auch die Objektbeziehungsrepräsentanzen („Die anderen sind *nur* gut bzw. *nur* böse!"). Der hauptsächliche Grund: Es kann gar keine realistische innerpsychische Zusammenführung beider Eindrücke aus dem sozialen Umwelt stattfinden, da der „böse" Persönlichkeitsanteil des Objekts in der Wahrnehmung des Kindes gewöhnlich mit einer derart impulsiven Aggressivität bzw. Irritation einhergeht, sodass eben, der Psychohygiene wegen, ganze Situationen und Gefühle verdrängt werden müssen. Demgegenüber wird zwangsweise das „Gute" an den Erwachsenen in seiner Bedeutung überinterpretiert. Ein verständlicher (Überlebens-)Mechanismus (Steiner 2015). Dieser führt aber später im Umgang mit anderen Menschen zu massiven Problemen! Um diese geht es bekanntermaßen schwerpunktmäßig in diesem Buch.

Der in Jugend- und Erwachsenenalter auffällige Wechsel zwischen Idealisierung und Entwertung von Mitmenschen ist also eine Auswirkung der verinnerlichten widersprüchlichen Objektbeziehungsrepräsentanzen in der Kindheit. Entsprechend können weiterhin auch zukünftig selten Abstufungen in Bezug auf die Selbst- und Fremdidealisierung bzw. -abwertung vorgenommen werden.

Fazit (Lohmer 2013, S. 117): „Die *Borderline-Struktur* lässt sich [...] als Resultat einer *mangelnden Integration* gegensätzlicher Impulse, Strebungen, affektiver Zustände, kognitiver Einschätzungen sowie von Selbst- und Objektaspekten verstehen."

„Wenn die Selbst- und Objektbeziehungsrepräsentanzen die Beziehung zum Therapeuten prägen!" – Übertragungsfokussierte Psychotherapie

Praktikerinnen und Praktiker des tiefenpsychologischen Konzepts[2] untersuchen und reflektieren in ihrem Setting u. a. die internalisierten Objektbeziehungsrepräsentanzen und gleichzeitig bzw. im Anschluss daran die Selbstrepräsentanzen der Klientin. Dies ist zunächst deshalb grundsätzlich möglich, weil im Rahmen der sogenannten *Übertragung* die zwischenmenschlichen Beziehungsqualitäten aus der Kindheit unbewusst neu inszeniert werden. Mit Übertragung betiteln Psychoanalytiker all das, was die Klientin an positiven wie negativen Erwartungen, Wünschen, Bedürfnissen und Themen auf der Beziehungsebene dem Therapeuten gegenüber unbewusst auf verschiedenen Kanälen kommuniziert. Spannend: Auch etwa Gefühle des Verknallt- bzw. Verliebtseins werden als normal eingestuft und dürfen auch so ausgesprochen werden. Mit solchen Gefühlen, die als (gemeinsame) Fantasie und nicht als reale Tatsachen eingestuft werden, wird dann in der Regel therapeutisch gearbeitet.

Im Kontext Borderline stellt sich der Professionelle auf Inszenierungen von Spaltungsphänomenen ein. Irgendwann werden altbekannte Bindungsmuster aktiv inszeniert. Dann reagiert der Therapeut mit der Einführung des Modells der Inneren Anteile. Dieses Konzept impliziert die Perspektive, dass die menschliche Psyche aus verschiedenen Ich-Teilen besteht (Vaitl 2012; vgl. auch Kapitel 6.1 ff.). Der Professionelle geht davon aus: Mal kommuniziert er mit dem erwachsenen Part des Klienten, später eventuell mit dem kindlichen, dann wieder mit einem elterlichen usw. Ziel ist die Stärkung des erwachsenen Teils *(Ich-Instanz)* des Gegenübers, damit irgendwann die flankierenden problematischen Ich-Strukturen sinnstiftend unter einen Hut gebracht werden können. Dies führt erfahrungsgemäß zu mehr Struktur und Ordnung im Alltag.

Borderliner offenbaren in der Therapie zumeist eine ausgeprägte Beziehungsmotivation, was die Zusammenarbeit massiv erleichtert (übrigens auch in der Schule). Dies führt auf der Gegenseite gewöhnlich zur Aktivierung von Sympathie und Empathie bzw. Antipathie – was aber wertungsfrei in die Diagnostik einfließt (u. a. auch die Gegenübertragung, s. u.) (Lohmer 2013, S. 103).

2 In der englischen Übersetzung heißt dieses Verfahren *Transference Focused Psychotherapy (TFP).*

In der Regel wird der Therapeut zu Beginn der Zusammenarbeit idealisiert („Sie sind echt ein toller Psychologe, ich hatte noch nie einen, der so ist wie Sie!"). Davon lässt er sich aber nicht blenden, da er weiß (Armbrust & Link 2015, S. 137): „Je stärker die Idealisierung, desto stärker die Abwertungsreaktion, die mitunter dramatische Züge aufweisen kann, durchaus verbunden mit aggressivem Verhalten."

Gewöhnlich entsteht eine sehr persönliche Beziehung. Wichtig in diesem Fall ist aber, dass der Therapeut diese Tatsache irgendwann offen anspricht und professionell transparent macht. Er macht auch klar, dass es sich im 1:1-Setting *nicht* um eine *private* Beziehung handelt.

Deutung – Klärung – Zielorientierung – Autonomie

Wie oben schon erwähnt, sind die Basiskonzepte der PT, die für den therapeutischen Prozess genutzt werden, die (1.) *Übertragung* und (2.) *Gegenübertragung. Beide* Wahrnehmungsperspektiven fließen ein in die Arbeit: Die (1.) Erlebens- und Beziehungsmuster der Klientin sowie (2.) die Empfindungen und Handlungsimpulse des Therapeuten. Eine Intervention in diesem Zusammenhang sieht dann z. B. so aus, dass der Helfer seinen inneren Zustand an wichtigen, emotional aufwühlenden Gelenkstellen des Gesamtprozesses empathisch beschreibt und etwa anmerkt: „Ist Ihnen eben aufgefallen, dass ich perplex war? Kennen Sie solche Situationen aus dem Alltag?" Gleichzeitig wird also versucht, das Erleben der Klientin dabei einzubeziehen. Es ist in der Regel davon nicht losgelöst zu sehen (Lohmer 2013, S. 107). Außerdem werden Opfer- und Täteranteile, die auf der oben genannten Spaltung basieren, im Rahmen des Prozesses schrittweise erkannt und irgendwann als komplementäre Rollenpaare thematisiert.

Weiterhin sind auch sogenannte Abwehrmechanismen (vgl. Kapitel 3.1.7) ein wichtiges Thema in der Therapie. Die wohl größte Herausforderung in der Hierarchie dieser Phänomene ist nachweislich die projektive Identifizierung. Im Rahmen dieses Geschehens empfindet der Professionelle nicht aus Zufall schrittweise eine gewisse Ohnmacht – und nicht umsonst gerät der Prozess ins Stocken. Plötzlich wird der Therapeut z. B. mit überzogenen Vorwürfen konfrontiert, die zudem noch sehr plausibel klingen. Unerfahrene Professionelle beginnen sich dann zu rechtfertigen – ein Fehler. Die Schlinge zieht sich zu, am Ende fühlt man sich wie ein Opfer, dem gerade der Prozess gemacht wird. Und gegenüber sitzt der Täter.

Erfahrene Therapeuten hören aber bereits direkt zu Beginn die Alarmglocken läuten und decken das Ganze schnell auf. Denn sie wissen: „Ist [die] freie Beweglichkeit eingeschränkt, ist dies meist das Ergebnis einer *projektiven Identifizierung,* bei der dem Therapeuten eine bestimmte Rolle zwingend zugewiesen wird!" (Lohmer 2013, S. 121). Das heißt, die Klientin projiziert unbewusst ihren eigenen Opferanteil auf den Professionellen und löst ihn dort durch spezifische Täterverhaltensweisen aus, um Spannungen abzubauen (gerade dieser Abwehrmechanismus wird uns später noch einmal ausführlich beschäftigen).

Es ist wichtig zu erwähnen, dass Übertragungs- und Gegenübertragungsprozesse sowie relevante Abwehrmechanismen irgendwann gemeinsam auf Augenhöhe reflektiert und gedeutet werden. Ein solcher Dialog ist vergleichbar mit einem reflexiven Reißverschlusssystem.

Ein weiteres Ziel ist vor dem Hintergrund entstehender Erkenntnisprozesse auf Klientenseite eine Neubewertung von aktuellen zwischenmenschlichen Schieflagen. Letztlich werden auch zielorientierte Strategien entworfen, um belastende Borderline-Problematiken abzuschwächen. Die Förderung eines realistischen Selbst- und Fremdbildes unterstützt eine erfolgreiche Therapie weiterhin. Am Ende wird die Klientin als möglichst autonome Persönlichkeit aus der Therapie entlassen, die bewusster und stabiler durchs Leben geht.

2.2 Dialektisch-Behaviorale Therapie (DBT)

Der Entwurf von Marsha Linehan (1999) basiert auf der Verhaltenstherapie, deren Vertreter jahrzehntelang eine Gegenposition zur PT einnahmen und entsprechend unbewusste Prozesse im Psychischen massiv ablehnten (in manchen Fällen wird das heutzutage immer noch so gehandhabt). Die DBT impliziert lerntheoretische Grundlagen, etwa das klassische und operante Konditionieren sowie das Modelllernen (Spitzer 2007). Sie ist tatsächlich der erste verhaltenstherapeutische Ansatz zur Behandlung von Borderlinern, der eigenständig und vor allem in Hinsicht auf seine Wirksamkeit empirisch gesichert ist (Merod 2013).

Das Verfahren ist neben der PT etabliert und besteht aus mehreren Phasen (Breil & Sachse 2018, S. 30). Zunächst steht in der Vorbereitungsstufe die Diagnostik sowie die Aufklärung über das Borderline-Störungsbild (Psychoedukation) im Vordergrund. Das heißt, die Klientin erhält Einblick in das Gesamtbild. In der 1. Therapiestufe werden bei Bedarf schwere Probleme auf der Verhaltensebene (etwa Suizidalität) angegangen und die entsprechenden Copingstrategien verbessert (u. a. durch neu erlernte Fertigkeiten, s. u.). Um das emotionale Erleben geht es vorwiegend in der 2. Therapiestufe. Dabei sollen dysfunktionale, erlernte und automatisierte Reaktionsmuster mit biografischem Hintergrund verbessert werden. In der 3. Therapiestufe erfolgt die Neuorientierung der Klientin, die durch die Integration von Therapieerfolgen und Erkenntnisprozessen nunmehr möglich wird.

Zielorientierte Methoden

In der Praxis der DBT werden strukturierte Einzel-, aber auch Gruppensitzungen durchgeführt. In Bezug auf das typische Schwarz-Weiß-Denken arbeitet der Therapeut im 1:1-Setting *dialektisch,* indem er gezielt durch das Aufzeigen von Gegensatzpaaren eine differenzierte Wahrnehmung aufseiten der Klientin fördern will (Rahn 2015, S. 113). Im Rahmen der dialektischen Methode wird generell angestrebt, emotional belastende Alltagssituationen zu relativieren, indem das Gegenüber lernt, mehrere „Wahrheiten" wertzuschätzen, die zudem gleichzeitig bestehen können.

Ein weiterer nennenswerter Aspekt der DBT: Auch außerhalb der Sitzungen ist der Therapeut erreichbar! So wird die Möglichkeit von E-Mail-Kontakten und Telefonberatungen eingeräumt. Gemeinsam werden des Weiteren therapeutisch relevante Zieldefinitionen formuliert und auch Behandlungsverträge mit verpflichtendem Charakter geschlossen.

Im Gruppensetting andererseits geht es vor allem um das Lehren und Erlernen von Fähigkeiten (sogenanntes Skills-Training, vgl. Kapitel 7.3) zum kompetenten Umgang mit selbstverletzendem Verhalten bzw. Impulsivität. Mithilfe von subjektiv angepassten Notfallmethoden (in eine Chili-Schote oder Zitrone beißen, ein Gummiband an den Unterarm schnalzen lassen, mentale Entspannungsübungen usw.) sorgt die Klientin im Alltag schlussendlich für eine Art Emotionsregulation und geht darüber hinaus auch bewusster mit ihren Gefühlen um.

Entsprechende Therapeutenmethoden sind in diesem Setting folgende: Rollenspiele, Feedbacks, Ratschläge, Gruppenarbeit.

Die Invalidierungshypothese

Linehan (1996) definiert die Emotionsregulationsstörung als zentrales Merkmal der Borderline-Persönlichkeit. Sie geht davon aus, dass eine gesunde sozial-emotionale Selbstregulation auf einer im Kern *heilen* Psyche basiert, anders gesagt auf einem überwiegend positiven Selbstkonzept. Es braucht allerdings die Unterstützung des sozialen Umfeldes, um ein derartiges Konstrukt auszuprägen. Diese Hypothese wird auch durch zahlreiche Befunde der Bindungsforschung gestützt (Bowlby 2014; Grossmann & Grossmann 2012). Im Begrifflichkeitshorizont der DBT wird argumentiert: Sozial-emotionale Kompetenzen werden aufseiten des Kindes durch sogenannte Validierungserfahrungen gefördert. In deren Rahmen spiegelt etwa die Mutter empathisch die emotionalen Ausdrücke ihres Kindes in den ersten Lebensjahren, hat ein Interesse an positiven Bindungserfahrungen. Außerdem kommuniziert sie weitgehend authentisch (ohne Ironie und Sarkasmus).

Borderliner andererseits kennen eher Verhältnisse, die die Kriterien einer gewissen *Invalidierung* erfüllen. Die Hauptbezugspersonen reagieren entsprechend nicht angemessen auf den Heranwachsenden und gehen nicht authentisch mit den eigenen Gefühlen um (Trauer wird etwa mit Freude überspielt). Eine andere Möglichkeit: Die Familie lebt gezwungen in einer Art „schönen" Welt, die eventuell nur von einer zwanghaften Hauptperson inszeniert wird und in der es keine „Schatten" oder, um dem Bild zu folgen, „Gewitter" geben darf. In solchen Konstellationen herrscht das Heuchlertum vor! Missbrauchserfahrungen sind darüber hinaus in solchen Systemen nicht selten.

DBT impliziert die Validierung

Im Rahmen der Therapie werden Faktoren der Validierung geschaffen, um den doch in der Regel massiv vorhandenen zwischenmenschlichen Missstand aus der Kindheit und/oder frühen Jugendphase auszugleichen bzw. zu kompensieren. Hierzu werden gesunde, kompetenzorientierte Persönlichkeitsanteile aktiviert und gefördert. Ein weiteres Ziel ist die Steigerung der Frustrationstoleranz sowie die Fähigkeit zum rationalen Handeln.

Um diese Ziele zu erreichen, müssen das bisherige Verhalten und die Reaktionen auf zwischenmenschliche Beziehungen herausgearbeitet werden. Prinzipiell ist die zentrale Methode der DBT die sogenannte kognitive Umstrukturierung, im Rahmen derer stressauslösende Alltagssituationen umgedeutet und so als weniger belastend wahrgenommen werden.

2.3 Mentalisierungsbasierte Therapie (MBT)

In den 1990er-Jahren haben Bateman & Fonagy (2014) eine Behandlungsmethodik für strukturell schwer beeinträchtigte Patienten entwickelt, die auf der PT fußt und sie u. a. durch die modernen Konzepte der Neurobiologie und Bindungsforschung erweitert. Die MBT konnte explizit für die Behandlung von Borderline-Persönlichkeiten fruchtbar gemacht werden.

Da dies ebenfalls ein interessanter Ansatz vor dem Hintergrund des Phänomens ist, der außerdem eine sehr gute Wirkung in der Behandlung erzielt, sollte er berücksichtigt werden.

Was bedeutet Mentalisierung?

Mit dem Begriff ist die Kompetenz gemeint, eigene Verhaltensweisen und die der Mitmenschen in Zusammenhang mit innerpsychischen Prozessen (Gefühle, Wünsche, Bedürfnisse, Motivationen, Lebenserfahrungen) bringen zu können. Umgangssprachlich formuliert könnte man auch sagen: Wenn eine Person Menschenkenntnis hat und nachvollziehen oder erkennen kann, was sie selbst und die anderen an- und umtreibt, hat sie eine gute Mentalisierungsfähigkeit.

Da diese Eigenschaft bei vielen Borderlinern aufgrund von eher nachteiligen Bindungserfahrungen – so die Erkenntnisse aus Theorie und Praxis – gestört, beeinträchtigt oder nur schwach ausgeprägt ist, verzichten Therapeuten dieses Konzepts tendenziell auf die in der PT typischen Methoden (Deutung, Interpretation, Aufdecken der Beziehungsebene). Auch Phänomene der Idealisierung und Abwertung werden erst mal im Raum stehen gelassen. Man geht entsprechend davon aus, dass diese Vorgehensweisen eher Schaden als therapeutischen Gewinn nach sich ziehen können. Grund: Die Patientin könnte dadurch überfordert werden und sich etwa pathologisiert fühlen.

Methoden in der MBT

Das hauptsächliche Ziel dieser Therapieform ist demnach die Verbesserung der Mentalisierungsfähigkeit. Der Weg dorthin ist bekanntlich steinig, da die Klienten so leicht emotional entzündbar sind. Das 1:1-Setting muss hierfür zunächst schrittweise eine vertrauensspendende Atmosphäre entfalten, wofür natürlich in erster Linie der Therapeut verantwortlich ist. Er muss eine sichere Basis sein, von der aus die späteren Klärungsprozesse und reflexiven Anstöße inszeniert werden. Die Rahmenbedingungen werden entsprechend grundgelegt, indem der Professionelle sowohl die Aufgaben und Rollen der Beteiligten als auch die Vorgehensweisen und Ziele der Therapie kommuniziert. Man arbeitet sich von „oben" (kognitiv) nach „unten"; das heißt zu unbewussten Prozessen, Beziehungsthemen, archaischen Selbstbildern usw.

Interveniert wird im Rahmen der Klärungsphase dahingehend, dass man dem Klienten zunächst, wie oben schon angedeutet, Raum gibt, genauer gesagt seinen Projektionen, Idealisierungen, Abwertungen usw.

Das Hier und Jetzt zählt – mit den gegenwärtigen Phänomenen wird konstruktiv gearbeitet. Erst wenn vor dem Hintergrund dieser Wahrnehmungsmuster genug Beziehungsstabilität erlangt ist (sogenannte mentalisierte Kapazität), werden Übertragungsmuster und irrationale Kognitionen thematisiert und gemeinsam infrage gestellt.

Die Förderung der Kompetenz zum Mentalisieren erfolgt Schritt für Schritt. Dabei ist die Haltung des Therapeuten sehr wichtig. Er begegnet der Klientin auf Augenhöhe, zeigt sich offen, steht jederzeit Rede und Antwort, ist authentisch und interessiert und verwendet im Umgang größtenteils die unkomplizierte Alltagssprache.

Folgende Methoden werden dabei u. a. angewendet:

- **Mentalisierungsprozesse der Klientin zunehmend fokussieren.** Der Therapeut konzentriert sich im Rahmen dieser Handhabungsweise auf die Wahrnehmung des Gegenübers, die Schilderungen der Probleme und filtert dabei diejenigen Phasen heraus, in denen das Gegenüber zielführend mentalisiert/reflektiert. An diese Momente dockt er darüber hinaus rückblickend wieder an und versucht, die Meta-Ebene weiter zu stärken, insbesondere durch offene und auch sogenannte W-Fragen.

- **Affektivität des Klienten mentalisieren.** Die in der Regel stark ausgeprägte Emotionalität von Borderlinern muss natürlich auch in der Therapie berücksichtigt, das heißt mentalisiert werden. Eine Möglichkeit besteht darin, einen möglichen Zusammenhang zwischen aktuellen Affekten mit derzeitigen und vergangenen interpersonellen Situationen herzustellen. Natürlich regt der Therapeut, sobald ihm etwas auffällt, aktiv diese Art des Mentalisierens an und hält dabei das gegenwärtige affektive Spannungsniveau im mittleren Bereich. Gerade bei diesem Thema wird die Notwendigkeit des *gemeinsamen* Mentalisierens deutlich. Ohne einen in dieser Hinsicht unterstützenden Interaktionspartner können Grenzgänger zu keinen tieferen Erkenntnisprozessen gelangen.

Fazit

Die MBT ist ein sehr innovativer Ansatz. Seine Stärke besteht u. a. darin, dass er das gegenwärtige Erleben in den Sitzungen in den Vordergrund stellt. Dadurch ist der Therapeut imstande, schneller, aktiver und dadurch zielorientierter Erkenntnisprozesse aufseiten der Klientin anzustoßen. Die Methoden der MBT sind hochwirksam, auf die Lebenswirklichkeit des Gegenübers zugeschnitten. Dadurch kann man den anderen entsprechend dort abholen, wo er gerade steht. Eine weitere Stärke besteht in der methodischen Kombination von Einzel- und Gruppensettings (wie auch bei der DBT der Fall).

2.4 Schematherapie (ST)

Auf dem Weg zur allgemeinen Psychotherapie

Epochemachende Weiterentwicklungen, die in den letzten Jahren im Kontext der Psychotherapieverfahren durch innovative Impulse angestoßen wurden, haben u. a. dazu geführt, dass mittlerweile der sogenannte Schemabegriff als Arbeitsgrundlage in der Analyse und Bearbeitung von massiven psychologischen Problemen von Klienten eine große Rolle spielt (Armbrust & Link 2015, S. 39). Die Schematherapie, um die es im Folgenden geht, sowie die Klärungsorientierte Psychotherapie (vgl. Kapitel 2.5) sind Produkte dieser gewinnbringenden Entwicklung. Beide Konzepte liegen an der Schnittstelle zwischen PT und Kognitiver Verhaltenstherapie (KV). Sie sind entsprechend integrativ, das heißt schulübergreifend konzipiert und gerade deshalb hocheffizient. Die ST und KOP führten darüber hinaus auch zur Entwicklung der Schemapädagogik® (Damm 2019a), auf die einführend in Kapitel 4 eingegangen wird.

Nachteilige Schemata – Grundbausteine der Borderline-Persönlichkeit

Schemata sind, ganz allgemein formuliert, individuelle und überwiegend unbewusste Wahrnehmungsmuster und Erwartungshaltungen mit kognitiven, emotionalen und physiologischen Anteilen – die eigene Person und zwischenmenschliche Beziehungen betreffend (Grawe 2004). Man spricht auch von kognitiv-affektiven Strukturen. Schemata werden bereits in der Kindheit im Rahmen der Sozialisation ausgeprägt und schlagen sich u. a. neuronal nieder. Man kann sie auch als verdichtete *Zusammenfassungen* von erlebten Erfahrungen verstehen, als Lebensmotti bzw. innere Glaubenssätze (z. B. „Ich muss für andere da sein!"), die auf zahlreichen Wiederholungen von zwischenmenschlichen Erfahrungen basieren (Roediger 2014). In einem förderlichen, bedürfnisorientierten sozialen Umfeld entwickeln Heranwachsende gesunde, prosoziale Schemata wie etwa: „Ich bin okay!", „Ich kann mich Problemen stellen und sie selbst lösen!", „Ich fühle mich in demokratisch gelagerten Beziehungen wohl!" usw. Es ist sehr wichtig zu erwähnen, dass die sich entwickelnden Konstruktionen über sich selbst, die anderen und die Welt die späteren Grundlagen dafür sind, wie Menschen mit sich selbst und anderen im Erwachsenenalter umgehen (Roediger 2015).

Arntz & van Genderen (2010) haben in ihrer Veröffentlichung *Schematherapie bei Borderline-Persönlichkeitsstörung* nachteilige, sogenannte maladaptive Wahrnehmungsmuster herausgearbeitet, die zu einer Manifestation der Symptome der Borderline-Persönlichkeitsstörung beitragen (s. Tabelle 2).

Schema-Modell

In der Konzeption der Schematherapie von Young, Klosko & Weishaar (2008) wurden ausgewählte Borderline-Schemata bereits beschrieben; diese typische Kombination (s. u.) entsteht in der Regel durch verbalen, emotionalen, körperlichen und/oder sexuellen Missbrauch. Demnach, und der Punkt ist es wert, noch einmal ins Feld geführt zu werden, offenbart die Mehrheit der Borderline-Patienten aufgrund ihrer tendenziell ungünstigen Sozialisationserfahrungen, die weniger von Unterstützung und Sicherheit geprägt waren, folgende Schemata/Lebensthemen:

- Emotionale Vernachlässigung,
- Verlassenheit/Instabilität,
- Misstrauen,
- Soziale Isolation,
- Unzulänglich-/Bedeutungslosigkeit,
- Verstrickung mit anderen,
- Anspruchshaltung/Grandiosität (Narzissmus),
- Überhöhte Standards,
- Bestrafungsneigung.

Im klinischen Kontext geht es vor allem um Schemata von Klienten in extremer Stärke. In durchschnittlicher Ausprägung sind Schemata Ressourcen und wirken sich meistens produktiv auf die Lebensgestaltung aus. In der schematherapeutischen Literatur heißt es, dass Lebensthemen/Schemata in ungesunder Ausprägung insbesondere durch dauerhaft frustrierte Grundbedürfnisse entstehen (vgl. Tabelle 2).

Nr.	Schema/Lebensthema	Grundbedürfnis
1	Emotionale Vernachlässigung	Bindung
2	Verlassenheit/Instabilität	
3	Misstrauen/Missbrauch	
4	Soziale Isolation	
5	Unzulänglich-/Bedeutungslosigkeit	
6	Erfolglosigkeit/Versagen	Kontrolle nach außen
7	Abhängigkeit von anderen	
8	Verletzbarkeit	
9	Verstrickung mit anderen	
10	Anspruchshaltung/Grandiosität (Narzissmus)	Kontrolle nach innen
11	Aneckenwollen/Rebellentum	
12	Unterwerfung (Anpassung)	Selbstwerterhöhung
13	Aufopferung/Fürsorge	
14	Streben nach Zustimmung und Anerkennung	
15	Emotionale Kontrolle (Übertriebene Rationalität)	Lust und Unlustvermeidung
16	Überhöhte Standards/Perfektionismus	
17	Negatives hervorheben (Pessimismus)	
18	Bestrafungsneigung (Sanktionierungstendenz)	

Tabelle 2: Relevante Schemata und korrelierende Grundbedürfnisse

Modus-Modell und Borderline-Charakteristiken

Schemata wirken weitgehend unbewusst auf die Beziehungsgestaltung und Lebensführung ein und beeinflussen massiv die Auswahl des Freundeskreises, Berufs, Lebenszieles bzw. die Lebensphilosophie schlechthin (Roediger 2015; Damm 2019a). Man kann Schemata nicht direkt sehen, sondern nur durch Beobachtungen ableiten. Ohnehin ist der Begriff als Konstrukt zu verstehen, um den Menschen zu erforschen und zu begreifen. Was man hingegen als Außenstehender direkt wahrnehmen *kann*, das sind gerade *aktivierte* Schemata (Roediger 2016). Darauf wird im Folgenden eingegangen.

Schematherapeuten arbeiten nicht aus Zufall ebenfalls mit dem Modell der Inneren Teile und stellen folgenden Zusammenhang her: Ein aktiviertes Schema zeigt sich als kognitiv-affektiver Erlebniszustand, den Grawe (2004) als „neuronales Erregungsmuster" (NEM) bezeichnet. Im hier thematisierten

Konzept spricht man von Schemamodus oder *state*. Borderliner zeigen im alltäglichen Umgang mit Mitmenschen (und auch Therapeuten) meistens fünf Schemamodi[3] (Arntz & van Genderen 2010, S. 137f.). Diese Modi offenbaren Grenzgänger insbesondere in emotionalen Situationen. Grund: Dahinter stehen dann Aktivierungen der oben erwähnten nachteiligen Schemata in starker Ausprägung. Schemata und Modi korrelieren demnach miteinander.

Befinden sich Personen mit Borderline-Persönlichkeitsstörung etwa im **Modus des verlassenen oder missbrauchten Kindes,** so fühlen sie sich hilflos, bedroht und verlassen. Sie rechnen geradezu mit Grenzüberschreitungen, Verletzungen und vertrauen niemandem. Im *state* des **wütenden oder impulsiven Kindes** kann es zu Eskalationen kommen. Frei nach dem Motto: Angriff ist die beste Verteidigung. Dieser extrovertiert-emotionale Modus wird erfahrungsgemäß in Situationen aktiviert, in denen sich Borderliner unfair behandelt fühlen. Der **strafende oder überkritische Modus** wird in der Schematherapie wie auch in psychodynamisch geprägten Kommunikationsmodellen, wie etwa in der Transaktionsanalyse (Berne 2005), als Repräsentanz von elterlichen Verhaltensweisen mit Sanktionierungseigenschaften definiert. Das heißt, dass im Rahmen von frühkindlichen neuronalen Entwicklungsprozessen äußere Kritiker/Bestrafer irgendwann zu inneren werden (Peichl 2010). Infolge der sogenannten Identifizierung (Kernberg 2006) verhalten sich Borderliner in Trigger-Momenten im Hier und Jetzt als Bezugspersonen-Stellvertreter und kritisieren/bestrafen das Gegenüber. Man löst dann in anderen die Überzeugung aus, sie seien dumm, schlecht, faul und hässlich.

Ferner ist auch in der Regel der **Selbstschutzmodus** im Persönlichkeitsinventar vorhanden. Dieser Teil ist sehr mächtig. Er kann Emotionen massiv verdrängen oder auch ganz abspalten. Er entstand meistens als Coping-Strategie in der Kindheit mit der Intention, die Realität besser ertragen zu können. In diesem Ich-Zustand fühlt die betreffende Person tatsächlich nichts, außer vielleicht innere Leere. Sie nimmt dennoch eine dominante, unantastbare Rolle ein.

3 Die typischen Borderline-Modi aufseiten von SuS habe ich schon öfter im Unterricht beobachten und auch bearbeiten können (vgl. Kapitel 6 und 7).

Der **Modus des gesunden Erwachsenen** andererseits entspricht der Instanz, die im Rahmen der Psychoanalyse und PT „Ich" genannt wird (vgl. Kapitel 2.1). Gerade dieser Modus orientiert sich am Realitätsprinzip und impliziert Selbsteinsicht und Reflexionsvermögen.

Therapieinhalte und Ziele

Um den Modus des gesunden Erwachsenen zu stärken, kommen im Rahmen der Schematherapie verschiedene Abläufe und Methoden zum Einsatz. Als Basis einer gelingenden Therapie gilt die Beziehung zwischen dem Therapeuten und der Klientin. *Ohne Beziehung keine Therapie.* Der Professionelle nimmt eine empathisch-fürsorgliche Haltung ein und achtet dabei auf die notwendige Distanz (Roediger 2015). Auf Kritik wird verzichtet. Es wird angestrebt, dass die Klientin Vertrauen erlernt bzw. aufbaut. Auf dieser Grundlage wird dann zunächst Psychoedukation betrieben. Der Therapeut führt in das Borderline-Störungsbild sowie in das Schema- und auch -Modusmodell ein. Ein Fallkonzept wird erstellt. Mithilfe von Fragebögen, Flipchartübungen und Interviews zur Biografie werden Schemata und Schemamodi erforscht. Mit diesen wird im Anschluss gearbeitet, und zwar mit verschiedenen integrativen Methoden wie *Rollenspielen, Stühlearbeit, mentalen Übungen, Verhaltensexperimenten, Fertigkeitstrainings, Gesprächen über neue Verhaltensweisen.* Einige dieser Methoden können auch in unserem Praxisalltag modifiziert Anwendung finden (vgl. Kapitel 6 und 7).

Das Ziel der Therapie ist dann erreicht, wenn die Klientin im Alltag keine strafenden Modi mehr benutzt, sondern überwiegend den Modus des gesunden Erwachsenen erleben kann. In diesem Fall finden dann auch zukünftig weniger Situationen statt, die mit einem impulsiven Kontrollverlust einhergehen.

2.5 Klärungsorientierte Psychotherapie (KOP)

Breil & Sachse (2018) haben einen eigenen Entwurf zur Behandlung der Borderline-Persönlichkeitsstörung vorgestellt. Insbesondere die ST und DBT werden dabei berücksichtigt, sie flankieren die Bausteine und Methoden der KOP.

Komplementärer Beziehungsaufbau – eine anspruchsvolle Aufgabe!

Dem Therapeuten wird zunächst empfohlen, eine geduldige Haltung einzunehmen (ebenda, S. 77). Geduld ist wichtig in Bezug auf den Aufbau von Vertrauen einerseits – und hinsichtlich diverser Krisenmomente, die von der Klientin in der Regel irgendwann inszeniert werden, andererseits. Außerdem muss man sich in der Therapie darauf einstellen, dass man immer mal wieder mit Beziehungstests, das heißt Vorwürfen und Unterstellungen, konfrontiert wird (s. u.). Des Weiteren muss sich der Therapeut darüber im Klaren sein, dass er heftige Emotionen und Reaktionen vonseiten der Patientinnen aushalten bzw. ertragen muss. – Die Phänomene Abwertung und Idealisierung werden auch in der KOP berücksichtigt.

Der Beziehungsaufbau steht am Anfang im Vordergrund, um eine tragfähige therapeutische Allianz zu schmieden. Der Therapeut verhält sich bedürfnisorientiert, anders gesagt komplementär zu Beziehungsmotiven, erspürt die maßgeblichen Bedürfnisse des Gegenübers und geht auf sie ein (Solidarität, Vertrautheit, Anerkennung, Wichtigkeit usw.). Es dreht sich also als Erstes um eine Art empathisches Verstehen (ebd., S. 85).

Diagnostik und Therapieplanung

Nachdem der Therapeut möglichst viele Daten im Rahmen der Biografiearbeit und in Bezug auf Darstellungen zu aktuellen Problemlagen der Patientin gesammelt hat, orientiert er sich an der kategorialen Diagnostik nach DSM-5 (vgl. Kapitel 1.2). Ziel ist der Entwurf eines Klientinnenmodells, wie dies auch im Setting der ST gehandhabt wird. Es muss zudem eingeschätzt werden, in welcher Ausprägung eine Störung der Emotionsregulation vorliegt. Außerdem werden die Themen *Beziehungsstörung, Persönlichkeitsstile* (vgl. Kapitel 1.1) und *Spielebene* (s. u.) in der Diagnostikphase berücksichtigt. Alles fließt ein in das Patientinnenmodell. Im Verständnis der KOP sollte die Diagnostik möglichst prozessorientiert stattfinden (ebd., S. 137).

Der Behandlungsplan ist durchstrukturiert. Nach der ersten Therapiephase (s. o.) werden die im Raum stehenden Problemfelder inhaltlich bearbeitet. Es wird empfohlen, mit der Behandlung der Emotionsregulationsstörung (Selbstverletzungen, Suizidalität, Impulsivität) zu beginnen, da gerade dieses Störungsbild die anderen typischen Problembereiche erst generiert. Ressourcenaktivierung und -aufbau werden dabei zeitgleich angeregt. Die typischen Beziehungsstörungen werden im Anschluss danach thematisiert. Im 3. Therapieabschnitt geht es um die Integration des Gelernten (s. u.) und um Möglichkeiten der Neuorientierung. In der letzten Phase wird der Ablösungsprozess angestrebt und professionell begleitet.

Konfrontation mit der Spielebene

Erfahrungsgemäß kommt es im Laufe der Therapie auch einmal zu Situationen, in denen es nicht weitergeht. Ein Grund hierfür sind meistens (unbewusste) Interaktionsstrategien der Patientin, die den Prozess bremsen. Borderliner haben aufgrund ihrer Biografie passende Lösungsstrategien für unangenehme Gesprächsanlässe und solche Konstellationen entwickelt, in denen sie sich unwohl fühlen (vgl. Kapitel 4.6). Fällt dem Therapeuten im

Laufe der Therapie in Einbahnstraßenmomenten die eine oder andere Spielstrategie auf, interveniert er empathisch bzw. konfrontativ. Auf entsprechende Psychospiele, die Borderliner gut beherrschen, stellt man sich entsprechend ein und deckt sie z. B. einfühlsam auf, sollten sie den Fortgang des Therapieprozesses sabotieren (Sachse 2014):

- **Regelsetzer.** Bei diesem Spiel stellt die Patientin Regeln auf, schreibt dem Therapeuten plötzlich vor, was seine vermeintlichen Aufgaben sind und beschwert sich über seine „Unprofessionalität" usw.
- **Mords-Molly.** Bei dieser Masche legt sich die Klientin mit dem Therapeuten an, unterstellt ihm böse Absichten, diskreditiert ihn.
- **Sexy sein.** Wird dieses Spiel praktiziert, wird das Gegenüber bezirzt und mit Flirtstrategien überhäuft, die auch mittelstark bis stark sexuell konnotiert ausfallen können.

Schemaklärung und -bearbeitung

Borderliner bringen u. a. Beziehungserwartungen in die Therapie ein, die, wie oben schon einige Male erwähnt, immer einen biografischen Hintergrund haben. Sie basieren im Verständnis der KOP ebenfalls auf einer Vielzahl diverser, teilweise sehr negativer, konflikthafter Schemata. Im Gegensatz zur ST gibt es in der KOP aber keine Schematabelle. Therapeuten suchen gemeinsam mit der Klientin nach inneren (kognitiven-affektiven) Glaubenssätzen, die nicht unbedingt auf einem bestimmten Lebensthema basieren müssen.

Das Problem besteht naturgemäß darin, dass Schemata erst einmal über einen längeren Zeitraum hinweg herausgearbeitet werden müssen (ebd., S. 164). Der Grund: Sie sind der Klientin anfangs gar nicht zugänglich. Daher müssen sie bewusstgemacht und geklärt werden, damit gewissermaßen der kognitive Zugang gelegt wird. Schemata werden in gewissen zwischenmenschlichen Situationen emotional aktiviert und bestimmen dann die bewusste Wahrnehmung. Die aktuelle Situation wird dann schemagetrieben interpretiert („Ich werde abgewertet!", „Mein Gegenüber kritisiert mich!" usw.). Um Borderline-Themen und infolgedessen Borderline-Schemata zu aktivieren, werden Therapeuten dazu angehalten, die Klientin dazu zu animieren, über Persönliches und aktuell Störendes zu berichten. Werden dann Schemata vom Therapeuten erkannt, geht er dazu über, der Klientin zu mehr Selbsterkenntnis zu verhelfen. Er klärt darüber auf, dass es sich bei dieser oder jenen negativen Selbst- oder Fremdabwertung nur (!) um ein bestimmtes Schema handelt, das aus mentalisierten Schlussfolgerungen von Rückmeldungen der primären Bezugspersonen besteht und *nicht* aus Abbildungen der Realität. Hierzu werden auch mögliche biografische Entstehungsbedingungen reflektiert.

Im Rahmen der sich anschließenden Schemabearbeitung werden verschiedene Methoden eingesetzt, um das Schema zu widerlegen (Stühlearbeit, mit der verschiedene Perspektivwechsel angeregt werden, Paraphrasieren, Feedback, Sokratischer Dialog, Ein-Personen-Rollenspiel usw.).

Ziele

Ein wesentliches Ziel der KOP ist – und hier wird wieder eine Parallele zur ST und PT deutlich – die Stärkung des erwachsenen Teils. Hierzu bedarf es Achtsamkeit den subjektiven innerpsychischen Phänomenen gegenüber. Die KOP ist, wie schon erwähnt, ein Rahmenmodell für die Arbeit mit Inneren Anteilen/Modi. Die Klientin lernt ihre eigenen Teilpersönlichkeiten besser kennen (ebd., S. 187) und kann dadurch den gesunden Anteil stärken. Dieser wird so weit gefördert, dass er die anderen Teile „führen", koordinieren und ausbalancieren kann. Hierzu werden verschiedene Modi u. a. identifiziert und in Zusammenhang gebracht mit den Potenzialen, die mit ihnen einhergehen (Ressourcenaktivierung).

„Die Arbeit mit Borderline-Patienten stellt eine besondere Herausforderung für die Psychotherapie dar", fasst Lohmer (2013, S. 75) die Sachlage sehr gut zusammen.

In den letzten Jahren entstanden einige durchdachte störungsspezifische Konzepte zur Therapie der Borderline-Persönlichkeitsstörung. Die tiefenpsychologischen Verfahren Psychoanalyse und PT sowie die Kognitiv-Behaviorale Perspektive (DBT) haben sich seit Jahren aufeinander zubewegt. Dennoch besteht ein Graben zwischen beiden Therapieschulen (Grawe 2004). Die erwähnten *integrativen* Psychotherapieperspektiven MBT, ST und KOP stellen vielversprechende fruchtbare Mittelwege in der Behandlung dar.

Alle Vertreterinnen und Vertreter der erwähnten Therapiekonzepte sind sich übrigens immerhin dahingehend einig, dass in der Beziehungsqualität zwischen dem Professionellen und der Ratsuchenden der Schlüssel zu einer erfolgreichen Maßnahme liegt. Entsprechend heißt es auch bei Fiedler & Herpertz (2016, S. 376): „Erst wenn sich Patienten in der Beziehung zum Therapeuten sicher und geborgen fühlen, wenn sich also das implizite Erleben beruhigt und stabilisiert, können sie sich mit ernsthaften Belastungen und existenziell bedeutsamen Konflikten bewusst und erwachsen auseinandersetzen."

Ausblick

Nachdem nun gängige Therapiekonzepte beschrieben wurden, die insbesondere bei Borderline-Persönlichkeitsstrukturen zum Tragen kommen, geht es im Folgenden um das komplette Borderline-Spektrum im Setting Klassenraum. Das Hauptkapitel dieses Buches beinhaltet sowohl die typischen emotionalen Achterbahnfahrten, die von Borderline-Betroffenen inszeniert werden (vgl. Kapitel 3.1 ff.), als auch die Perspektive der Hauptbezugspersonen in der Schule, anders gesagt die dadurch ausgelösten Wahrnehmungen der Lehrkräfte (vgl. Kapitel 3.2 ff.).

3 Psychologie der Borderline-Persönlichkeit im Unterricht

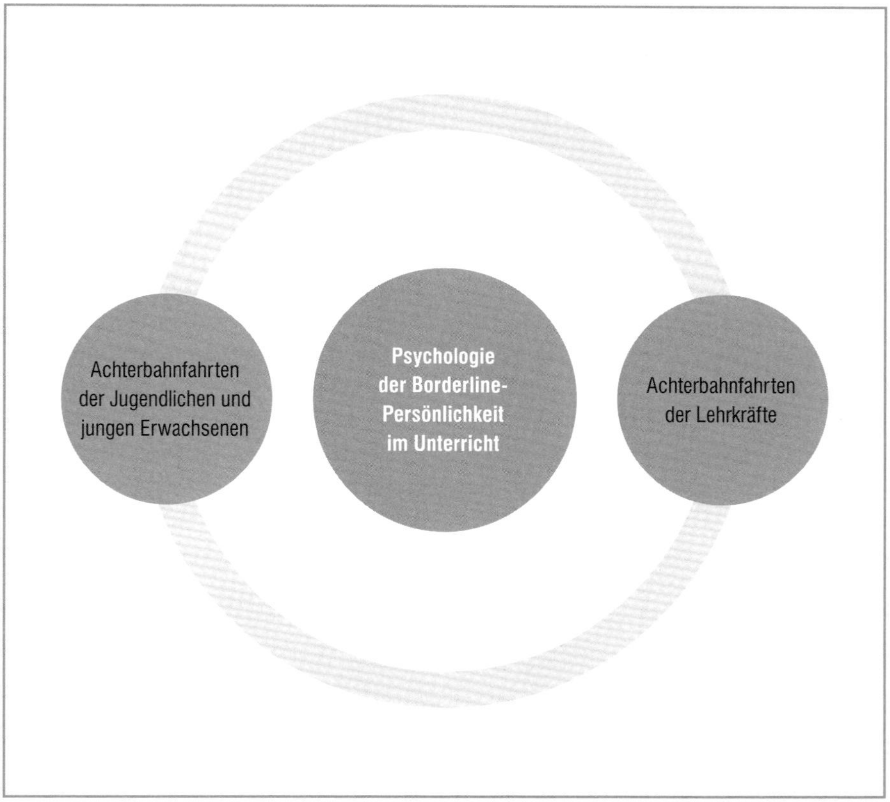

Abb. 4: Borderline-Phänomene im Unterricht und deren Psychodynamik

3.1 Achterbahnfahrten der Jugendlichen und jungen Erwachsenen

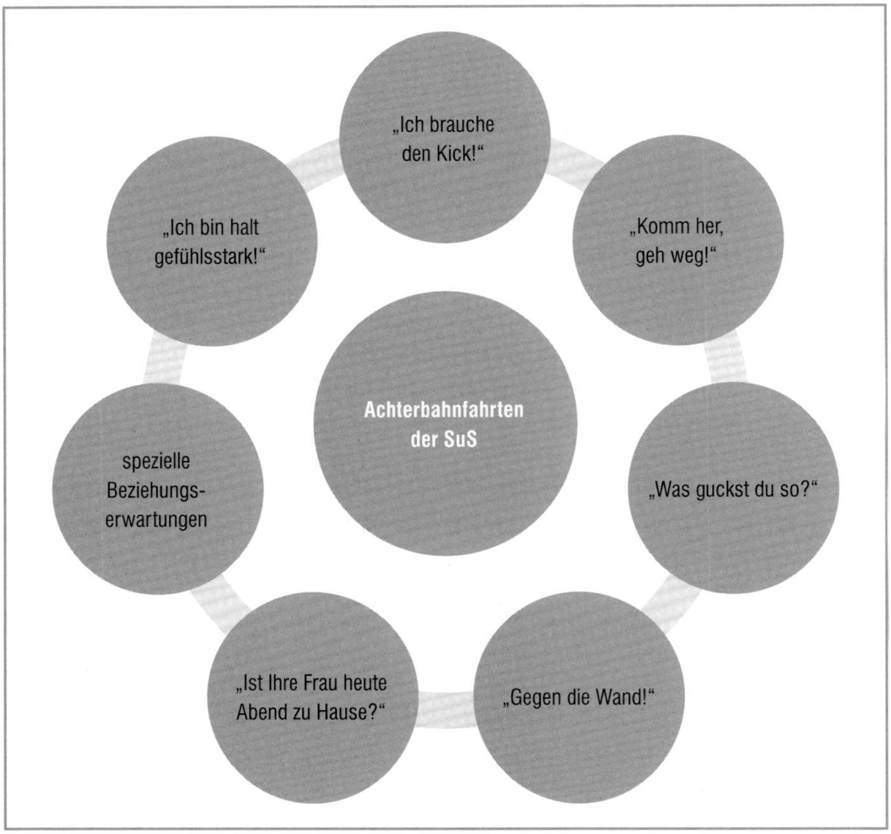

Abb. 5: Dimensionen und Herausforderungen – SuS mit Borderline-Persönlichkeit

Wer mindestens einmal über einen längeren Zeitraum hinweg mit Jugendlichen oder jungen Erwachsenen mit Borderline-Tendenzen im Unterricht zu tun hatte, der wird sich bei der Lektüre der nächsten beiden Unterkapitel aller Wahrscheinlichkeit nach öfter mal wiederfinden. Die Fallbeispiele sind entsprechend wohlwollend unverblümt dargestellt.

Jeweils am Ende eines jeden Unterkapitels finden Sie Empfehlungen, wie auf die jeweilige Borderline-Problematik reagiert werden kann. Natürlich existiert gerade im Umgang mit Grenzgängern kein Patentrezept. Aber das gibt es hinsichtlich des Umgangs mit problematischen Mitmenschen ohnehin nicht.

3.1.1 Die ultimative Reizstimulation – „Ich brauch den Kick!"

B

Susannes extreme Wochenendgestaltung

„Meine Fresse, jetzt schauen Sie nicht so, Herr Damm: Ich stürze halt gern mal von Freitag bis Sonntag ab, und auch mal unter der Woche! Alles easy!", eröffnete mir die 21-jährige angehende Erzieherin sichtlich verkatert eines Montagmorgens, als ich sie Bad-Cop-mäßig ansah, mit einer angehobenen Augenbraue.

Sie hing schwer in den Seilen, was natürlich nicht nur mir, sondern auch allen anderen Anwesenden auffiel. Die Situation war in Bezug auf meine Unterrichtsplanung selbstredend kontraproduktiv. Ich bat sie nach draußen vor die Tür. Unter vier Augen hakte ich nach: „Susanne, muss ich mir Gedanken machen? Das ist ja nicht das erste Mal." Sie lächelte beschwichtigend und verrollte die Augen: „Ja, Gott! Chillen Sie mal. Vorgestern gings am Nachmittag los: Wir, also Alina und ich, haben erst mal zu zweit ne Flasche Jack [Anmerkung des Verfassers: gemeint ist die Marke Jack Daniels] weggemacht. Dann Disco bis zum nächsten Morgen, zwei Typen mit in die WG genommen. Sie wissen schon. Absturz halt. Dann von Samstag auf Sonntag in etwa dasselbe! Nur einen Unterschied gabs: Alina und ich sind neben zwei neuen Typen aufgewacht, haha! Das war krass!"

Nach meiner Erfahrung offenbaren viele Borderliner ein starkes Bedürfnis nach physischen, psychosozialen und kognitiven Reizen. Sie möchten Abwechslung, sich spüren, wahrnehmen. Im Unterschied zu Nicht-Borderlinern braucht es dafür aber *mehr* Kick, *mehr* Power, *mehr* Bums, wie man sagt. Für extremere Stimulationssituationen sorgen viele Jugendliche mithilfe von verschiedenen Strategien, die durchaus sehr kreativ bis subtil ausfallen können. Die folgenden Schilderungen basieren auf persönlichen Erfahrungen, Einzelgesprächen, Beobachtungen und sind zum Großteil nicht wissenschaftlich belegt. Dennoch gehe ich stark davon aus, dass sie einen gewissen Wiedererkennungswert haben dürften. Aber das können Sie letztlich nur selbst entscheiden.

„I just wanna feel!" – Physiologische Stimuli in Extremo

Viele Grenzgänger haben eine starke Vorliebe für die orale Stimulation (Dulz, Benecke & Richter-Appelt 2009). Hierzu gehören z. B. extreme Ess- und Trinkgewohnheiten (Tendenz zum Missbrauch). Regelmäßige Wochenendgelage, die in Abstürzen münden, kommen dann nicht von ungefähr (siehe Fallbeispiel). Liegt eine orale Fixierung tatsächlich vor, so sind ihre Anzeichen auch im Unterrichtsalltag festzustellen. Übermäßiger Zigaretten- und Kaffeekonsum sind etwa entsprechende Lustbringer, aber auch z. B. eine stets gefüllte Dose mit Lutschpastillen auf dem Tisch, an der man sich kontinuierlich bedient.

Der orale Kick kann übrigens gesteigert werden, indem man Speisen vorauseilend(!) übersalzt und vor allem extrem pikant würzt, etwa mit Chilipulver usw. Was für Nicht-Borderliner scharf ist – darüber lachen Grenzgänger. Ein Faible für sehr saure Naschereien gehört gewissermaßen auch dazu.

Stichwort: Schmerzempfinden. Wie schon erwähnt, scheinen die Betreffenden da weniger empfindlich zu sein. Dieses Phänomen kann sich etwa beim Thema *Sport* zeigen. Es gibt Borderliner, die treiben pro Woche sechsmal Extremsport – bis zur totalen Erschöpfung, etwa in Form von Langstreckenlauf. Man muss sich *fertigmachen,* aber so richtig.

Danach wird geduscht, klar, aber auch mit einer gewissen Besonderheit. Es gilt dann das Motto: *Heiß, heißer, am heißesten.* Nach meiner Erfahrung haben Borderline-Haushalte einen erhöhten Wasserverbrauch, der durch ausgiebiges Duschen oder Baden verursacht wird. Die Betreffenden müssen sich etwa so lange malträtieren, bis es genug und die Haut entsprechend stark gerötet ist. Der Rest ist was für Warmduscher! Auch in anderen Alltagssituationen kann sich diese Tendenz zeigen, so auch z. B. bei Zahnarztbesuchen. Borderliner verzichten selbstverständlich auf die Betäubungsspritze, wenn es heißt: „Ich muss bohren, das wird wehtun, brauchen Sie ein Beruhigungsmittel?" – „Nö!" Letztlich sei in Bezug auf dieses Unterthema erwähnt: Nicht ohne Grund stehen die Betreffenden auf Tattoos und Piercings, die gewissermaßen auch den Kick bringen, insbesondere beim Stechen.

„Ich tu dir weh – tut mir nicht leid!" – Mediale Stimuli

Überdurchschnittlich anregen kann man sich natürlich auch mithilfe eines passenden Medienkonsums. Ohnehin sagt die Auswahl der Themen, mit denen man sich im Alltag beschäftigt, immer auch etwas über die eigene Persönlichkeit aus. Der Mensch *provoziert* Erfahrungen, die zu seinem Charakter passen – so lautet die entsprechende neurowissenschaftliche These (Roth 2016). Beispielhaft möchte ich einige Bands nennen, die eine gewisse Anziehung für Borderliner aufweisen können und die häufiger von Schülerinnen und Schülern mit der entsprechenden Diagnose genannt wurden: Rammstein, HIM, Linkin Park, Evanescence, Nightwish, Eisblume. Mit dem Konsum der passenden Songs kann eine starke emotionale Aktivierung einhergehen. Ich habe schon SuS in den Unterrichtspausen erlebt, die derart laut ihre Musik in den Kopfhörern aufdrehten, dass sie danach mit halbtauben Ohren wieder in den Unterricht kamen.

Bestimmte Serien- und Filmgenres sind in solchen Fällen ebenfalls beliebt, z. B. Horror, Mystic, Thriller, Fantasy. Diese Richtungen „kicken" auch.

Liegt ein Interesse an Büchern vor, so werden in der Regel bevorzugt Autorinnen und Autoren gelesen, die in Theorie und/oder Lebenspraxis Borderline-Eindrücke generieren und entsprechende Geschichten zu erzählen haben.

„Was soll es denn geben, hm?" – Psychosoziale Stimuli

„Ach, was soll ich sagen, Herr Damm, dort, wo wir einlaufen, passiert halt *immer* etwas", antwortete mir Susanne (aus dem Fallbeispiel) einmal auf die Frage: „Was ist denn angesagt, wenn ihr in Mannheim abends auf der Piste seid?" „Etwas" ist offensichtlich ein Begriff aus dem inoffiziellen Borderline-Wörterlexikon und bedeutet in der Regel nichts anderes als: Stress.

Die Locations, die von Borderlinern aufgesucht werden, sind harte Pflaster, gelinde gesagt. Es handelt sich dabei weniger um Cafés mit Theaterpublikum, sondern um Kneipen, Bars, Lounges usw., in denen sich alle möglichen Existenzen aus gesellschaftlichen Randgruppen und der Halbwelt tummeln. Wieder Susanne: „Da geht wenigstens was ab! Wäre ja ansonsten langweilig, oder?!"

Auch mit den bevorzugten Personengruppen im Privatbereich werden Achterbahnfahrten inszeniert. So gut wie regelmäßig gibt es, welch Zufall, Stress mit dem Vermieter, den Eltern, dem Freund, der Nachbarin, Freundin usw. Dies wird aber erstaunlicherweise nicht unbedingt als störend, sondern als naturgegeben, als gar nicht mal so schlimm aufgefasst. Susanne (grinsend): „Ja, Gott, ist halt so!"

Borderline-typisch stimulieren kann man sich in der Freizeit selbstverständlich auch selbst, so ganz für sich, indem man z. B. stur und regelmäßig auf den letzten Drücker tankt. Die Spannung besteht für die Betreffende dann in der folgenden Frage: „Komme ich jetzt noch von A nach B – oder nicht?" Als Beifahrer mit weniger Interesse am Thrill ist das unter Umständen nicht so prickelnd, sondern purer Stress. Weitere typische Beispiele für die skizzierte Selbststimulation sind:

- Chaos in der Wohnung und/oder im Auto, in der Handtasche usw. anrichten und sich permanent darüber echauffieren;
- regelmäßig morgens auf dem Weg in die Schule immer noch geradeso die öffentlichen Verkehrsmittel (unter Stress) erreichen.

„Ich liebe dich, du Arschloch!" – Partnerschaft und die Suche nach dem Kick

Gerade in Zweierbeziehungen kommen Borderline-Tendenzen zur gänzlichen Entfaltung. Neben den oben schon erwähnten Besonderheiten, die auch in der Liebe den Kick bringen, gibt es Phänomene, die im 2er-Setting vermehrt auftauchen. Viele Borderlinerinnen leben dort eine bestimmte Rolle aus, entweder die *dominante* oder *devote*. Beides führt in der Regel zu Konflikten, je länger die Beziehung andauert, da man den Interaktionspartner jeweils in die diametral gegenüberstehende Position drängt und dort festnagelt. Die Ursache für diese doch eher konfliktträchtige Beziehungserwartung liegt in der Regel in der schon in Kapitel 1.4 angedeuteten typischen familiären Borderline-Sozialisation.

Die spezifischen Gefühle der inneren Leere, die überfallartig daherkommen können, werden häufig in der Art kompensiert, dass man das Gegenüber auf alle nur erdenklichen Arten piesackt, mal humorvoll bis offen aggressiv, um entsprechende Reaktionen zu erleben. Durch die Reibung wird die Leere in den Hintergrund gedrängt.

Ein weiterer Kick: Es kommt immer mal wieder vor, dass sich der Borderline-Part gelegentlich Seitensprünge (u. a. mit dem Ex) gönnt, meistens im Geheimen, dem aktuellen Partner demgegenüber aber selbst harmlose Flirts mit anderen eisern versagt. In solchen Fällen belasten Eifersuchtsphänomene die Bindung extrem. Oder aber es wird der Entschluss gefasst, ein alternatives Modell auszuprobieren (offene Beziehung, Partnertausch usw.).
Fazit: Borderline-Konstellationen sind echte Achterbahnbeziehungen.

i

Lehrkräfte sind gut damit beraten, SuS mit Borderline-Tendenzen im Unterricht zu beschäftigen, einzubinden. Ansonsten entsteht schnell ein Gefühl der Leere – und auf diese Stimmung wird dann mit den vorhandenen Strategien, die oben beschrieben wurden, reagiert. Auf der anderen Seite sollte man realistisch sein und sich klarmachen: Mit einer Borderlinerin in der Klasse wird es immer mal wieder Bewegung im System geben.
Download-Material 1 beinhaltet viele der in Kapitel 3.1 beschriebenen Borderline-Phänomene. Mithilfe dieses nichtwissenschaftlichen Selbsttestes können Lehrkräfte ihre Klasse auf Borderline-Tendenzen abklopfen, ohne dass dies aber hobbytherapeutisch weiterverfolgt werden sollte.

3.1.2 Ambivalente Bindungsbedürfnisse und Schwarz-Weiß-Denken – „Komm her, geh weg!"

B

Sara-Lisas verhaltenskreative Beziehungsgestaltung
Wir schreiben das Schuljahr 2014/2015. Der Umgang mit der im Unterricht doch sehr präsenten 16-jährigen Schülerin der Berufsfachschule 1 gestaltete sich als sehr herausfordernd. An einem Tag war sie kommunikativ, zuvorkommend und sehr angenehm. Sie flachste mit mir und der Klasse, verteilte großzügig Komplimente („Das hast du sehr schön vorgetragen!"), zeigte Humor und Selbstironie. An solchen Tagen engagierte sich Sara-Lisa

auffallend im Ethikunterricht, besonders in Gruppenarbeitsphasen, und identifizierte sich auffällig stark mit der Klasse („Wir sollten alle mal einen Ausflug machen!").
Jedoch traten immer wieder ihre Schattenseiten hervor. Dann herrschte Kriegszustand im Klassenraum. Alle waren dann irgendwie involviert, ob sie wollten oder nicht. Das galt auch für mich. Es kam häufig vor, dass der „Krieg" direkt nach einem „sonnigen" Tag ausbrach. Dann machte das Ganze den Eindruck, als würde eine andere Person vor einem stehen. Und diese Persönlichkeitsfacette der Schülerin war weniger liebreizend, gelinde gesagt. Sie kam schon „angepisst", wie es ihre Mitschüler formulierten, in den Klassenraum und platzierte sich möglichst weit weg von der Peergroup; meistens in die letzte Reihe. Sie isolierte sich, kapselte sich ab. Ich erinnere mich an das erste Mal, als das passierte: Zu Unterrichtsbeginn steckte sie sich dann die Ohrstöpsel rein, fummelte an ihrem MP3-Player herum und legte den Kopf auf den Tisch. Ich konfrontierte sie direkt mit ihrem Verhalten. Das war keine gute Idee. Sie flippte aus, rannte nach 30 Sekunden aus dem Raum und tauchte an dem Tag überhaupt nicht mehr auf. Immerhin konnte ich mit ihr im Nachhinein arbeiten. Nach einigen Klärungsgesprächen wurde der Kompromiss beschlossen, dass die Jugendliche in zukünftigen Krisenzeiten sich 15 Minuten lang außerhalb des Klassenraums aufhalten und erst mal „ankommen" kann. Dies wurde von den Mitschülern zunächst akzeptiert, da Sara-Lisa gleichzeitig dazu verpflichtet wurde, den verpassten Unterrichtsstoff in Form eines Referats am Ende der jeweiligen Doppelstunde zu präsentieren. Erfreulicherweise häuften sich Sara-Lisas Sonnenseiten, sodass diese pädagogische Maßnahme nach sechs Einheiten auslief.

Die im Fallbeispiel angedeuteten widersprüchlichen Bindungsbedürfnisse deuten auf ein grundlegendes Dilemma von SuS mit Borderline-Tendenzen hin. Eine ausgeprägte Motivation, positiv gefärbte Beziehungen zu erleben, steht neben einer großen Angst vor Ablehnung, Diskreditierung, Abwertung. Ist das eine Bedürfnis aktiv, wird das andere dissoziativ abgespalten, verdrängt – und umgekehrt.

Dieses Phänomen zeigt sich im Umgang mit Mitschülern wie auch mit Lehrkräften.

Über die problematische Beziehungsdynamik im Klassenraum

Die Mitschüler werden durch ein solches ambivalentes Auftreten von dominant auftretenden jungen Erwachsenen verständlicherweise stark verunsichert. Das Kippen der Stimmung geht auf das Konto der Initiatorin, was aber nicht so wahrgenommen wird. Die anderen sind natürlich aus Sicht der Betreffenden daran schuld. Dummerweise werden (auch) in dieser Angelegenheit keine Grautöne gesehen, es gibt nur Schwarz oder Weiß, Himmel oder Hölle (vgl. Kapitel 3.1.6).

Im Vieraugengespräch meinte Sara-Lisa einmal: „Ich fühle mich manchmal wie ein Alien vom anderen Stern! Dann brauche ich Abstand, will nix hören, sehen und fühlen. Dann muss man mich einfach in Ruhe lassen." Es war ihr nur ansatzweise möglich, ihre beiden widersprüchlichen Wahrnehmungsmuster gleichzeitig und vor allem objektiv zu reflektieren.

Dass das ambivalente Muster die Klassengemeinschaft in Mitleidenschaft ziehen kann, ist ganz klar. Aber natürlich müssen sich auch Lehrkräfte auf solche Achterbahnfahrten einstellen. Der Fehler liegt dann gewöhnlich darin, in emotional aufgeheizten Situationen an den gesunden Menschenverstand bzw. an die Ratio der Schülerin appellieren zu wollen, etwa so: „Was soll das jetzt, dieses Auftreten kann man ja so gar nicht tolerieren, ändere bitte dein Verhalten!"

„Ich hasse dich, verlass mich nicht!" – Praxis von On-off-Beziehungen

Ungleich problematischer gestaltet sich die Sachlage für Beziehungspartner, die selbstredend mehr Lebenszeit mit Grenzgängern verbringen. Die Gegenstücke setzen sich erfahrungsgemäß einem noch höheren Leidensdruck aus (Kreisman & Straus 2012, S. 127 f.). Sie werden natürlich ebenfalls konfrontiert mit ambivalenten Beziehungserwartungen. Diese schlagen aber ausgiebiger und tiefer ein. Anders gesagt: Die Sonnen- und Schattenphasen fallen noch extremer aus.

Auf die Neigung zu intensiven Achterbahnbeziehungen wurde schon hingewiesen. Am Anfang der Partnerschaft ist gewöhnlich alles im Lot. Dieser Honeymoon kann ein paar Monate anhalten. Beide Parteien bemühen sich dann intensiv um Anpassung bzw. Gleichklang. Das Problem besteht im Prinzip darin, dass irgendwann wieder ein starkes Bedürfnis nach dem Alleinsein bzw. Einkapseln aktiviert wird. Da man den anderen in der Regel aber nicht über diese Motivation unterrichtet und sie schlicht und einfach ad hoc in die Praxis umsetzt, wenn sie denn aktiviert ist, führt dies zu emotionalen Krisen auf der Gegenseite. In solchen Phasen interessiert das aber den Initiator nicht. Der benachteiligte Part macht sich dessen ungeachtet aber dann sehr viele Gedanken über die möglichen Ursachen der temporären Auflösung des symbiotischen Zustandes, weil er sich verständlicherweise vor den Kopf gestoßen fühlt. So kommt dann unter Umständen Eifersucht, Misstrauen oder Verlustangst auf, obwohl solche Impulse dann völlig ins Leere schießen. Dem Initiator geht es schlicht und einfach ums Alleinsein. Fertig.

Unter solchen Voraussetzungen entstehen schnell Teufelskreise, aus denen die Beteiligten nicht mehr ausbrechen können. Die Eskalationen häufen sich, dennoch kommt man nicht voneinander los. Eine wahre Strindberg-Beziehung entsteht („Manche Ehe ist ein Todesurteil, das jahrelang vollstreckt wird!").

i

Lehrkräfte dürfen sich in Bezug auf das Hauptthema dieses Unterkapitels im Unterricht nicht verunsichern lassen. Sobald man zu dem Eindruck kommt, dass ambivalente Beziehungsbedürfnisse inszeniert werden, tut man gut daran, die oder den Betreffenden im 1:1-Setting zur Reflexion zu animieren. Es kann dann hilfreich sein, sozusagen einen Schuss ins Blaue zu wagen und sinngemäß zu kommunizieren: „Das, was hier passiert, kennst du ja schon bestens. Schon öfter passiert, nicht?“ Auf der anderen Seite kann auch eine Auszeit für die oder den Jugendlichen hilfreich sein.
Eines sollte die Lehrkraft nicht tun: das Prozedere persönlich nehmen und sich dazu berufen fühlen, sich zu rechtfertigen („Ich frage doch nur, was jetzt los ist!“).

3.1.3 Regelmäßig auftretende Auffälligkeiten: Impulsivität, Streitsucht, Frustrationsintoleranz – „Was guckst du so?“

B

Sibel Part I – das Pulverfass

Die junge Frau (19) mischte die Schüler- wie auch Lehrerschaft im beruflichen Gymnasium auf, und zwar so richtig. Sie spaltete ganze Gruppen, auch das Kollegium. Die einen waren von ihr positiv eingenommen (manche würden sagen: ihr verfallen), die anderen überfordert und angenervt. Setting: Schuljahr 2013/2014. Ihr Name hallte noch Jahre später durch die Flure. So einen Fall hatten wir schon lange nicht mehr an unserer Schule. Sibel hatte einen extrem hohen IQ und ging mit ihren Leistungsnachweisen in der 12. und 13. Klasse mit jeweils 13–15 Punkten ihren Weg. Abi-Schnitt: 1,4.
Das Problem war selbstredend nicht die ausgezeichnete Fach-, sondern ihre miserable Sozialkompetenz. Sibel war schlicht und einfach unberechenbar, ein stetes Pulverfass. Ein (aus ihrer Sicht) falsches Wort zur falschen Zeit – und das legte sie sehr individuell aus – und schon gings ab.
Sie geriet unglaublich schnell unter Stress. In solchen Situationen neigte sie zu Wahrnehmungsstörungen, die im Nachhinein betrachtet auf Projektionsprozessen basierten: Eigene aggressive Stimmungen sah sie „ganz offensichtlich“ bei anderen und „wehrte“ sich daraufhin. Paranoide Phänomene waren in diesem Kontext auch nicht selten („Ihr findet mich alle scheiße, und ich weiß es!“). Die charismatische Schülerin war aber auch ganz schnell auf 180, wenn es nur um die Erfüllung von ganz naturgegebenen Aufgaben im Klassenraum ging (Tafeldienst, den Raum fegen, Tafelbild ins Heft übertragen usw.). „Wieso soll ich das denn jetzt machen?!“

Schülerinnen wie Sibel sind tendenziell den Typ-1-Borderlinerinnen nach ICD-10 zuzuordnen (vgl. Kapitel 1.2). In ihrem Fall lag eine bestens erforschte problematische Trias vor: Impulsivität, Streitsucht, Frustrationsintoleranz (Kernberg, Weiner & Bardenstein 2015).

„Fass mich nur einmal an und du wirst es bereuen!" – Impulsivität

Ein Kernphänomen, das die Umsetzung des Bildungs- und Erziehungsauftrages sowie die Zusammenarbeit im Klassenverband insgesamt nach meiner Einschätzung wohl am meisten beeinträchtigt, ist vor allem eine ausgeprägte, regelmäßig auftauchende Impulsivität seitens SuS mit Borderline-Persönlichkeit. Impulsives Verhalten kann man nicht ignorieren, man muss damit im Klassenraum arbeiten.

Die Sibels dieser Welt sind der Impulsivität gegenüber natürlich persönlichkeitsspezifisch verpflichtet und haben dementsprechend eine sehr niedrige Reizschwelle. Logisch. Emotionen werden dann innerhalb von Sekunden potenziell ohne Vorwarnung hochgefahren und ausgelebt, ohne Rücksicht auf Verluste. In Krisenzeiten sind Typ-1-Borderliner auch schlichtweg prinzipiell auf Krawall gebürstet. Dann eskalieren Situationen ganz schnell. Die Betreffenden provozieren und *brauchen* dann auch die Eskalation. An den sprichwörtlichen Haaren werden dann Gründe herbeigezogen, wahrgenommen und schließlich auch ausgiebig als Sprungbretter genutzt, um die Ausraster auszuleben und im Nachhinein bestmöglich zu rechtfertigen. Sind die Urheber eher unreflektiert und einfach gestrickt, sind natürlich immer die anderen letztlich an diesem oder jenem Vorfall schuld gewesen. Das macht auch die schemapädagogische Arbeit mit den Betreffenden ungleich schwer.

Infolge der Eindrücke, die impulsive Borderliner auf die Klassengemeinschaft machen, ist es nachvollziehbar, dass das soziale Umfeld in der Schule doch sehr schnell sehr aufmerksam, wachsam und vorsichtig wird. Die Angst geht um. Mitunter geraten auch viele SuS und Lehrkräfte deshalb in eine Art Habachtstellung. Denn es gilt in Hinsicht auf das Thema *Ausflippen* das Alles-oder-Nichts-Prinzip. Entweder die Borderlinerin geht durch die Decke – oder aber sie ist und bleibt entsprechend den ganzen Tag über gechillt (Kernberg, Weiner & Bardenstein 2015, S. 180).

Das muss man sich mal vorstellen (und das gibt es)! Eine einzige Heranwachsende hat das ganze System irgendwann an der Kandare! Manche der betroffenen Lehrkräfte fragen sich an der besagten Stelle dann erfahrungsgemäß: Wie soll das Ganze denn im Praktikum oder später auch im Beruf aussehen? Wie lange geht das gut? Durchaus berechtigte Fragen.

Impulsivität richtet sich nicht unbedingt gegen Personen im Speziellen, sondern auch gegen bestimmte Unterrichtssituationen im Allgemeinen, in denen z. B. etwas von der Schülerin eingefordert wird (s. u.).

„Schau mich nicht so an! Oder willste gleich fliegen!?" – Streitsucht

In Bezug auf potenzielle zwischenmenschliche Eskalationsauslöser suchen Borderliner in aufgeladenen Situationen zwanghaft und rastlos nach passenden Interaktionspartnern. Es *muss* knallen. Bevorzugt werden dabei zunächst allseits bekannte und somit verlässliche streitbare Charaktere aus der Klasse. Klar. Ansonsten würde das ganze Projekt nicht unbedingt glücken. Unbewusst gibt es aller Wahrscheinlichkeit nach (nach meinen Erfahrungswerten) eine Liste von potenziellen Kandidaten, die von oben nach unten dann peu à peu abgearbeitet wird.

Klappt das chronologische Prozedere dann wider Willen nicht, kann es auch mal völlig harmlos gestrickte Persönlichkeiten im Klassenraum treffen. Die sind dann eben dummerweise zur falschen Zeit am falschen Platz. Aus der Nummer kommen die Mitspieler dann nur sehr schwer heraus. Grund: Das Problem besteht ja aus kommunikationspsychologischer Diktion insbesondere darin, dass man nicht *nicht* kommunizieren kann (Watzlawick 2010). Gerade im Umgang mit impulsiven Borderlinern fühlen sich entsprechend angefixte Interaktionspartner stark dazu motiviert, aggressiv zurückzuschießen, sich zu rechtfertigen; oder aber sie knicken ein und lassen den Wortschwall mit Diskreditierungs-Charakter über sich ergehen. Letzteres lässt dann, wenn die Opferrolle immer wieder ausgefüllt wird, möglicherweise auf eine selbstschädigende Persönlichkeit schließen (Damm 2012).

„Wieso soll ich das denn jetzt machen?! Was soll der Scheiß?!" – Frustrationsintoleranz

Die Lehrkraft befindet sich in Situationen, in denen SuS mit Borderline-Struktur konfliktaffin sind und es direkt auf Ärger anlegen, in einer Zwickmühle. Man kann ja nicht einfach tatenlos zuschauen und den Dingen ihren Lauf lassen, sondern *muss* agieren. Es schadet natürlich trotzdem erst mal nicht, sich das gesamte Prozedere, das inszeniert wird, mal von A bis Z anzusehen, damit man einen Gesamteindruck vom grundlegenden Kommunikationsautomatismus der Schülerin bekommt (vgl. Kapitel 4.6).

Spätestens aber bei der zweiten Eskalation an einem anderen Tag sollte die Lehrkraft eingreifen und (a) die Schülerin aus der Situation herausnehmen oder aber (b) selbstbewusst das Pulverfass zum Explodieren bringen (und dabei die Oberhand behalten), insofern man noch nicht im Unterricht die Schemapädagogik®-Methoden in Theorie und Praxis thematisiert hat (vgl. Kapitel 5 ff.).

Ein paar Worte zu Variante b: Besser es trifft im Rahmen des hausgemachten Konflikts den Professionellen als die Mitschüler. Dies zu bewerkstelligen ist kein Problem: Man muss dann nur beständig massiv und stur etwas von der Konfliktpartei einfordern, das heißt etwas Öl ins Feuer gießen („Es reicht, wisch jetzt die Tafel und komm mal runter!"). In emotional aufgeladenen Situationen kommt insbesondere ein autoritäres Vorgehen seitens der Lehrkraft der Eskalation entgegen. Nachdem dann die Fetzen geflogen sind und sich die betreffende Schülerin mit einem lauten Türknall, der sich erfahrungsgemäß hören lassen kann, aus dem Klassenraum verabschiedet hat, kann man mit der übrigen Klasse den Vorfall in Ruhe reflektieren. Der andere positive Effekt: Nach ein paar Momenten, manchmal auch Stunden ist ein intensiver Austausch mit der Borderlinerin möglich.

Gerade das Einfordern von Leistungsbereitschaft scheint mir ohnehin eine gute Methode zu sein, um aktuelle Stimmungen von SuS mit Borderline-Persönlichkeitsstruktur zu erfassen: „Wieso soll denn ausgerechnet *ich* jetzt die Tafel wischen! Das KOTZT MICH AN!" Manchmal führt aber auch etwa eine spontane Änderung des Unterrichtsablaufes zu demselben Ziel: „Och Menno! Was soll der Scheiß jetzt?"

i

Weisen SuS die beschriebene Borderline-Trias (Impulsivität-Streitsucht-Frustrationsintoleranz) auf, so kann sich die Lehrkraft darauf einstellen, dass die Betreffenden im Laufe des Schuljahres hin und wieder ordentlich an der Eskalationsschraube drehen, um Spannungen abzubauen. Häufig werden Stellvertreterkonflikte inszeniert und offensiv ausgetragen. Eigentlich dreht es sich um was anderes (Stress zu Hause oder mit dem Freund). Mithilfe der Inszenierung von Stellvertreterkriegen gelingt wenigstens temporär der Frustabbau. Gut für die Betreffende, schlecht für den Rest.
Ein Ziel der gemeinsamen Reflexion unter vier Augen besteht darin, der Schülerin diesen Zusammenhang bewusstzumachen und somit die Grundlage für Absprachen und Kompromisse zu schaffen. Klar ist aber auch, dass die Lehrkraft sich auf ein anstrengendes Schuljahr gefasst machen kann.

3.1.4 Formen von psychischer und physischer Selbstschädigung – „Gegen die Wand!"

B

Carmen und ihre Jungs

Die angehende Sozialassistentin (19) verkündete am ersten Schultag vollmundig: „Also, eigentlich habe ich mit Kindern rein gar nichts am Hut. Ich will später mal mit Straffälligen in der Jugendhilfe oder im Knast arbeiten!" Nicht nur diese Ansage machte Eindruck. Carmen war eine selbstsichere, taffe und durchsetzungsfähige Schülerin, die sehr schnell die Alphafrau der Gruppe wurde. Häufig geriet sie in die Rolle der Klassenmutter und setzte sich dann sehr für ihre Mitschüler ein. Diese Vorliebe wurde selbstverständlich von manchen SuS

sowie Lehrkräften ausgenutzt, was sie irgendwann an ihre Grenzen brachte. Nebenbei arbeitete sie in der Gastrobranche und machte dort am Wochenende regelmäßig Überstunden. Sich für andere aufopfern, das war ganz ihr Ding.
Mir wurde schon nach wenigen Wochen klar, dass ihre Berufswahl sowie die von ihr bevorzugte Freizeitklientel gewissermaßen eng mit ihrer Lebensphilosophie zusammenhingen. In Klassen- und auch Beratungsgesprächen sprach sie öfter mal beiläufig bis stolz von ihren Bekannten, genauer gesagt von „ihren Jungs". „Ihre Jungs" waren nach meinem spontanen Eindruck recht professionelle Kleinkriminelle, die eine große Schwäche für Gesetzesüberschreitungen hatten. Carmens Partner war sozusagen der Chef ihrer Jungs und entsprach offensichtlich voll und ganz ihren Vorstellungen (Alex saß u. a. schon einige Monate wegen Körperverletzung ein). Einmal holte er sie von der Schule ab, und dann durfte ich vom Fenster des Schulgebäudes aus Zeuge werden, wie Carmen innerhalb von Sekunden eine Persönlichkeitsveränderung durchmachte. Er schien sie wegen irgendeines Vorfalls zu Hause runterzumachen. Vor meinen Augen wurde aus der Powerfrau ganz schnell ein eingeschüchtertes kleines Mädchen. Mit gesenktem Kopf trottete sie ihm nach gefühlten zehn Minuten Prozess hinterher zu seinem Auto.
Zwei Wochen vor Jahreswechsel entschloss sich die Klasse dazu, einen gemeinsamen Abend in der Mannheimer Innenstadt zu verbringen, zu dem ich auch eingeladen wurde. Carmen war am besagten Tag nicht gut drauf, es gab zuvor wieder Stress mit ihrem Freund. Innerhalb von Rekordzeit inhalierte sie vier Cocktails und musste sich bereits nach 30 Minuten ein paar Mal übergeben. Immerhin schaffte sie es noch zur Toilette. Bevor ich mit ihr reden konnte, stand aus heiterem Himmel Alex in der Tür (mit einem vielsagenden Blick). Er nahm sie schweigend ins Schlepptau und verschwand mit ihr. Eine ihrer Freundinnen aus der Klasse erzählte mir dann, dass ihm öfter mal die Hand ausrutschen würde. Er sei ein Arschloch.

„Ich stehe halt auf Bad Boys! So bin ich eben!" – Formen der psychischen Selbstschädigung

Bei nicht wenigen Borderlinerinnen steht eine selbstschädigende Partnerwahl hoch im Kurs – eine typische Konstellation wurde im Fallbeispiel deutlich. Charakteristisch ist auch folgender Effekt: Alle drumherum sehen die Selbstdestruktivität, nur eine nicht: die Hauptakteurin. Das heißt, betroffene junge Frauen suchen und finden immer wieder die sogenannten Bad Boys (teilweise mit Hang zur Kleinkriminalität). Da muss man sich als potenziell irritierte Lehrkraft nichts vormachen: Für Normalos ist da einfach kein Platz; die sind den Betreffenden, wie man sich denken kann, schlichtweg zu langweilig, devot, spießig, eingebildet, glatt, haben keine Ecken und Kanten usw.

In Borderline-Beziehungen gibt es in der Regel klare Rollenverteilungen, wie in Kapitel 1.3 schon angedeutet. Häufig lässt sich die eine Partei dominieren *oder* aber sie nimmt die führende Rolle ein, und zwar sowohl in alltags- als auch haushaltsführungsspezifischer Sicht. Verbale, psychische wie auch physische Missbrauchsphänomene können in solchen Konstellationen vorkommen, müssen aber nicht (s. u.). Das kommt auf den Ausprägungsgrad des Borderline-Phänomens der Beteiligten an.

Die bis hierhin beschriebene Tendenz zur psychischen Selbstverletzung kann sich auch in Beziehungen zu anderen Personengruppen zeigen. Der Aspekt wurde schon erwähnt, kann aber gern noch einmal wiederholt werden. Es ist häufig so, dass man abwechselnd Konflikte hat mit dem Vermieter, Arbeitgeber, den Freunden, der Kneipenfreundschaft usw. Irgendwo brennt immer die sprichwörtliche Hütte, und Ruhephasen der friedlichen Koexistenz gibt es selten bis gar nicht. Dass an diesem Living-on-the-edge-Prinzip die Borderline-Persönlichkeit maßgeblich selbst beteiligt ist, weil sie es überwiegend inszeniert, wird meistens nicht gesehen.

Ohnehin ist man Abwechslung, Kurzlebigkeit und (eben) Stress gewohnt. Gerade Stress braucht man gewissermaßen, er dient der Ablenkung. Die allseits gefürchtete innere Leere steht im Falle von Stillstand sofort Gewehr bei Fuß.

Grenzgänger erleben hausgemachten Stress u. a. auch in Borderline-affinen Berufsfeldern, die man sich zumeist unbewusst aussucht und praktiziert. Ein hervorstechendes Beispiel ist die Tätigkeit in der Gastronomie, genauer gesagt der Arbeitsbereich der Servicekraft. Warum? Hier schwingt naturgemäß eine unausgesprochene Hierarchie mit, sprich: die Tendenz zur Unterordnung wird dort realisiert. – Man muss Bestellungen aufnehmen, servieren, be*dienen,* sich hin und wieder mit schwierigen Gästen, die bekanntermaßen „Könige" sind, und Chefs herumärgern und gleichzeitig aufkommenden Frust runterschlucken. Von den Überstunden zu ungünstigen Tages- und Nachtzeiten ganz zu schweigen.

Eine andere Art der Selbstschädigung zeigt sich in Form eines destruktiven Umgangs mit den zur Verfügung stehenden finanziellen Ressourcen. Für Borderliner ist es sehr spannend, zu Monatsbeginn möglichst schnell in die Bredouille zu geraten. Hierzu muss natürlich „möglichst unreflektiert die Kohle rausgehauen werden" (O-Ton von Carmen). Es gilt dann die Maxime: „Am Ende des Geldes ist noch so viel Monat übrig."

Zu den beschriebenen Borderline-Phänomenen auf psychischer Ebene gesellen sich häufig Strategien, die auf die physiologische Dimension abzielen. Von diesen soll im Folgenden die Rede sein.

„Voll gegen die Wand!" – Formen der physischen Selbstverletzung

In unserer Gesellschaft gibt es aus psychologischer Perspektive interessanterweise weitgehend akzeptierte Formen der physischen Selbstschädigung, etwa das Tattoo- oder Piercing-Stechen. Aber auch übermäßiger Nikotin-

und Alkoholkonsum gehören tendenziell dazu (Rahn 2015, S. 67); illegale Drogen in manchen Kreisen natürlich auch. Typisch für viele Borderliner ist ein starkes Bedürfnis nach Spannungsabbau, das heißt nach Entladung einer stets wiederkehrenden, unangenehmen Stimmung, die irgendwann nicht mehr auszuhalten ist. Diesbezüglich unterscheiden sich die Strategien von Grenzgängern. Die einen boxen mit voller Kraft gegen die Wand (und damit hat sichs), reißen sich Haare heraus oder kauen „nur" ihre Fingernägel ab, um wieder (O-Ton) „atmen" zu können. Andere bevorzugen Schlägereien oder das allseits bekannte Ritzen. Sie fügen sich dann entsprechend mit scharfen Gegenständen, meistens Rasierklingen, Schnitte an Ober- und Unterarmen zu.

Spannungszustände abbauen – das geht auch mit Extremsport (etwa Langstreckenlauf, Schwimmen, Kraftsport). Überstunden im Beruf anhäufen bzw. sich diesem extrem verpflichtet fühlen, trotz körperlicher Gebrechen den Dienst antreten – das alles kann auch eine Art Selbstschädigung sein. Das kommt immer auf den Einzelfall an.

Wie schon erwähnt, führen viele Wege nach Rom. Weitere Beispiele: Manche Borderliner pfeifen im Hochsommer trotz sengender Hitze auf Sonnenschutz, sie provozieren so Sonnenbrände und -stiche. Andere stellen sich beim Duschen so lange unter heißes Wasser, bis sie krebsrote Haut bekommen (s. o.). Dem Einfallsreichtum sind keine Grenzen gesetzt: zu wenig Wasser, aber dafür zu viel Kaffee am Tag trinken, sich keine ausreichende Nachtruhe gönnen und frühmorgens mit fünf aufeinanderfolgenden Alarmtönen selbst kasteien, übertriebene Tollpatschigkeit (inkl. Verletzungsgefahr) im Haushalt usw.

i

Die Dosis macht das Gift. Das gilt auch für das Phänomen Selbstschädigung. Je mehr Formen der psychischen und physischen (Selbst-)Beeinträchtigung praktiziert werden, desto eher kann man davon ausgehen, dass Borderline-Tendenzen vorliegen. In Bezug auf das Thema Ritzen ist zu sagen: Lehrkräfte sollten auch bei der direkten Konfrontation („Ja, ich hab mir die Arme aufgeschnitten – und nun?") möglichst einen kühlen Kopf bewahren. Denn gerade das Ritzen kann Manipulation bzw. ein Beziehungstest sein („Wie reagiert er/sie jetzt?"). Aber da kann man sich nie sicher sein, besonders zu Beginn des Schuljahres nicht. Manchmal ersetzen derartige Selbstverletzungen auch die „Sprache" (Armbrust & Link 2015, S. 67). Das heißt, die Betreffenden wollen im Schmerz gesehen werden. Klären Sie das bestmöglich! Es ist wichtig, dass man auch in Extremsituationen in der Metaebene und vor allem mit der betreffenden Person im zielorientierten(!) Austausch bleibt. Mit der mütter- bzw. väterlichen „Ach, du Arme, du"-Einstellung kommt man erfahrungsgemäß nicht weiter, da verrennt man sich nur.

3.1.5 Sexualisiertes Verhalten – „Ist Ihre Frau heute Abend zu Hause?"

B

Annabelle – eine Femme fatale

Die 23-Jährige brauchte lediglich den ersten Schultag, um sich ins kollektive Bewusstsein der Hochfeldschule (unsere Außenstelle in Ludwigshafen-Gartenstadt) einzubrennen. Verantwortlich dafür war vor allem ihre attraktive Erscheinung und ihr graziöses Auftreten geradezu exzellent einstudiert. Die Schülerin der Fachschule für Erzieher hatte die Ausstrahlung, den Charme und das Charisma einer erfahrenen Hollywood-Schauspielerin. Sie sah nach meiner Meinung aus wie die junge Monica Bellucci (bei Bedarf googeln). Annabelle war natürlich vor allem bei den männlichen Schülern in aller Munde. Aber auch bei einigen meiner Kollegen, wie man sich vorstellen kann.

Monica Bellucci 2.0 spielte mit ihren Reizen nach Lust und Laune, auch mal selbstbewusst-provokativ, und setzte sie im Umgang mit bestimmten Personen schließlich bewusst ein (so in etwa wie Sharon Stone in dem Film *Basic Instinct*). Die drei jungen Männer in meiner Klasse – fast schon ein Rekordwert für eine Erziehergruppe – waren ihr sofort verfallen. Ich musste öfter mal Fassung bewahren und im Unterricht einen Lachanfall ob des Eiertanzes unterdrücken, den die Schüler da vor ihr aufführten. Sie machten ihr den Hof, um es auf den Punkt zu bringen, und das nutzte sie für ihre Zwecke aus. Annabelle hatte die Strippen fest in der Hand.

Insgesamt war die Stimmung im Klassenraum durch Annabelle tendenziell frivol bis freizügig aufgeladen, besonders anlässlich von Unterrichtsthemen, die gewissermaßen Steilvorlagen für sie darstellten, etwa: psychosexuelle Entwicklung, sexuell abweichendes Verhalten, Psychologie des Jugendalters, Fetische, Sexualerziehung usw.[4]

Mit den Junglehrern spielte sie, flirtete mit ihnen professionell (was Irritationen im Kollegium auslöste). Mit mir auch („Ach, Herr Damm, wenn Sie 10 Jahre jünger wären ...!"). Ich schaute mir die entsprechenden Sequenzen derweil aus der Metaebene genau an, blieb auf der Sachebene oder konterte mit Ironie und ließ die Situationen auf mich wirken. Kurz gesagt: Ich würde lügen, wenn ich sagen würde, dass mich ihr Charme nicht beeindruckt hätte. Irgendwann schickte Sie mir eine E-Mail mit der Überschrift „Ich würde für Sie mit meinem Freund Schluss machen", woraufhin ich dann doch ein klärendes Gespräch führen musste.

Dann passierte etwas, worauf ich nicht gefasst war. Eines Tages kam durch Zufall während des Unterrichts(!) heraus, dass Annabelle mit zwei Herren in meiner Klasse eine Art Dreiecksbeziehung führte, die an just jenem Tag aufgrund von Eifersüchteleien zwischen den männlichen Parteien an die Wand gefahren wurde. Da war was los in der Klasse! Ein Geschrei. Ich schickte die drei erst mal nach Hause. Infolgedessen musste ich aus Gründen der Deeskalation tags darauf Einzelgespräche führen und die Wogen glätten.

4 Eine kleine Bemerkung an dieser Stelle: Vielleicht klingt das Fallbeispiel für die Leserin bzw. den Leser extrem an den Haaren herbeigezogen bzw. populär verdichtet. Um einem solchen Eindruck entgegenzuwirken, möchte ich unmissverständlich klarstellen: *Es hat sich genauso zugetragen.*

Als Erstes nahm ich mir Annabelle vor. Sie sah aus wie die „Unschuld vom Lande“. Nachdem sie mir gegenüber Platz genommen hatte, wagte ich direkt einen Schuss ins Blaue: „Karten auf den Tisch, Annabelle! Keine Spiele hier! Du nutzt deine sexuelle Ausstrahlung, um Macht und Kontrolle in Beziehungen auszuüben, gerade hier in der Schule. Das machst du schon sehr lange so, nicht?!“ Dann war es mit der „Unschuld vom Lande“ vorbei. Annabelle wechselte in Zeitlupe ihre Sitzhaltung und schaute mir dabei direkt in die Augen. Sie zog eine Augenbraue hoch, hob etwas ihre Stupsnase und lächelte kühl – so wie Elsa in einer Szene in der „Eiskönigin“. Dann sagte sie mit ironischem Unterton: „Gut beobachtet.“ Auf dieser Erkenntnis auf Augenhöhe konnte man nun konstruktiv aufbauen und zielorientierte Kompromisse für das restliche Schuljahr beschließen.

Borderline und Sexualität – interessanterweise ein weitgehend unerforschtes Thema (Wöller 2014, S. 232). Die Kombination kann nach meiner Erfahrung eine explosive Mischung sein, auch zahlreiche Berichte von Betroffenen gehen in diese Richtung (Manning 2018; Rösel 2010). Die Betonung liegt aber auf *kann*. Es gibt auch Grenzgängerinnen, die Sexualität komplett ablehnen, abwehren, verdrängen. Die betreffenden jungen Frauen und Männer legen dann besonders viel Wert darauf, dass erst gar keine sexuelle Nuance aufkommt, egal in welcher Beziehung sie zu ihrem Interaktionspartner stehen. Diese Intention ist dann zumeist als Selbstschutzmechanismus zu verstehen (Dulz, Benecke & Richter-Appelt 2009).

Die Annabells dieser (Borderline-)Welt hingegen nutzen Sex bzw. ihre Außenwirkung als Mittel zum Zweck. Wie gestaltet sich diese Intention im Praxisfeld Schule?

Sexualisiertes Auftreten als Mittel zum Zweck – das Spiel beginnt

Die Grenzgängerinnen vom sexuell-expressiven Typ checken in der Regel zu Beginn des Schuljahres ihre Interaktionspartner ab, vor allem die männlichen. Als Erstes sind die Mitschüler in der eigenen Klasse an der Reihe. Kein Wunder: Es gilt ja gerade in der Kennenlernphase das Motto: Wer zuerst kommt, mahlt zuerst. Meistens wird das potenzielle Alphatier in Beschlag genommen. Grund: Hat man Erfolg, erweitert man den Einfluss in der Klasse, was wiederum beruhigend bis befriedigend wirkt. Natürlich werden auch die Lehrkräfte irgendwann fokussiert. Wichtiger sind aber zunächst die Mitschüler, mit denen man ja die meiste Zeit in der Institution im folgenden Schuljahr oder länger verbringt.

Auf verbalen und nonverbalen Kanälen wird das Thema kommuniziert. Einige Worte zu letzterem Aspekt. Mit körperbetonter Kleidung und einem dezenten Make-up, das attraktive Gesichtszüge zur Geltung bringt, lassen sich ganz grundlegend optische Reize setzen. Reaktionen seitens der Umwelt auf diese Impulse kann man in aller Ruhe, aber siegessicher erwarten und dann irgendwann genussvoll registrieren (Wöller 2014, S. 234).

Der Kreativität sind keine Grenzen gesetzt. Manchmal blitzt vielleicht ein Teil eines stilvollen Tattoos am Unterarm oder über dem Rollkragen am Hals auf – was natürlich kein Zufall ist. Nach meiner Erfahrung folgen die Betreffenden nie dem aktuellen Tattoo-Trend, sondern haben ihren eigenen Stil, der oft auf Kreativität und Tiefgründigkeit schließen lässt. Dasselbe gilt für den Kleidungsstil (tendenziell Bohemian Capsule Wardrobe bzw. klassisch). Im Herbst und Winter wird häufig gern komplett schwarz getragen. Die weiblichen sekundären Geschlechtsmerkmale werden je nach eigener Einschätzung hinsichtlich ihrer Außenwirkung, die man bestens kennt, betont, mal dezent, mal offensiv (tiefer Ausschnitt, kurzer Rock, ein Stringtanga zeichnet sich sichtbar ab oder ist teilweise zu sehen usw.). Reagieren Lehrkräfte auf die erwähnten Reize, und sei es auch nur ansatzweise, nur in Nuancen, so kann es sein, dass die betreffende Schülerin die Initiative ergreift und niedrigschwellig körpersprachliche Signale setzt. Diese werden dann praktiziert, wenn sie sich sicher ist, dass sie höchstwahrscheinlich von der Gegenseite wahrgenommen werden. Sie kann dem Lehrer dann etwa direkt und unverblümt herausfordernd in die Augen schauen, ihn „nur" zweideutig anlächeln, ihre Figur in Szene setzen, während er sie ansieht, indem sie ihr Oberteil straff zieht o. Ä.

Verbale Strategien können diesen Prozess begleiten. So können Komplimente plötzlich in Vieraugengesprächen lanciert werden („Sie erinnern mich an meinen Exfreund!"), aber auch zweideutige Bemerkungen können hoch im Kurs stehen („Ich hatte schon mit Lehrern zu tun, die waren älter als Sie!").

Es liegt in der Natur der Sache, dass es zu Beginn der Zusammenarbeit nicht ganz klar ist, ob die Aktionen, die man als Lehrkraft wahrnimmt, auch tatsächlich *Strategien* sind. Daher sollte man direkt und ohne Umschweife seine Eindrücke mit der Schülerin sachlich oder empathisch-konfrontativ thematisieren und im Bedarfsfall klare Grenzen ziehen (s. u.).

Die manchmal auftretende Faszination für Borderlinerinnen vom sexuell-expressiven Typus liegt nach meiner Einschätzung darin, dass die auserwählten Interaktionspartner, Mitschüler wie auch Lehrkräfte, einfach durch die unterschwellige Sexualisierung der Kommunikation potenziell emotional aktiviert werden. Das merkt die Initiatorin natürlich, und dann beginnt manchmal ein regelrechtes Spiel, das von ihr inszeniert wird. Das Phänomen sollte man als Lehrkraft einfach auf dem Schirm haben.

Eine andere Hypothese zu diesem Thema: Das gefühlsspezifisch-angetriggerte Gegenüber spürt die sexuelle Impulsivität, die von der Kommunikatorin ausgeht. Das kann faszinierend sein. Grund: Borderlinerinnen vom beschriebenen Typus folgen auch selten der Mainstream-Sexualität, offenbaren auch hier Extreme. Diese Tatsache dürfte jetzt niemanden mehr vom Hocker reißen. Infolge der Gegenübertragung (Kapitel 3.2) dürfte rasch der Eindruck bzw. die Fantasie entstehen, (auch) sexuelle Extreme mit dieser Person zu erleben. Die Gedanken sind bekanntlich frei.

Lehrkräfte sollten achtsam und vor allem innerlich offen mit dem Thema *Borderline und sexualisiertes Verhalten* umgehen. Es lässt sich nicht per Kopfdruck negieren. Das Problem ist nicht ein tendenziell aufkommendes Interesse an sexuellen Gedankeninhalten in Bezug auf die betreffende Schülerin, sondern die Verdrängung bzw. das nicht Wahrhabenwollen. Aus letzterem Schutzmechanismus können selbstinszenierte Störungen auf der Beziehungsebene resultieren, die das schulische Miteinander in der Klasse maßgeblich beeinflussen (Bevorzugung vs. Benachteiligung bei der Notengebung, übertriebene Sympathie vs. Antipathie).
Man darf natürlich andererseits nicht komplett dem verführerischen Borderline-Charme verfallen. Das wäre zum einen unprofessionell, zum anderen würden es alle Anwesenden im Unterricht sehen. Dass so eine Konstellation die Umsetzung des Erziehungs- und Bildungsauftrages sabotiert, ist ganz klar. Falls Ihnen eine gewisse Grundsympathie bzw. ein kommunikatives Zusammenspiel mit Schülerin XY selbst auffällt bzw. von jemand Außenstehenden zugetragen wird, so sollte ein klärendes Gespräch geführt werden, am besten unter sechs Augen. Holen Sie sich eine Kollegin bzw. einen Kollegen hinzu. Man weiß nicht, wie die betreffende Schülerin reagiert. Sodann sollten die Eindrücke verbalisiert werden mit der Aufforderung, dass das „so" nicht weitergeht.

3.1.6 Primitive Abwehrmechanismen: Verleugnung, projektive Identifizierung, Idealisierung, Abwertung – „Erfülle meine speziellen Beziehungserwartungen!"

Xenias kollektive Achterbahnfahrten auf der Beziehungsebene

Die junge Frau offenbarte sehr viele Borderline-Phänomene, die für schwerwiegende zwischenmenschliche Konflikte sorgen können (siehe Kapitelüberschrift).[5] Mit ihr hatte ich massive Probleme – zum Glück, etwas sarkastisch formuliert, auch meine Kolleginnen und Kollegen sowie die meistens SuS (sonst hätte das Dilemma überwiegend mit meiner Persönlichkeit zu tun gehabt). Anfangs war noch alles in Butter. Allerdings wurde ich schnell hellhörig, als sie nach zwei Tagen zu mir sagte: „Sie sind ein wunderbarer Lehrer, bei Ihnen im Unterricht werde ich mich vollends wohlfühlen!" **(Idealisierung)**

5 Ausnahmsweise werden in diesem Fallbeispiel die gezeigten Borderline-Phänomene mit dem passenden klinischen Label in Fettdruck kommentiert. Dies erleichtert Ihnen das Verständnis für diese doch sehr herausfordernden und anfangs schwer nachvollziehbaren Borderline-Eigenarten.

Die angehende Heilerziehungspflegerin (Fachschule) stieß ihre Mitschülerinnen nach der Eingewöhnungsphase sehr gern mit überzogener negativer Kritik vor den Kopf, etwa im Rahmen von Vorträgen und Präsentationen. Dann hieß es: „Du musst mehr an deiner Fachkompetenz arbeiten, da hast du Lücken!" **(Abwertung)** – „Du hast eine total unsympathische Art beim Vortragen, du bist gerade sehr unglücklich, das ist mir klar!" **(projektive Identifizierung)**. Mit solchen und vielen anderen Aussagen konfrontierte ich sie regelmäßig unter vier Augen. Ihre dann in der Regel impulsive Reaktion war stets dieselbe: „Das stimmt nicht! Das habe ich nie gesagt!" **(Verleugnung)**. Ihre auffällige Kompetenz zur Verdrehung von Tatsachen zeigte sich auch in ganz banalen Angelegenheiten. Einmal ging es darum, dass sie eine Gruppenarbeit präsentieren sollte. Das war so abgesprochen, das hatte ich mitbekommen. Sie meinte dann am besagten Tag: „Nö, mach ich nicht, das war ganz anders ausgemacht!" **(Verleugnung)**.
Die 20-Jährige hatte in ihren Krisenphasen – davon gab es viele – die starke Motivation, mich gewissermaßen zum Sündenbock machen zu wollen. Diesbezüglich offenbarte sie eine perfide Professionalität. Sie nutzte zahlreiche Informationsfetzen über mein Privatleben, die aus der Kennenlernphase stammten. Vor versammelter Mannschaft inszenierte sie schrittweise ein geradezu teuflisches Spiel. Sie stellte mir zunächst Fragen bzw. formulierte Aussagen, die mit dem Unterricht nichts zu tun hatten: „Glauben Sie, Sie sind ein guter Vater?" – „Warum haben Sie eigentlich nur einen Abi-Schnitt von 3,2? Sie haben offensichtlich damals zu wenig gelernt!" – „Sie strengen sich nicht an und haben deshalb keine Frau!" **(Anbahnung einer projektiven Identifizierung)**. Anfangs machte ich den Fehler und nahm den Fehdehandschuh auf. Ich rechtfertigte mich, reflektierte laut, vertrat Standpunkte, appellierte an den gesunden Menschenverstand usw.
Rein gar nichts funktionierte. Sie drehte mir jedes Wort im Mund herum, schwang sich schrittweise emotional auf und verschärfte ihre Aussagen: „Was haben Sie denn schon erreicht?"; „Warum verbringen Sie Weihnachten nicht mit Ihren Kindern?"; „Sie sind ein trauriger Mann!" usw. **(Praxis der projektiven Identifizierung)**.
Danach konfrontierte ich sie mit den entsprechenden Situationen (die in mir sehr negative Stimmungen auslösten – und die will im Prinzip auch keiner erleben). Xenias Reaktion: „Hallo?! Das habe ich nie gesagt!" **(Verleugnung)**.

„Das stimmt nicht!" – Verleugnung

Die sogenannte Verleugnung ist ein Abwehrmechanismus, der die bei vielen Borderlinern vorhandene Spaltung unterstützt (Kap. 2.1). Die Person blendet gewissermaßen Tatsachen aus, die für konfliktreiche Erkenntnisse sorgen bzw. diese lediglich anbahnen würden (siehe Fallbeispiel). Dieser Mechanismus sorgt weiterhin dafür, dass alles, was auch nur ansatzweise gegen Idealisierungs- bzw. Abwertungstendenzen spricht, nicht wahrgenommen wird.

Das kann den Interaktionspartner oder Beobachter sehr verstören, da klare Indizien und Sachverhalte gänzlich ignoriert werden. Die oder der Betreffende baut sich derweil eine eigene Realität auf und steht mit ihr allein da, was aber gar nicht als problematisch definiert wird (Kernberg 2017).

Noch schwerwiegender wirkt sich aber der nächste Abwehrmechanismus im Klassenraum aus.

„Ich sehe mein abgespaltenes Ich jetzt in dir und löse es aktiv aus!" – Projektive Identifizierung

Eng verbunden mit der schon erwähnten Spaltung ist auch die sogenannte projektive Identifizierung (Lohmer 2013, S. 19). Im Rahmen dieses unbewussten Geschehens werden Gefühle und bestimmte Selbstanteile auf den jeweiligen Interaktionspartner *projiziert*. Der mit diesem Prozess einhergehende Begriff *Identifizierung* bedeutet schlussendlich, dass das Gegenüber dann aktiv dazu animiert wird, sich mit den projizierten Strukturen zu identifizieren und passende Verhaltensweisen zu zeigen (Freud 1984, S. 49 ff.).

Im Rahmen der projektiven Identifizierung wird die Befindlichkeit und das Verhalten der anderen Person modifiziert. Dadurch kann der Initiator Inhalte, die er vor sich selbst verleugnet, an anderen wahrnehmen, dort zum Thema machen und zum Zweck der inneren Spannungsreduktion kontrolliert bearbeiten (Xenia löste demnach durch Täter-Verhaltensweisen sozusagen in mir ihre eigenen Opfer-Anteile aus.).

Noch einmal: Mittels der projektiven Identifizierung wird ein innerer Konflikt veräußerlicht, mit Personen inszeniert, dadurch intensiver erlebt, und mit Unterstützung eines Gegenübers kommt es zum Spannungsabbau (Mentzos 2017).

„I can read your mind!" – Idealisierung

Die Idealisierung (Kapitel 1.3) dient der Umsetzung von Verschmelzungsabsichten. Der Interaktionspartner wird entsprechend ausschließlich als gutes Objekt gesehen. Hierzu müssen natürlich Eindrücke, die nicht positiv sind, ausgeblendet, sprich: verleugnet werden. Wenn Lehrkräfte beispielsweise idealisiert werden, so sind sie aus Sicht der Schülerin frei von frustrierenden Eigenschaften. Die Idealisierung wird aktiv inszeniert und geht gewöhnlich mit Komplimenten und Lobhudeleien einher. Das kann dem Selbstwertgefühl schmeicheln, und nachweislich lassen sich auch manche Lehrkräfte dann um den Finger wickeln. Dass dahinter ein Kontrollbedürfnis der Borderline-Persönlichkeit steckt, wird dann nicht gesehen. Idealisierungstendenzen können verführerisch sein. Daher sagt auch Lohmer (2013, S. 44): „Die Idealisierung ist [...] wie ein süßes, betäubendes Gift." Oft werden narzisstisch strukturierte Mitschüler (Damm 2019a) oder Lehrkräfte idealisiert (ich spreche aus Erfahrung). Doch dieser „Honeymoon" hält nicht lange an.

„Sie sind wirklich das allerletzte Arschloch!" – Abwertung

Aus heiterem Himmel kann die Abwertung über Lehrkräfte (und Mitschüler) hereinbrechen. Und wie! Spaltungs- und Verleugnungsphänomene sind dann notwendigerweise flankierende Phänomene. Infolge dieses Phänomens wird bezüglich der Personenwahrnehmung die komplette Antithese kommuniziert. Die Lehrkraft ist dann plötzlich völlig frei von positiven Eigenschaften. Sie wird verspottet, vor der Klasse lächerlich gemacht. Oftmals steht das Bedürfnis nach Distanzierung hinter dem Phänomen. Natürlich muss die Lehrkraft in solchen Momenten dennoch souverän vor der Klasse stehen. Nicht einfach.

i

Trotz allem sollte immer auch gleichzeitig die Lanze für Borderliner gebrochen werden können. Noch einmal: Alle typischen Borderline-Abwehrmechanismen, die bisher beschrieben wurden, entstanden in der Kindheit aufgrund von psychosozialen Gegebenheiten. Notgedrungen wurden sie aus Selbstschutz aus dem Boden gestampft. Ihre Ausprägungen waren notwendig geworden, um in psychischer Hinsicht in Auseinandersetzung mit den Hauptbezugspersonen nicht unterzugehen. Borderline-Schüler inszenieren im Klassenraum nur diejenigen Beziehungsmuster, die sie kennen; sie wissen nicht, dass ihre Beziehungserwartungen nicht mehr up to date sind.

Es kann sehr hilfreich sein, sich diese Gegebenheit grundsätzlich im Umgang mit Betreffenden bewusstzumachen. Dann ist es wichtig, schon anfangs auf Phänomene der Idealisierung bzw. Abwertung zu achten. Sie können die Vorboten für die Aktivierung weiterer unliebsamer Abwehrmechanismen sein. Im nächsten Schritt sollten Gespräche zeitnah anberaumt werden, die korrelierende Unterrichtsstörungen thematisieren. Dabei können auch Vermutungen und Deutungen einfließen.

3.1.7 Stärken und Ressourcen: Emotionale Intelligenz, künstlerisch-kreative Kompetenzen – „Ich bin halt gefühlsstark!"

B

Steven, der Künstler

Der 19-jährige angehende Sozialassistent hatte, soweit ich mich erinnere, im Unterricht immer seinen Laptop dabei und tippte fleißig mit. Er war mir gegenüber sehr hilfsbereit und unterstützte mich vor allem bei technischen Fragen und Anliegen (Bedienung des Beamers, Verkabelung mit dem SMART-Board usw.). Ich machte ihn gleichzeitig zum Experten in diesen

Phasen, was sehr schnell zu einem komplementären Beziehungsaufbau führte. Steven machte auf mich einen völlig harmlosen Eindruck, obwohl seine symbolträchtigen Tattoos und spitz zulaufenden Piercings thematisch eher auf einen Charakter mit Ecken und Kanten hindeuteten.
Er hatte eine schöne Handschrift und einen ansprechenden Schreibstil in Klassenarbeiten. Das imponierte mir. Und zeichnen konnte er! Sein Ordner war verziert mit selbst angefertigten Cartoons. Vom Allerfeinsten. „Wow, warst du das? Interessant!", bemerkte ich einmal ihm gegenüber. Steven: „Ach Gott, ja, das ist ja nichts Besonderes!"
Besonders war hingegen, dass er nach einigen Wochen über einen längeren Zeitraum hinweg einige Schülerinnen mit recht freizügigen Selfies und noch frivoleren Sexangeboten bedrängte. Die Lehrerschaft bekam erst gar nichts mit. Eines Tages meldete sich die besorgte Mutter einer Schülerin bei der Schulleitung. Zudem wurde bei der Polizei Strafanzeige gestellt wegen sexueller Belästigung. Die betreffende Schülerin war zudem noch keine 18 Jahre alt. Keine gute Kombination.
Dann wollte ich es aber wissen! Ich traf mich mit Steven privat in einem Café in Mannheim, nachdem sich die Wogen geglättet hatten. Er wollte mir seinen Standpunkt klarmachen. Auf die Vorwürfe angesprochen, sagte er (mit Hundeblick): „Ach, ich wurde da völlig missverstanden! Außerdem habe ich ja nur Angebote gemacht. Einige waren ja auch von Erfolg gekrönt, also kann es so schlimm ja gar nicht gewesen sein!" Er machte schon wieder denselben harmlosen Eindruck auf mich wie zu Schuljahresbeginn. Es war irritierend.
Die Dinge nahmen natürlich ihren Lauf und Steven musste die Schule verlassen (das Treffen fand übrigens danach statt).

Eine Gefahr im Umgang mit SuS mit Borderline-Eigenschaften liegt darin, dass man sich in einer Art defizitären Perspektive verliert und nur noch pathologisiert. Borderliner haben demgegenüber aber meistens sehr viele Kompetenzen, die berücksichtigt werden müssen. Von vielen Potenzialen bekommen wir Lehrkräfte naturgemäß gar nichts mit, weil sie z. B. außerhalb des Schulbereichs zur Geltung kommen.

Beispiel: Sozialkompetenz. Grenzgänger werden von ihren Freunden und Bekannten etwa als zwischenmenschlich sehr einfühlsam und fürsorglich erlebt. Auch die typische Begeisterungsfähigkeit hat positive Auswirkungen auf die sozialen Beziehungen (Armbrust & Link 2015, S. 54). Aber da gibt es meistens noch viel mehr.

Emotionale Intelligenz – mit hoher Fehleranfälligkeit

Borderliner sind in der Regel sehr schnell und präzise darin, mimische Ausdrücke in allen ihren Facetten und Andeutungen von Interaktionspartnern wahrzunehmen. Sie können wie automatisch Stimmungen von anderen lesen und sich anpassen (Manning 2018). Manche haben auch gelernt, dem Gegenüber mittels bestimmter Strategien auf der Beziehungsebene ein gutes Gefühl zu geben (so wie Steven im Fallbeispiel). Auf diese Weise können sie Empathie und vor allem Sympathie erwecken. Das *sind* Stärken.

In Bezug auf das Thema *Stimmungen lesen* existiert dummerweise häufig ein nachgelagertes Problem, und das betrifft die *Interpretation der Ursachen* der jeweiligen Gemütslage des anderen. Um es auf den Punkt zu bringen: Borderliner beziehen die Stimmungen von Personen, die ihnen wichtig (und auch unwichtig) sind, zumeist auf sich selbst und stellen somit häufig einen Zusammenhang her, der gar nicht existiert. Aus diesem Automatismus heraus erwachsen dann wieder Wahrnehmungsverzerrungen und unter Umständen Konflikte (Armbrust & Link 2015, S. 48).

Die Kompetenz, sich auf mehreren Kanälen auszudrücken

Im Fallbeispiel wurde u. a. auf künstlerisch-kreative Potenziale hingewiesen. Nach meiner Erfahrung offenbaren die meisten Borderliner entsprechende Fähigkeiten bzw. zumindest eine in diese Richtung. Folgende Tätigkeiten kommen meistens infrage:

- Fotografieren,
- Zeichnen/Malen,
- Schauspielerei,
- Basteln,
- Musizieren (in der Regel Klavier oder Gitarre),
- Singen,
- Dichten,
- Schreiben.

> Es ist sehr wichtig zu betonen, dass wir Lehrkräfte die ressourcenorientierte Perspektive über die zahlreichen frustrierenden und herausfordernden Verhaltensweisen von SuS mit Borderline-Tendenzen stellen können. Kompetenzen und Fähigkeiten ins Schuljahr einpflegen – darauf kommt es an! Dadurch bekommen wir gleichzeitig mehr Zugang auf der Beziehungsebene und können Themen anschneiden, die mit positiven Impulsen verbunden sind; was wiederum dem Beziehungsaufbau mehr als dienlich ist.

A

Reflektieren Sie über SuS, an die Sie während der Lektüre des vorherigen Kapitels denken mussten. Vielleicht hatten Sie einige Aha-Momente. Wie sind Sie mit den Betreffenden damals umgegangen? Vor welche Herausforderungen wurden Sie gestellt? Wie haben Sie sie gemeistert? Hatten Ihre Methoden einen gewissen Nachhaltigkeitseffekt? Falls ja, so haben Sie vieles richtig gemacht. Im Laufe der weiteren Lektüre dieses Buches werden Sie weitere Tipps zum Konfliktmanagement kennenlernen.

3.2 Achterbahnfahrten der Lehrkräfte – Gegenübertragung

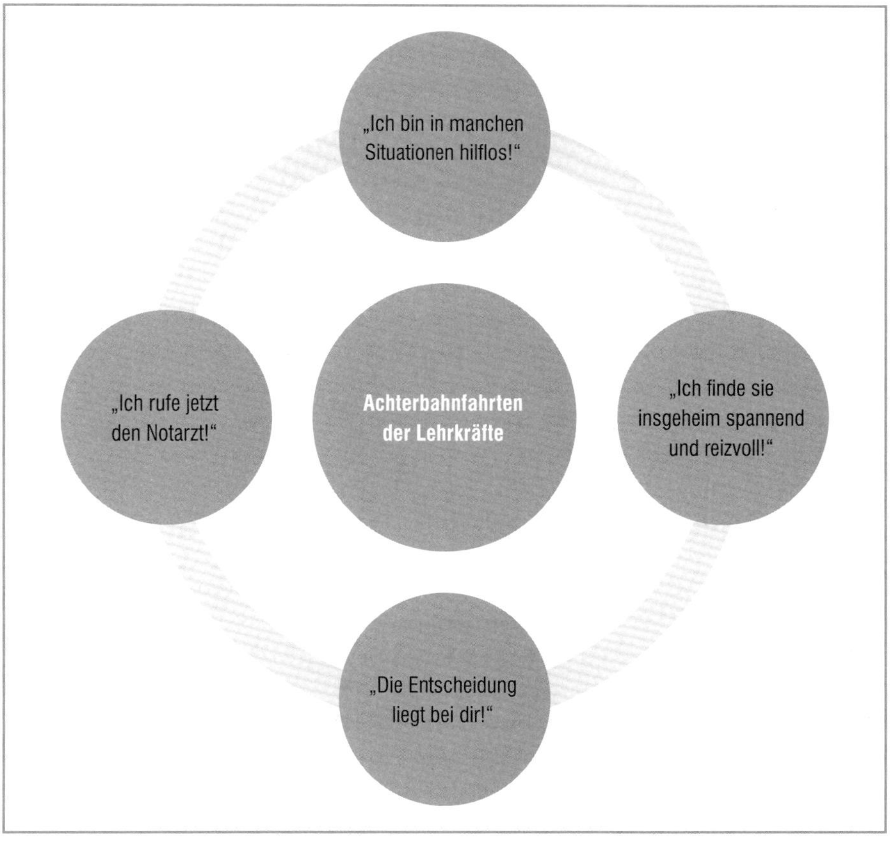

Abb. 6: Herausforderungen aus Sicht der Lehrkräfte

3.2.1 „Ich bin in manchen Situationen hilflos!" – Ohnmacht und Überforderung

Allgemeine Bemerkungen

Die folgende Lehrerperspektive impliziert geradewegs die Gegenübertragungsthematik (vgl. Kapitel 2.1). Zunächst muss Folgendes ganz grundsätzlich angemerkt werden: Es kommt in Hinsicht auf Gegenübertragungsimpulse im Umgang mit SuS mit Borderline-Tendenzen immer auf die Persönlichkeitsstruktur der Lehrkraft an. Hat sie z. B. selbst fürsorgliche, Borderline- oder auch narzisstische Facetten (Damm 2019b), so kommt sie nachweislich zu anderen Eindrücken als etwa Professionelle mit zwanghafter oder paranoider Struktur (Damm 2015). Generell lässt sich aber feststellen, dass Lehrkräfte jeglicher Couleur irgendwann an ihre Grenzen stoßen können. Viele Borderliner brauchen einfach hin und wieder die altbekannten Beziehungskonstellationen und inszenieren sie ohne Rücksicht auf Verluste. Noch einmal: „Die früh erlernten Beziehungsmuster werden in späteren Beziehungen [also auch in der Schule] wiederholt" (Armbrust & Link 2015, S. 56).

Doch man kann die Tatsache, dass man irgendwann zur Auseinandersetzung bzw. nervenzehrenden Zusammenarbeit mit Betreffenden gezwungen ist, auch als sinnstiftende Aufgabenstellung in Bezug auf Selbsterkenntnis verstehen. Denn Grenzgänger „konfrontieren uns mit ihren archaischen Affekten und Begierden und damit auch mit den Aspekten unserer eigenen archaischen Innenwelt" (Lohmann & Schneider-Heine 2013, S. 47). Borderliner können uns vor diesem Hintergrund Inspirationen zur Selbstreflexion liefern. Dies kann einen besonderen Reiz haben, aber nur dann, wenn man der Typ dafür ist und sich darauf einlassen kann. Ich selbst halte es da mit Sokrates, der mal sinngemäß sagte: „Ein Leben ohne Selbsterkenntnis ist es nicht wert, gelebt zu werden."

Tatsächlich ist die Gegenübertragung gewissermaßen ein Informationskanal (vgl. Kapitel 2.1), und zwar zum einen in Bezug auf uns selbst („Was genau löst Schülerin XY jetzt in mir aus?"); zum anderen aber auch in Hinsicht auf unseren Interaktionspartner („Was sagen *meine* aktuellen Impulse jetzt über *ihn/sie* aus?").

Darum soll es im Folgenden gehen. Zunächst einige Worte zu derjenigen Konstellation, die wohl für Lehrkräfte den herausforderndsten Charakter hat.

„Da fühle ich mich wie tot!" – Noch einmal: Totstellreflex infolge von projektiver Identifizierung

In Seminaren und Schemapädagogik®-Weiterbildungen wird immer mal wieder von sehr unschönen Einbahnstraßensituationen berichtet, in denen es aus Sicht des Professionellen weder vorwärts noch rückwärts geht. Solche Momente werden in der Regel von der Borderline-Gegenseite schrittweise inszeniert, und zwar sehr professionell. In Kapitel 2.1 wurde schon auf den Mechanismus projektive Identifizierung hingewiesen (vgl. auch Fallbeispiel in Kapitel 3.1.6).

Wird eine Auseinandersetzung von diesem Mechanismus getragen, geht es meistens darum, in der Lehrkraft Opfer-Anteile auszulösen. Gleichsam erwachsen in ihr Gefühle der Überforderung bzw. Ohnmacht. Der interpersonelle Gegenpol muss hierfür natürlich überzeugend als Täter in Erscheinung treten! Und das tut er auch.

Einige Worte zum möglichen **Ablauf einer solchen Szene**, die der Lehrkraft im weiteren Geschehen völlig den Garaus machen kann. Erfahrungsgemäß wird mithilfe von bestimmten Interaktionsstrategien (Image, Test, Psychospiel, vgl. Kapitel 4.1) eine bestimmte pädagogische Reaktion der Lehrkraft provoziert, die dann als Steilvorlage für weitere Schritte aufgenommen wird.

Einige Erfahrungswerte meinerseits: Möglicherweise kommt die Schülerin, sichtlich schlecht gelaunt, zu spät in den Unterricht und streut dazu noch eine leise Bemerkung ein, die geradeso noch von den anderen wahrgenommen wird: „Sprich mich ja nicht an, Alter, sonst gehts gleich ab!" Der doch eher noch unscheinbar wirkende **Anfang** verkündet für den geschulten Beobachter das nahende Unheil, für Novizen ist er zunächst eine Lappalie. Weitere mögliche Anfänge einer Inszenierung einer projektiven Identifizierung sind nach meiner Erfahrung folgende Verhaltensweisen:

- für alle sichtbar am Handy spielen;
- Geräusche inszenieren, die den Unterricht stören;
- die Füße auf den Tisch legen;
- Musik über Kopfhörer hören;
- Beiträge von Mitschülern herausfordernd kommentieren („Klar, dass die blöde Kuh wieder so einen Mist von sich gibt!");
- provokativ dreinblicken;
- das Gegenüber anstarren;
- ein Buch aufschlagen, das nichts mit dem Unterricht zu tun hat;
- den Kopf auf den Tisch legen und schlafen;
- den Lehrer subtil oder offen angreifen;
- das letzte Wort in selbst provozierten Nonsensdiskussionen haben wollen.

Im **Zwischenschritt** zieht sich langsam die Schlinge zu. Nachdem die Lehrkraft auf die entsprechende Störung niedrigschwellig eingegangen ist, was sie ja muss, befinden sich beide Parteien auch schon im Spiel. Hierzu muss angemerkt werden: In emotional aufgeladenen Perioden können Borderliner nicht zwischen Kritik am *Verhalten* und Kritik an der *Person* unterscheiden. Im Rahmen der projektiven Identifizierung bezieht die Borderline-Persönlichkeit jegliche pädagogische Intervention unvermeidlich auf sich als *Person* und definiert sie als direkten Angriff – was aus ihrer Sicht auch so sein soll. Da kann man dann machen, was man will. Völlig egal. Sagt man nichts, wird weiter aufgedreht und eingedroschen, setzt man hingegen Abwehrstrategien ein, trägt man zur Eskalation bei (was aber *nicht* zwangsläufig schlecht ist, s. u.).

Jedenfalls, das Gespräch nimmt an Fahrt auf, die Lehrkraft gerät in Bedrängnis. Nun kommt es auf die Lehrerpersönlichkeit an, die darüber entscheidet, wie es weitergeht. Sie appelliert etwa dann möglicherweise (a) an den gesunden Menschenverstand, (b) diskutiert, (c) verweist auf die Klassenregeln, (d) stellt Verständnisfragen, (e) probiert vielleicht sogar Methoden der Gewaltfreien Kommunikation (GfK) aus (Rosenberg 2016). *Alle* herkömmlichen bzw. üblichen Interventionen verpuffen, das ist so klar, wie das Amen in der Kirche. Die Interaktionspartnerin nimmt den Gesprächsstab an sich und übernimmt die Kontrolle. So einfach ist das. Es gibt ein Ziel. Folgendes ist die Intention: *Kontrollierte Eskalation – mit dem besseren Ende für die Urheberin.*

Hierzu wird gern (das i-Tüpfelchen schlechthin) auf gemeinsame Erfahrungswerte zurückgegriffen, die (a) wahrnehmungsverzerrt wiedergegeben werden („Sie konnten mich doch noch nie leiden! Sie sind unprofessionell!") oder (b) zwar der Wahrheit entsprechen, aber aus dem Zusammenhang gerissen werden („Sie haben mir im Halbjahr eine 2 gegeben wegen meiner familiären Probleme – und dafür rächen Sie sich jetzt! Aber nicht mit mir, ich kenne meine Rechte! Was haben Sie zu Ihrer Verteidigung zu sagen?").

Alles, was man dann von sich gibt, wird fehlinterpretiert, umgedeutet, das heißt grundsätzlich missverstanden (Armbrust & Link 2015, S. 49). Das alles ergibt aber einen scheinbar irrationalen Sinn: Ziel solcher Interventionen ist die Verwirklichung der projektiven Identifizierung. Wie oben schon erwähnt: Man sollte sich vorauseilend auf eine Sequenz einstellen, die an Professionalität und Inszenierungskraft manchmal nicht zu überbieten ist!

Bleiben wir jedoch beim GAU. Nach und nach gerät die Lehrkraft in die Bredouille, sprich: in die Opferrolle. Wenn sie jetzt noch anfängt, sich zu rechtfertigen und um Kopf und Kragen zu reden, ist es um sie geschehen. Irgendwann erfolgt dann der **krönende Abschluss**! Die Schlusssequenz ist gleichzusetzen mit einem fulminanten Finale, bei dem emotional noch mal richtig hochgefahren wird. Jetzt entscheidet es sich wirklich, wohin die Reise geht. Wer behält die Oberhand, wer verliert? Es gab schon Situationen, da hat die eine wie auch die andere Partei fluchtartig den Raum verlassen. Woran merken Lehrkräfte, dass sie möglicherweise infolge einer projektiven Identifizierung in ihrer Reaktionsfähigkeit eingeengt sind?

- Man ist baff, fühlt sich vor den Kopf gestoßen, aber so richtig!

- Es entsteht ein starkes Bedürfnis, sich zu rechtfertigen!
- Die Unterstellungen verletzen die Lehrkraft auf der persönlichen Ebene!
- Man fühlt sich verraten, verletzt, irgendwie so wie ein Kind!
- Fassungslosigkeit macht sich breit!
- Man versteht die Welt nicht mehr!

Der professionelle Umgang mit projektiven Identifizierungen, die in uns Opferanteile aktivieren, kann uns alles abverlangen. Dummerweise gibt es keine konkreten Messinstrumente, die letztliche Gewissheit bezüglich dieses Mechanismus bringen. Das heißt, manchmal haben betreffende SuS auch einfach das Bedürfnis, eine berechtigte Kritik zu äußern. Manchmal nicht einfach, das Thema. Dennoch gilt: Man kann diesem Mechanismus, wenn er denn tatsächlich inszeniert wird, nicht entrinnen. Man ist und bleibt gefordert! Dann geht es ums Ganze!

In der Regel ist man nicht auf die individuelle Ausgestaltung der projektiven Identifizierung von Borderliner XY in der Klasse vorbereitet. Der oben skizzierte Ablauf mag Ihnen dabei helfen, sich auf mögliche zukünftige Situationen innerlich vorzubereiten. Seien Sie auf alles gefasst. Sobald sich in Ihnen eines Tages ein Ohnmachtsgefühl vor dem Hintergrund einer entsprechenden Situation ergibt, so kann dies an der Praxis einer projektiven Identifizierung liegen. Das Wichtigste ist: Bleiben Sie handlungs- und reaktionsfähig, lassen Sie sich innerpsychisch nicht kleinmachen, das können manche Borderliner sehr gut, sie hatten entsprechende Vorbilder. Und der Apfel fällt bekanntlich nicht weit vom Stamm.

Es können verschiedene Methoden zum Umgang mit solchen Konstellationen empfohlen werden. Innerlich gefestigte Lehrkräfte schauen sich vielleicht das ganze Schauspiel einmal an, werfen die Schülerin am Ende sinnbildlich aus dem Raum und reflektieren dann das Prozedere unter vier bis sechs Augen („Na, da haste aber vorhin mal ordentlich Frust abbauen müssen – das nächste Mal werde ich nicht so nachsichtig sein!“). Wer den offenen Konflikt nicht scheut, bringt die Interaktionspartnerin nach einer gewissen Zeit souverän zum Explodieren, und zwar bestenfalls mit der coolen Methode von Rhode, Meis & Bongartz (2003): „kaputte Schallplatte“ (= sturnervtötendes Wiederholen eines einzigen Schlüsselsatzes wie z. B.: „Was brauchst du jetzt?“, „Leg das Handy weg!“, „Ich möchte, dass du jetzt den Raum verlässt!“ usw.). Erfahrungsgemäß springen Borderliner im Falle einer letztlich misslungenen projektiven Identifizierung irgendwann auf, stapfen aus dem Saal und knallen die Tür hinter sich zu. Wer den Böller anzünden will, muss sich natürlich als Lehrkraft aus dem emotionalen Sog des Totstellreflexes befreien können!

Niemals darf man völlig in die Opferrolle geraten und den Konflikt verlieren. Denken Sie immer daran: Es ist Publikum anwesend!

3.2.2 „Ich finde sie insgeheim spannend und reizvoll!" – Faszination und (sexuelles) Interesse

Die Angelegenheit dieses Unterkapitels ist zweifellos ein Tabuthema für Lehrkräfte, die nie in konstruktiver Weise mit der Psychoanalyse, Tiefenpsychologie im Allgemeinen oder Evolutionären Psychologie in Kontakt getreten sind bzw. diesbezüglich einfach Scham- bzw. Verdrängungspotenziale offenbaren.

Es muss aber gerade vor dem Hintergrund der Borderline-Thematik zur Sprache kommen (vgl. Kapitel 3.1.5).

Charisma, Charme und sexuelle Erregung – im Sog der Idealisierung

Im therapeutischen Setting der PT (Kapitel 2.1) geht man ganz unspektakulär davon aus, dass es im Rahmen der Gegenübertragung auch zu Sympathie und zu starken positiven Gefühlen auf Therapeutenseite kommen kann. Diese werden dann gewöhnlich irgendwann verbalisiert und in ihrer tieferen Bedeutung gemeinsam mit der Klientin diagnostisch reflektiert. Gegenübertragungseffekte betreffen, ebenfalls ganz ruhig festgestellt, auch uns Lehrkräfte im Umgang mit SuS mit Borderline-Persönlichkeitsfacetten (Lohmer & Schneider-Heine 2013, S. 62).

Grenzgänger sind prädestiniert für die Auslösung solcher Phänomene auf Lehrerseite. Denn: „Borderline-Betroffene können sich gut präsentieren und das Gegenüber überzeugen und begeistern" (Armbrust & Link 2015, S. 80). Es kann ohnehin in der Schule schnell auf der Beziehungsebene „menscheln", wie man sagt. Die Auswirkungen von emotionalen Prozessen sind nicht zu unterschätzen, das kann gar nicht oft genug betont werden. Neurowissenschaftliche Erkenntnisse, die mithilfe von bildgebenden Verfahren (Hirnscans) seit den 1980er-Jahren gefunden wurden, bestätigen, dass es in zwischenmenschlichen Interaktionen fundamental gefühlsspezifisch und weniger rational zugeht (Roth & Strüber 2016). So färben entsprechende emotionale Impulse aus dem sogenannten limbischen System die Personenwahrnehmung ein und beeinflussen unbewusst unsere Einschätzungen, weshalb, wie oben schon erwähnt, Sympathie bzw. Antipathie überall dort mitschwingen, wo Menschen miteinander interagieren.

Lehrkräfte sollten ihrem Innenleben im Umgang mit Borderline-Betroffenen sehr aufmerksam gegenüberstehen, da insbesondere diese Personengruppe extreme Gefühle auslösen kann. Das Problem vor diesem Hintergrund ist nicht das Aufkeimen von z. B. sehr anregenden Gefühlen oder gar sexuellen Impulsen bestimmten SuS gegenüber! Unprofessionell wird die Lehrerrolle erst dann ausgeübt, wenn man sich emotional mitreißen lässt und entsprechend der oder dem Betreffenden einen gewissen Sonderstatus in der Klasse zugesteht sowie das Nähe-Distanz-Verhältnis zuungunsten der Distanz kippen lässt (s. u.).

Sobald Jugendliche oder junge Erwachsene einer bestimmten Lehrkraft gegenüber Idealisierungstendenzen generieren (vgl. Kapitel 3.1.6), ergeben sich interaktionelle Auswirkungen innerhalb und außerhalb des Klassenraums. Diese gehen gleichwohl in eine bestimmte Richtung, wie man sich leicht vorstellen kann. Infolge der Idealisierung entsteht nämlich das grundsätzliche Interesse an näherem Kontakt und einer Art „Gleichklang"; zunächst aus der Perspektive der Initiatorin. Einige Beispiele: Die Grenzgängerin

- inszeniert häufig einen vertrauensvollen bzw. keck herausfordernden Blickkontakt mit Lehrkraft XY;
- teilt (plötzlich) ihre Ansichten und Meinungen und bestätigt sie auffallend oft;
- nickt in Inputphasen, die vom Erwachsenen im Unterricht inszeniert werden, auffallend oft;
- pflegt ähnliche Hobbys (und berichtet davon);
- liest dieselben Bücher;
- trägt gleichartige Kleidungsstücke;
- fühlt sich offensichtlich gestört von anderen SuS, die sich mit dem Unterrichtsgestalter gut verstehen bzw. von ihm für ansprechende Beiträge gelobt werden;
- strengt sich bei Lehrer XY im Unterricht extrem auffällig an;
- hebt die Lehrkraft in den sprichwörtlichen Himmel.

Trägt man diesen Phänomenen Rechnung, wird schnell klar, dass Idealisierungstendenzen dem Adressaten doch sehr schmeicheln und ihn langsam weichkochen können. *Die Dosis macht bekanntlich das Gift.*

Es kann dann in manchen Fällen sein, dass sich in der Interaktion mit Schülerin XY schrittweise eine angenehme Stimmung breitmacht. Vielleicht entsteht auch ein idealisiertes Gefühl von Vertrautheit, das kommt aber ganz auf die Persönlichkeitsstruktur des Pädagogen an. Falls ja, zeichnet sich die sich entwickelnde Begeisterung natürlich in Mimik und Gestik im Unterricht ab. *Ganz großes Kino für alle übrigen Anwesenden.*

Das Phänomen kann intensiver werden. Vielleicht denkt die Lehrkraft in der Freizeit an bestimmte Unterrichtssituationen, die man gemeinsam erlebt hat und die geprägt waren von Sympathie. Zack! Schon ist man mittendrin in der Kollusion! Genau das ist der Sog der Idealisierung. (Nach meiner Einschätzung funkt es übrigens sehr schnell zwischen zwei Personen im Klassenraum, die gleichsam Borderline-Persönlichkeitsfacetten offenbaren.)

Hinweise auf ein entsprechendes *Zusammenspiel* zwischen der Initiatorin und dem Pädagogen, das auf Idealisierungs- und/oder sexuellen Interessensprozessen basiert, *können* folgende Phänomene sein:

- Die Parteien inszenieren überdurchschnittlich viele Begegnungen in der Schule, etwa in Form von außerplanmäßigen Beratungs- oder Pausengesprächen (in diesen Situationen kommt es dann massiv zu Spiegelphänomenen in Bezug auf die Mimik, Gestik und Körperhaltung).
- Man spricht über private Belange und plaudert aus dem Nähkästchen („Derzeit läuft es in meiner Beziehung nicht so gut [...]!").
- Man tauscht Handynummern bzw. kontaktiert sich in sozialen Netzwerken und kommuniziert entsprechend sporadisch, z. B. via WhatsApp.
- Telefonate finden statt.
- Man vermisst sich ein bisschen (oder mehr) außerhalb des Unterrichts und hat das Bedürfnis nach persönlichem Austausch.
- Es besteht insgeheim ein Bedürfnis nach Körperkontakt.

Gefahr des gemeinsamen Ausagierens und Etablierung der Retterrolle

In solchen Konstellationen können interessanterweise meistens auch projektive Identifizierungen beobachtet werden (vgl. Kapitel 2.1). Im Gegensatz zu den doch sehr konfliktträchtigen Auslagerungen und Auslösungen von eigenen Opferanteilen im Interaktionspartner, die oben beschrieben wurden, geht es vor dem Hintergrund des aktuellen Themas um die Projektion und Aktivierung von (idealisierten) positiven **mütterlichen** und **väterlichen Anteilen,** die in SuS mit Borderline-Persönlichkeitsfacetten in der Regel innerpsychisch eingelagert sind.

Die übliche Strategie in so einem Fall sieht dann erfahrungsgemäß so aus, dass sich der Borderline-Part temporär, das heißt in bestimmten Situationen infantil-neugierig, kindlich-hilflos, charmant, keck usw. körpersprachlich verhält und Steilvorlagen kommuniziert, z. B. solche (O-Töne):

- „Ich habe später wieder einen Termin bei meinem Therapeuten, aber irgendwie bin ich heute scheiße drauf und nicht darauf eingestellt!"
- „Ich weiß nicht, ob ich es mit meiner Karre noch nach Hause schaffe, ich habe nicht mehr viel Sprit im Tank!"
- „Ich möchte nicht nach Hause gehen, ich habe Stress mit meinem Kerl!"
- „Ich kann heute nicht einkaufen gehen, ich habe noch 20 Euro für den Restmonat, und es sind noch zwei Wochen zu überbrücken!"
- „Meine Vermieterin will mich rausschmeißen!"
- „Mein Freund will Schluss machen!"
- „Ich habe gerade Depressionen – Sie sind doch Experte auf diesem Gebiet, oder?"
- „Ich bin gerade auf der Suche nach einer neuen Wohnung!"
- „Kann ich Sie mal was Persönliches fragen? Aber ich traue mich nicht so!"

Funktionieren solche Beziehungstests über einen längeren Zeitraum hinweg und führen sie zu entsprechenden positiven Reaktionen, dann schlagen sie auch auf der Beziehungsebene entsprechend ein, und zwar in der Form, dass die Lehrkraft irgendwann tatsächlich(!) einen väterlichen bzw. mütterlichen Eindruck hinterlässt. Es schmiedet sich wie von selbst eine Art Allianz (vgl. Lohmer & Schneider-Heine 2013, S. 50). Dann wird es für Außenstehende geradezu kafkaesk, skurril, *strange*. Der Erwachsene übernimmt etwa gänzlich die Vaterrolle und behandelt Schülerin XY wie seine Tochter. – Er gibt ausgiebig Tipps zur Work-Life-Balance, nimmt sich Zeit, investiert und engagiert sich viel für die Grenzgängerin, reflektiert, denkt problem- und zielorientiert – und vernachlässigt entsprechend so in extremer Weise die Professionalität.
Es kann dann zu folgenden Phänomenen kommen:

- Die Lehrkraft fühlt sich als „weißer Ritter", der für die „Unversehrtheit" seiner Prinzessin kämpft.
- Der Professionelle verteidigt vorauseilend den Borderline-Part vor anderen Lehrern.
- Schülerin XY wird bei Leistungsnachweisen entlastet bzw. bevorzugt.
- Man lässt sich für diverse Projekte vor den Karren spannen (Wohnungswechsel, Organisation des Alltags usw.).
- Geld wird verliehen für aktuelle Notlagen – und nicht mehr eingefordert.

> Im Umgang mit Grenzgängern muss unbedingt auf ein professionelles Nähe-Distanz-Verhältnis geachtet werden. Die pädagogische Beziehung kann auf eine harte Probe gestellt werden, sprich: zu eng werden, wenn sich Lehrkräfte auf eine Art Allianz mit betreffenden SuS einlassen. Die Wahrscheinlichkeit, in eine entsprechende Kollusion hineingezogen zu werden, steigt meiner Meinung nach an, wenn man selbst empathisch-fürsorgliche, narzisstische oder eben Borderline-Persönlichkeitsanteile hat. Gerade Grenzgänger haben ja, wie bereits erwähnt, extrem feine Antennen für ihre Mitmenschen und hochgradig effektive Kommunikationsstrategien.

3.2.3 „Die Entscheidung liegt bei dir!" – Loslassen und Verantwortung abgeben können

Die emotionalen Achterbahnfahrten und regelmäßigen zwischenmenschlichen Krisen im Klassenraum, die für viele Borderliner typisch sind, machen die einen Lehrkräfte betroffen und nachdenklich. Sie nehmen die eine oder andere Stresssituation gedanklich nach Hause. Die anderen Pädagoginnen und Pädagogen stört das unvermeidliche Borderline-Schülerschicksal nicht bzw. nicht allzu sehr. Gleichwohl muss man sich diesem Thema in irgendeiner Art widmen, insbesondere dann, wenn man Klassenleiterfunktionen übernimmt und SuS mit Borderline-Tendenzen im Verband hat. Anders gesagt: Reagieren muss man ja doch vor Publikum.

Der folgende Abschnitt ist vor allem an diejenigen Leserinnen und Leser gerichtet, denen das Schülerwohl eher am Herzen liegt. Denn gerade diese Gruppe hat mit der Kompetenz des Loslassenkönnen in der Regel so ihre Probleme.

Konfliktpunkt 1: Spaltung des Lehrerteams

Hat man Grenzgänger regelmäßig vor sich sitzen, dann merkt man schnell: Die Kolleginnen und Kollegen, die ebenfalls in dieser Klasse eingesetzt sind, kommen nach wenigen Wochen zu doch recht unterschiedlichen Einschätzungen, genauer gesagt zu Meinungen, die sich erfahrungsgemäß geradezu diametral gegenüberstehen. Mit dieser Tatsache wird man in der Regel zunächst in Tür- und Angelgesprächen konfrontiert, spätestens aber anlässlich von Dienstbesprechungen und Konferenzen.

Die Diskrepanz in der Wahrnehmung könnte kaum größer sein. Die einen Lehrkräfte sind der Auffassung: „X ist eine sehr fleißige, freundlich zugewandte, gewissenhafte, angepasste und reflektierte Person!" Die anderen empfinden es eher so: „Die Schülerin stört permanent, arbeitet nicht mit, manipuliert, zerstört das Klassenklima, beeinflusst negativ die Stimmung! Ich muss regelmäßig die Schulsozialarbeiterin hinzuziehen!"

Natürlich kommt die Personengruppe, um die es geht, ebenfalls zu ambivalenten Beurteilungen, wenn man sie fragt: „Wie kommste mit den Lehrerinnen und Lehrern so zurecht?" Die typische Borderline-Spaltung zeigt sich auch in dieser Angelegenheit, um das Dilemma auf den Punkt zu bringen. Gewöhnlich klingt das tendenziell so: „Mit Ihrer Kollegin XY hat es bereits am ersten Tag schon super geklappt, ich mag sie sehr! Aber der Herr XY, der konnte mich direkt nicht ab, mit dem gerate ich jede Stunde aneinander! Der ist bestimmt immer so!" Je nachdem, wie man solchen Schülerwahrnehmungen gegenübersteht – eines sollte man nicht tun, und zwar die Einschätzungen der Heranwachsenden einfach so teilen oder, noch peinlicher, aus dem Lehrerzimmer-Nähkästchen plaudern und sie bestätigen. Dasselbe gilt natürlich auch im umgekehrten Fall: wenn Kolleginnen und Kollegen ihre Meinungen kundtun. Man weiß nie, welche Kreise der eine oder andere Kommentar zieht, wenn er denn mal ausgesprochen ist.

Konfliktpunkt 2: Fehlzeiten

Welch große Kreise die Auswirkungen von Beziehungsstörungen im Klassenraum ziehen können, sieht man u. a. auch in Bezug auf das Thema *Fehlzeiten*. Oftmals erlebt man es, dass (insbesondere) SuS mit Borderline-Facetten den

Unterricht bei denjenigen Lehrkräften schwänzen, die sie als feindselig, bösartig und sadistisch erleben.

Die betreffenden Heranwachsenden haben meistens eh schon Konflikte in Sachen Impulskontrolle und infolgedessen ihre unvermeidlichen Probleme mit anderen SuS – und dann kommt noch „so was"! Kriselt es entsprechend noch speziell mit Lehrkraft XY, die zudem noch am längeren Hebel sitzt, wird unter Umständen der Klassenraum, in dem sich die beiden Parteien während der Stunden befinden, zum emotionalen Schmelztiegel. Dieser Zustand ist dann für die Grenzgängerin nicht oder nur gerade so aushaltbar. Es bleibt dann in solchen Fällen manchmal nur die Flucht. Aber natürlich sollte auch die Unterrichtsverantwortliche bei einer solchen Konstellation professionell vorgehen und deeskalierend auftreten (was nach meiner Einschätzung nicht die Regel ist).

Das heißt, die Klassenleitung muss in der Regel irgendwann zwischen den Parteien vermitteln, sich vor allem um die Jugendlichen kümmern. In welcher Form sie dies tut, ist wiederum abhängig von ihrem Wertesystem. Manche Pädagogen lassen sich bekanntermaßen instrumentalisieren und werden dann zu den in Kapitel 3.2.2 schon erwähnten „weißen Rittern" – davon ist bekanntermaßen abzuraten.

Aber (zu) viele Fehltage werden von Grenzgängern möglicherweise auch durch Konstellationen verursacht, die außerhalb des Schulbereiches liegen. Diese gehen dann auf das Konto des inszenierten chaotischen Lebensstils. Einige Beispiele: Nach regelmäßigen Wochenendabstürzen muss eventuell der Montag alle zwei Wochen gecancelt und zur Regeneration genutzt werden. Ein anderes Thema wird potenziell durch die Vorliebe für legalen und illegalen Substanzmittelmissbrauch und den damit verbundenen psychosozialen Risiken aufgemacht. Mögliche Folgen diesbezüglich können sein (sie implizieren ebenfalls nichtkalkulierbare Fehlzeiten):

- regelmäßige Gerichtstermine,
- häufiger Wohnungswechsel,
- ambulante wie auch stationäre Krankenhaus- bzw. psychiatrische Klinikaufenthalte.

Erfahrungsgemäß kommt es auch dann öfter zu der doch sehr irritierenden Situation, dass Schülerin XY mehrere Tage unentschuldigt fehlt – und niemand weiß, wo sie ist, geschweige denn was mit ihr geschehen ist. Eine solche Lage kann die Klassenleitung doch sehr in emotionalen Aufruhr versetzen, je nach eigener Betroffenheit.

Konfliktpunkt 3: Leistungsverweigerung

Dieses Phänomen kann bereits durch einen der beiden oben beschriebenen Konfliktpunkte entstehen. Macht sich Leistungsverweigerung breit, so erleben Lehrkräfte nichts anderes als eine aktiv- bzw. passiv-aggressive Borderlinerin (Letzteres ist sozial tendenziell verträglicher), die keinerlei Interesse an einer positiven Leistungsbeurteilung hat. Sie fährt sozusagen die Kiste an die Wand, ohne Rücksicht auf Verluste. Das negative Selbstkonzept muss verwirklicht werden (Kernberg 2017). „Ist doch eh alles scheißegal, lebe ich halt in der Gosse in einem Jahr. Fuck you!", verkündete mir einmal eine Schülerin, die sich in diesem Modus befand.

Eine solche Abwehrhaltung kann natürlich auf der (Lehrer-)Gegenseite fürsorglich-unterstützende wie auch sadistische oder schnippische „Das ist mir dann letztlich auch scheißegal"-Impulse triggern. Auch bei dieser Sachlage wird ein Mittelweg empfohlen, der vor allem durch einen bewusst inszenierten emotionalen Abstand geprägt sein sollte.

Der Umgang mit mittelschweren Konflikten, die sich in der Interaktion mit Borderlinern ergeben, löst in Lehrkräften unterschiedliche Impulse aus, die dann auch in der Praxis verwirklicht werden. Es hat sich erfahrungsgemäß als sinnvoll herausgestellt, die oder den Heranwachsenden im sogenannten mittleren Konfliktniveau zu halten (Sachse 2010). Im Klartext: Es bringt viel, folgende Motivation zu kommunizieren: „Ich verstehe deinen Standpunkt, aber ich möchte auch deinen Anteil an dem ganzen Phänomen nachvollziehen können." Es muss klar herausgestellt werden, dass die Borderlinerin in der Regel auch ihr Thema miteinbringt, das muss ihr klar werden.

Auf der anderen Seite sollte man sich als Lehrkraft aus der jeweiligen Konfliktsituation einfach auch mal emotional herausnehmen und die Pause aushalten können. Kommt Zeit, kommt Rat.

3.2.4 „Ich rufe jetzt den Notarzt!" – Tipps für Notfallsituationen

Manche Grenzgänger inszenieren in der Schule Sachlagen, die Lehrkräfte von jetzt auf gleich regelrecht schachmatt setzen können. Dies passiert in der Regel dann, wenn die Erwachsenen von der Borderline-Thematik wenig bis keine Ahnung haben. Dann wird man ins sprichwörtliche kalte Wasser geworfen und muss plötzlich „schwimmen". In solchen Fällen können etwa folgende (mir bekannte bzw. zugetragene) Situationen zu Ohnmachts- oder wahren Totstellreflexen führen:

- Schülerin XY sitzt mit blutenden Wunden an den Armen auf dem Boden und weint. Sie besteht unter Tränen darauf, dass kein Notarzt informiert wird.
- Der Lehrkraft wird im Unterricht eine WhatsApp-Nachricht mit suizidalen Ankündigungen einer gerade nicht anwesenden Schülerin zum Lesen vor

Augen geführt („Morgen mach ich Schluss mit dem Scheißleben – fickt euch alle!").

- Während einer Beratungsstunde im 1:1-Setting eröffnet die Heranwachsende, dass sie sich unsterblich in ihr Gegenüber verliebt und mit ihrem Freund kürzlich Schluss gemacht hat und nun eine gemeinsame Zukunft angehen möchte.
- Die Grenzgängerin flippt im Unterricht aus und spricht einem Mitschüler gegenüber Todesdrohungen aus.

Situation 1: Massive physische Selbstverletzungen

Wenn sich Borderline-Betroffene in der Schule mit Rasierklingen ritzen oder sogar tiefer schneiden, mit einer Zigarette verbrennen usw. und ihre Endergebnisse dann präsentieren, kann dahinter ein Test auf der Beziehungsebene stehen. Dieser ist dann eigentlich an die Klassenleitung bzw. an diejenige Lehrkraft gerichtet, die für die Jugendliche emotional eine große Rolle spielt. (Eine andere Variante derselben Motivation: Die Schülerin trägt, gut sichtbar für alle, mehrere Tage am Stück Verbände an den Unterarmen.) Es geht dann meistens, nicht immer, um die Frage: „Wie reagiert die oder der Erwachsene darauf?" Oder: „Steht mir Lehrkraft XY trotz dieser Strategie loyal gegenüber und zeigt an mir Interesse?" Aber natürlich können auch Gründe im privaten Bereich dafür verantwortlich gemacht werden – und die Lehrkraft ist dann gänzlich außen vor. Dummerweise lässt sich die genaue Ursache nicht immer gleich oder später klären.

In der Praxis haben darüber hinaus folgende zwei Sachlagen höchsten Herausforderungscharakter:

1. Die Schülerin inszeniert aktiv Selbstverletzungen *im Beisein* der Lehrkraft.
2. Man ritzt sich in einer ungestörten Räumlichkeit im Schulgebäude, etwa auf der Toilette, und *informiert jemanden aus der Peergroup* über die Aktion, etwa über WhatsApp.

Nach meiner Erfahrung kommt Konstellation 2 häufiger vor. Reagieren muss die Lehrkraft dann so oder so, und zwar in beiden Fällen. Kann man sich auf eine solche Extremsituation vorbereiten? In der Theorie schon. Jedoch ist diese bekanntlich grau. Das heißt, die Praxis kann die Lehrkraft dann ganz schnell humorlos *handlungsunfähig* machen, einfach weil sehr ambivalente Verhaltenstendenzen ausgelöst werden, die mit starken Gefühlen einhergehen!

Klinische Psychologen mit der entsprechenden Erfahrung sind sich dahingehend einig (vgl. Lohmer 2013), und es wird entsprechend empfohlen: Wenn Sie einmal mit blutenden bis hin zu klaffenden Wunden konfrontiert werden, gilt es – einfach gesagt –, möglichst Ruhe zu bewahren! Für den eventuell *zu* empathischen bzw. noch ungeschulten Beobachter ist das aktuelle Erleben entsprechend schlimmer als für die Akteurin. Es wird außerdem nahegelegt, möglichst sachlich und vor allem *überhaupt* im Gespräch zu bleiben, um Zeit für zielführende Interventionen freizuschaufeln.

Folgende Fragen, die bestenfalls selbstbewusst und klar der Borderlinerin gegenüber formuliert werden, können hilfreich und zielführend sein (eine Erfolgsgarantie gibt es natürlich nicht):

- „Was brauchste jetzt? Ich habe mit solchen Situationen wenig Erfahrungen."
- „Wie tief haste geschnitten?"
- „Wie gehts dir jetzt auf einer Skala von 0 bis 10? 0 heißt: gechillt, 10 bedeutet: Panik."
- „Wen kann ich jetzt deiner Meinung nach anrufen, damit er uns hier unterstützen kann?"

Noch einmal: In solchen Situationen gibt es kein Patentrezept. Auch die Expertinnen und Experten sind sich uneinig. Viel wichtiger ist zunächst, dass sich die Lehrkraft in Sachen Aufsichtspflicht absichert, sobald sie sich aufmacht, den Notarzt zu rufen (das sollte sie tun).

So kann sie z. B. eine oder mehrere Mitschülerinnen zur Betreuung abstellen und den Anruf tätigen bzw. jemandem den entsprechenden Arbeitsauftrag geben. Diesbezüglich wird hier eine ganz klare Linie empfohlen: *Der Notruf wird abgesetzt, egal was die Schülerin sagt, verspricht usw.* Und eines tut die Lehrkraft nicht: im Notarztwagen mitfahren. Das wäre gleichbedeutend mit einer bedürfnisbasierten sekundären Belohnung, womit die Gefahr einer zukünftigen Wiederholung der ganzen Inszenierung steigen würde.

Situation 2: Suizidale Tendenzen

Nach Zanarini & Hörz (2011) begehen 3–10 % der Patientinnen mit der Diagnose Borderline-Persönlichkeitsstörung Suizid, andere Autoren tendieren zu 10–15 % (vgl. Sachse & Breil 2018). Deshalb darf dieses Thema nicht und niemals auf die leichte Schulter genommen werden. Auch bei dieser betroffen machenden Angelegenheit gibt es wieder verschiedene Möglichkeiten, auf welche Weise Lehrkräfte von losen Selbstmordfantasien bis scheinbar klaren Suizidabsichten Kenntnis erlangen können:

- Die Schülerin äußert im Unterricht konkret entsprechende Aussagen.
- Die Lehrkraft wird von einer Heranwachsenden angesprochen, die Derartiges von ihrer Mitschülerin vernommen hat.
- Der Erwachsene selbst wird von der Borderlinerin über Telefon oder soziale Netzwerke kontaktiert und mit eventuell ernst gemeinten Motivationen konfrontiert.

In Anbetracht der Tatsache, dass man sich wirklich nie *ganz* sicher bei der *Einschätzung* des Ganzen sein kann, ist zu empfehlen, sich in solchen Situationen bestmöglich präventiv abzusichern bzw. in sinnvoller Weise aktiv zu werden. In der o. g. **ersten Konstellation** wird die Schülerin *direkt nach dem Unterricht* darüber in Kenntnis gesetzt, dass man solche Sätze gar nicht einfach so im Raum stehen lassen kann und will (dies gilt natürlich nicht für eine humorvoll-ironische Phrase, etwa wenn jemand eine schlechte Note bekommt und meint: „Scheiße, ich bring mich gleich um!"). Wahrscheinlich haben die meisten Klassenleiterinnen und -leiter irgendwann ein intuitives Gespür dafür, welche Bemerkung ernst gemeint ist und welche nicht. Kommt man hingegen zu dem Schluss, dass da was „dran" sein könnte, wird die betreffende Schülerin in ein klärendes Gespräch verwickelt. Bleibt das Gegenüber bei den Selbstmordabsichten, muss direkt die übliche Maschinerie in solchen Fällen angekurbelt werden. Möglich wären folgende Maßnahmen:

- den Vertrauenslehrer/die Schulsozialarbeiterin direkt mit ins Boot holen,
- die Abteilungsleitung/Schulleitung informieren,
- die Eltern kontaktieren (wenn möglich),
- den Schulpsychologischen Dienst in Kenntnis setzen,
- die Schülerin an eine Beratungsstelle verweisen.

Im **zweiten Fall** (s. o.) sucht die Lehrkraft wieder das Gespräch mit der Betroffenen, lotet das Thema entsprechend aus und bietet Unterstützung im Rahmen der Möglichkeiten an. Die Lage kann sich aber manchmal schwieriger gestalten, besonders dann, wenn die Schülerin, um die es geht, nicht da ist oder schon seit Tagen oder gar Wochen fehlt. Dann kann die Klassenleitung wenigstens versuchen, in irgendeiner Art Kontakt zu ihr oder ihren Eltern herzustellen. Wenn dies nicht gelingt, ist man zumindest schon mal auf der sicheren Seite. Weitere Kontaktmöglichkeiten sollten aber ins Auge gefasst werden. Natürlich wird beim erneuten Aufeinandertreffen die Angelegenheit unter vier Augen angesprochen.

Im **dritten Fall** (s. o.) gibt es wenige Möglichkeiten, Zuständigkeiten bzw. die Verantwortung abzugeben. Dann muss man direkt aktiv werden und die Notrufnummer wählen. Abzuraten ist von einer Art Vogel-Strauß-Taktik, das heißt von der Tendenz, das Ganze einfach so abzutun, als wäre nichts. Man muss sich nur mal Folgendes vorstellen: Die Schülerin setzt ihren Plan tatsächlich um! Mit so einem Ergebnis kann man später nicht mehr so weiterleben wie zuvor, das ist ganz klar. Auf dieses Thema muss aus verständlichen Gründen nicht weiter eingegangen werden.

Situation 3: Idealisierte Beziehungsambitionen, die die Lehrkraft vor vollendete Tatsachen stellen

Auch diese Konstellation ist erfahrungsgemäß sehr problematisch. Die meisten Lehrkräfte, die sich in solchen grenzüberschreitenden Situationen beweisen müssen, haben mit dem durchschlagenden Effekt zu kämpfen, dass die Ansage der Heranwachsenden (s. o.) erfahrungsgemäß sehr selbstbewusst und in einem altersweisen Ton vorgetragen wird. Auf Augenhöhe – verbunden mit einem festen Blick. Grund: Die Schülerin hat sehr viel Vorlaufzeit genutzt, manchmal Wochen oder gar Monate, um sich ihr idealisiertes Gedankenkonstrukt auf- und auszubauen. In ihrer Welt steht ganz klar fest: Sie hat sich unsterblich verliebt und wird mit Lehrkraft XY (sie kann auch weiblich sein) eine perfekte Beziehung und eine ebensolche Zukunft erleben. Honeymoon!

Der Erwachsene kann stark irritiert sein, insbesondere von den ausgiebig ausgeklügelten Vorstellungen und, wie schon gesagt, von der Selbstsicherheit der Schülerin. Wie sollte man darauf reagieren?

Eines vorweg: *Nichts,* aber rein *gar nichts* hilft in solchen Situationen weniger als der Appell an die Ratio der Schülerin. Keine Chance! Heißt: Man darf nicht den Fehler machen und mit klaren Worten versuchen, der Jugendlichen oder auch jungen Erwachsenen die Irrelevanz ihrer Wahrnehmung transparent zu machen.

Sollten sich dessen ungeachtet aber langsam Ohnmachtsgefühle seitens der Lehrkraft einstellen, sollte sie sofort die Notbremse ziehen und sich mit einer klaren Ansage der doch herausfordernden Situation entziehen. Diesbezüglich gibt es zwei Möglichkeiten:

- Man stellt kurz, aber bestimmt klar, dass „das" nicht geht – und Schluss mit dieser Vorstellung ist; danach verlässt der Erwachsene das Setting (das *kann* ausreichen).
- Das Verhalten bzw. die Äußerungen der Schülerin werden umgehend und ohne Umschweife dem nächsten Schulleitungsmitglied kommuniziert (es gilt bei dieser Intervention auch hier wieder das Prinzip der Absicherung).

In Zukunft sollte man natürlich dann darauf achten, dass es keine Vieraugengespräche mehr mit Schülerin XY gibt.

Situation 4: Akute Fremdgefährdung

Eskaliert eine Situation zwischen zwei Teenagern im Klassenraum, was in der Anwesenheit von Borderlinern sehr leicht passieren kann (Damm 2019a), so entsteht Handlungsbedarf! Bevor es zu einer körperlichen Auseinandersetzung kommt, muss die Lehrkraft aktiv werden, in manchen Fällen auch direkt dazwischengehen. Es wird empfohlen, die Situation in der Form zu deeskalieren, indem man die Parteien voneinander separiert, auch räumlich trennt. Diesbezüglich liegt es im eigenen Ermessen, wer von den beiden rausgehen muss. Wichtig hierbei ist, dass man sich nicht in etwaige Diskussionen verwickeln lässt und kurze Ansagen macht, wie etwa solche: „So, komm, das bringt nix, komm mit mir nach draußen!", „Stopp! Stopp! Mitkommen! Wir gehen jetzt mal raus!" o. Ä.

Bei Bedarf sind Hartnäckigkeit und sture Beharrlichkeit meistens zielführend. Der andere Konfliktpartner wird entsprechend instruiert, z. B. so: „Du bleibst jetzt hier und kommst mal runter!" Nachdem sich die Lehrkraft in Bezug auf die Aufsichtspflicht abgesichert hat („Ihr zwei seid dafür verantwortlich, dass eure Mitschülerin hierbleibt und sich beruhigt!"), begleitet sie Konfliktpartei A nach draußen.

Im nächsten Schritt sorgt der Erwachsene dafür, dass die Schülerin abgelenkt wird bzw. den Vorfall reflektieren kann. Hierfür wird Zeit eingeräumt. Aktives Zuhören und eine ruhige Tonlage können einen Entspannungseffekt auf der Gegenseite nach sich ziehen. Herrscht eine positive pädagogische Beziehung vor (vgl. Kapitel 4.5), gelingt der „emotionale Cooldown" schneller.

Die Lehrkraft konfrontiert die Betreffende dann mit ihren Beobachtungen („Du hast deine Mitschülerin angeschrien und gedroht, du würdest sie umbringen! Ich möchte von dir gern wissen, wie du jetzt darüber denkst!"). In 99 von 100 Fällen heißt es dann erfahrungsgemäß: „Ja, das war natürlich nicht so gemeint, ich war halt auf 180! Kommt nicht wieder vor!"

Bei solchen Einsichten habe ich bisher dann weitere Schritte (etwa Schulleitung informieren) unterlassen. Natürlich wurde die entsprechende Grenzsituation mit der Klasse im Allgemeinen und dann mit den unmittelbar Beteiligten im Speziellen aufgearbeitet und reflektiert.

Sollte es nun aber so sein, was man niemandem wünschen kann, dass der Lehrkraft gegenüber die Todesdrohung bezüglich Mitschüler XY aufrechterhalten wird, so müssen wieder unvermittelt die üblichen Sicherheitsmaßnahmen praktiziert und Meldungen an die Schulleitung kommuniziert werden.

Auf den kompetenten Umgang mit den beschriebenen Grenzsituationen kann man sich aus verständlichen Gründen nur bedingt, weil theoretisch vorbereiten. Sie gehen mit starken Emotionen und Affekten einher, und da entscheidet natürlich auch die Persönlichkeit der Lehrkraft darüber, wie sie sich schlägt, wenn es hart auf hart kommt.
Es schadet daher in der Regel nicht, sich zu Schuljahresbeginn mit dem eingesetzten Lehrerteam abzusprechen und Zuständigkeiten zu verteilen. Es gibt mindestens zwei Lehrkräfte, die in solchen Situationen unterstützend zur Seite stehen können – wenn es sinngemäß

brennt. Auf der anderen Seite kann man auch im Team über den Einsatz eines Beobachtungsbogens nachdenken, der Borderline-typische Phänomene fokussiert, um vorauseilend Eindrücke zu sammeln. Darauf aufbauend kann man dann im Kollektiv präventiv vorgehen.

Ausblick

Nachdem nun mögliche problematische Auswirkungen von Borderline-Tendenzen im Klassenraum beschrieben wurden (mitsamt einigen Reaktionsempfehlungen), möchte ich übergehen zu den allgemeinen und speziellen Möglichkeiten, die die Schemapädagogik® (Damm 2019a) bezüglich dieser Klientel bieten kann.

4 Schemapädagogik bei SuS mit Borderline-Persönlichkeitsstil

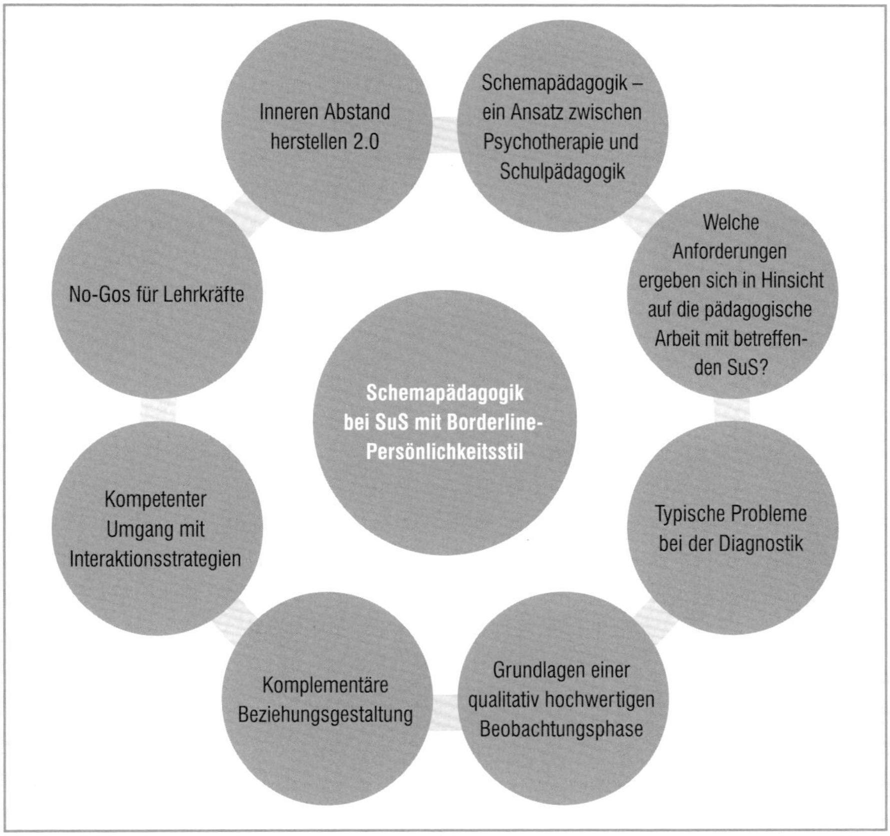

Abb. 7: Didaktik und Methodik der Schemapädagogik

4.1 Schemapädagogik – ein Ansatz zwischen Psychotherapie und Schulpädagogik

Dieses pädagogische Konzept ist integrativ aufgebaut und beinhaltet theoretische Bausteine und praktische Methoden der sogenannten schemabasierten Psychotherapien. Konkret handelt es sich dabei, wie schon in Kapitel 2.1

erwähnt und ausgeführt, um die Schematherapie (ST) und Klärungsorientierte Psychotherapie (KOP). Aus diesem Grund lässt sich sagen, dass es sich um einen Ansatz zwischen Psychotherapie und Pädagogik handelt, da auch andererseits Entwürfe wie die Konfrontative und Systemische Pädagogik didaktisch-methodisch eine große Rolle spielen, wenn auch in modifizierter Form (vgl. Damm 2019a).

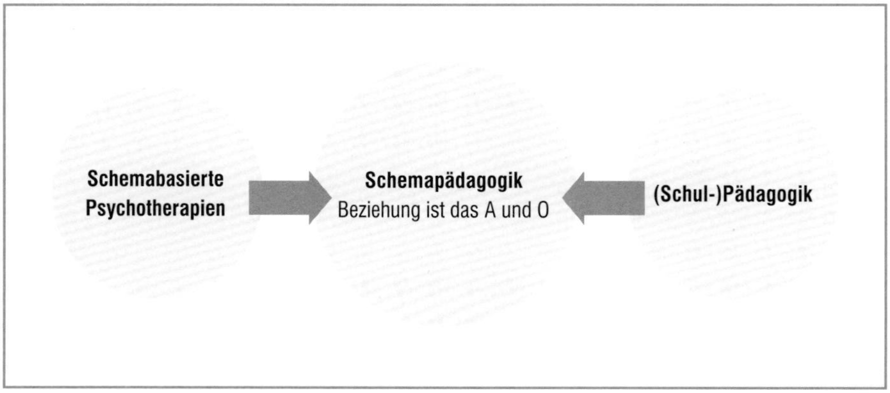

Abb. 8: An der Schnittstelle zwischen zwei Perspektiven

Entworfen wurde das Projekt vor einigen Jahren (Damm 2010) mit dem Ziel, die komplexen unbewussten Prozesse auf der Beziehungsebene zwischen Lehrern und SuS bzw. zwischen SuS zu erfassen, bewusst(er) zu machen und im Falle von konfliktreichen Strukturen mithilfe bestimmter angepasster Vorgehensweisen zu verbessern. Seitdem wurden auch weitere pädagogische Praxisfelder erschlossen, wie etwa die Elementarpädagogik und Jugendhilfe (Damm 2012; 2014).

Es wird prinzipiell davon ausgegangen, dass eine positiv gefärbte pädagogische Beziehungsqualität das A und O in der praktischen Arbeit ist. Ich gehe gern noch einen Schritt weiter und stelle folgende These in den Raum: *Beziehung geht vor Erziehung!* Mit dieser Überzeugung stehe ich nicht allein da (vgl. Hattie & Zierer 2017; Bauer 2007). Auf diesen Aspekt wird unten noch einmal ausführlich aus neurobiologischer Perspektive eingegangen, und zwar in Kapitel 5.2.

Die Thematik *Schemapädagogik® bei SuS mit Borderline-Tendenzen* lag bis dato brach, was auch gleichzeitig der Grund für die Verwirklichung des vorliegenden Projekts war.

Noch einmal: Was ist ein Schema?

Zur Wortschöpfung „Schema" wurden bereits Anmerkungen ausformuliert. Als Arbeitsbegriff reicht folgende verkürzte Definition aus: *Ein Schema ist eine Persönlichkeitsfacette, Eigenschaft, anders gesagt ein präferiertes Lebensthema – in unterschiedlich starker Ausprägung, das eine Person aktiv inszeniert* (vgl. Kapitel 2.4).

Schemata entstehen aus Gründen der Anpassung an die soziale Umwelt sehr früh in der Biografie – ein evolutionär sinnvoller Mechanismus (Roth 2016; Grawe 2004). Warum das Sinn ergibt, ist klar: Damit „die einzelnen Komponenten des Wahrnehmens, Erkennens, Bewertens, Reagierens und Auswertens aufeinander bezogen werden [können]" (Rahn 2015, S. 29). Dies entspricht geradewegs dem Prinzip des Lernens und hilft dem Individuum dabei, in späterhin ähnlichen Alltagssituationen Reaktionen zu zeigen, die der psychischen und physischen Anpassung dienlich sind. Gleichzeitig werden auch regelmäßig schemabasierte Bedürfnisse kommuniziert, die der Interaktionspartner erfüllen soll (vgl. Tabelle 3).

Projiziert man dieses Modell kurzerhand in unser Praxisfeld, so gestalten sich die Rahmenbedingungen im Klassenraum folgendermaßen: *SuS bringen ihre ganz individuellen Schemata mit in den Schulalltag ein – Lehrkräfte auch.* Das Hauptproblem hierbei ist, dass die Grundbausteine unserer Persönlichkeit überwiegend unbewusst mit denen der SuS interagieren. Dies ist der ökonomischen Arbeitsweise unseres Gehirns geschuldet. Es spart Energie und läuft auf Autopilot (Roth 2016).

Das Modus-Modell

Sichtbar werden neuronal gebahnte Lebensmuster in Form von sogenannten Ich-Zuständen *(states)*. Diese werden im vorliegenden Rahmen gemäß der grundlegenden Therapieform Schemamodi genannt (Roediger 2016). Im Rahmen der Schematherapie werden verschiedene Gruppen von Modi unterschieden (Arntz & van Genderen 2010):

- **Eltern-Modi** (Sie spiegeln fürsorgliche, kritisierende bzw. sanktionierende Ich-Anteile wider, die eine Person in der Kindheit an ihren Bezugspersonen wahrgenommen und psychisch verinnerlicht hat.)
- **Kind-Modi** (Diese *states* repräsentieren sowohl angeborene gefühlsspezifische Reaktionen [etwa Freude, Wut, Ekel, Angst, Überraschung], als auch frühkindlich ausgeprägte Muster, die im Zusammenspiel mit den Anforderungen der sozialen Umwelt entstanden sind, etwa Verweigerung, Bockig-Sein, Schmollen usw.
- **Bewältigungs-Modi** (Diese Gruppe besteht aus speziellen Ich-Anteilen; sie können ein ähnliches Konfliktpotenzial offenbaren wie die Kind-Modi; Bewältigungs-Modi sind zwar aktuell problematisch, verfolgen aber

ebenfalls interaktionelle Ziele; sie werden u. a. wie folgt benannt: Selbsterhöher, Manipulierer, Einschüchterer.)
- **Modus des gesunden Erwachsenen** (Dieser Modus entspricht dem rationalen Anteil in uns, der abwägt, vorausdenkt, plant und in Alltagssituationen zwischen Eltern- und Kind-Modi vermitteln kann.).

Sobald ein Schema aktiviert (Fachterminus: *getriggert*) wird, erfolgt gleichzeitig die Auslösung eines damit korrelierenden Modus – und die betreffende Person denkt und fühlt *schemagetrieben*. Gleichzeitig entstehen Handlungsimpulse, die in der Regel automatisch in die Tat umgesetzt werden. Einfach gesagt: Schemata werden sichtbar, wenn sie ausgelöst werden.

Sobald sich Lehrkräfte vor dem Hintergrund dieses Modells reflektiert vor die Klasse stellen, werden sie im Laufe der Zeit herausfinden, wie ihre SuS ticken. Es kommt nämlich, eine schemapädagogische Binsenweisheit, in ähnlichen Klassensituationen stets zu gleichartigen Reaktionen von bestimmten Heranwachsenden. In einer Art „schemapädagogischer Diagnostikphase" (vgl. Kapitel 4.4) können entsprechend Rückschlüsse auf die Schülerpersönlichkeiten gezogen werden, mit denen man dann zielorientiert arbeiten kann. Zwei Beispiele:
- Rebecca (20) ist eine sehr hilfsbereite Kameradin, die zu Schuljahresbeginn zur Klassensprecherin gewählt wird. Sie hat stets ein offenes Ohr für die kleinen und größeren Probleme ihrer Mitschülerinnen **(Schema Aufopferung/Fürsorge)**. Sie zeigt stets eine sehr ausgeprägte Handlungsorientierung, sobald sie Problem- und Konfliktsituationen in der Klasse wahrnimmt und macht dann den authentischen Eindruck (Mimik, Gestik, Sprachauswahl) der „fürsorglichen Klassenmutter" **(Modus Fürsorgliche Eltern)**. Das heißt, sie mischt sich ein, offenbart Empathie, kommuniziert lösungsorientiert. Rebecca zeigt ein starkes Interesse daran, die Dinge wieder ins rechte Licht zu rücken. Es soll möglichst allen Anwesenden gut gehen.
- Yasmin (19) fordert häufig einen (aus ihrer Sicht) perfektstrukturierten Unterricht ein, und zwar in übertriebener Weise **(Schema Überhöhte Standards/Perfektionismus)**. Sie reglementiert anwesende Lehrkräfte, wenn sie meint, diese würden ihren Aufgaben nicht nachkommen **(Modus Kritisierende Eltern)**. Auch die Mitschüler werden so gut wie täglich zu mehr Fleiß und Arbeitseifer ermuntert.

In der folgenden Tabelle sind Schemamodi aufgeführt, die man häufig beobachten kann, wenn das jeweils zugrundeliegende Schema aktiviert ist.

Nr.	Schema/Lebensthema	Möglicher Modus im Falle einer Schemaaktivierung
1	Emotionale Vernachlässigung	trauriges Kind
2	Verlassenheit/Instabilität	trauriges Kind
3	Misstrauen	wütendes Kind
4	Soziale Isolation	trauriges Kind
5	Unzulänglich-/Bedeutungslosigkeit	trauriges Kind
6	Erfolglosigkeit/Versagen	wütendes Kind
7	Abhängigkeit von anderen	hilfloses Kind
8	Verletzbarkeit	trauriges Kind
9	Verstrickung mit anderen	angepasstes Kind
10	Anspruchshaltung/Grandiosität (Narzissmus)	Boss
11	Aneckenwollen/Rebellentum	Verweigerer
12	Unterwerfung (Anpassung)	angepasstes/braves Kind
13	Aufopferung/Fürsorge	fürsorgliche Eltern
14	Streben nach Zustimmung und Anerkennung	angepasstes/braves Kind
15	Emotionale Kontrolle (übertriebene Rationalität)	fordernde Eltern
16	Überhöhte Standards/Perfektionismus	extrem fordernde Eltern
17	Negatives hervorheben (Pessimismus)	kritische Eltern
18	Bestrafungsneigung (Sanktionierungstendenz)	strafende Eltern

Tabelle 3: Relevante Schemata und korrelierende Schemamodi (Ich-Anteile)

Schemagetriebene (bedürfnisbasierte) Interaktionsstrategien

Sobald ein bestimmter Modus vor dem Hintergrund eines ausgelösten Schemas aktiviert ist, werden gleichzeitig Bedürfnisse sichtbar. Das Muster kommt also zum Ausdruck, aber es braucht Zeit, Schemaaktivierungen als solche zu registrieren (weshalb angeraten ist, über einen längeren Zeitraum zu beobachten, vgl. Kap. 4.4). Das war bei der oben genannten fürsorglichen Schülerin Rebecca nicht anders, ihre O-Töne sprechen Bände und stammen aus verschiedenen Schuljahresphasen (s. u.).

Es gibt nun unterschiedliche Möglichkeiten, wie sich ein Schema offenbaren kann. Berücksichtigt wird in diesem Diagnostikzusammenhang insbesondere ein bestimmter Baustein der Klärungsorientierten Psychotherapie (vgl. Kapitel 2.5). Die in der KOP gängige Thematisierung der sogenannten Interaktionsstrategien floss schon früh ein in die Konzeption der Schemapädagogik®. Diese Verknüpfung hat sich in der Praxis als sehr fruchtbar erwiesen (Damm 2010). Es wird davon ausgegangen, dass mit einem Modus ein bestimmtes oder mehrere Kommunikationsmuster einhergehen, die häufig klar voneinander abgetrennt werden können.

Als Erstes wäre da das sogenannte **Image** zu nennen (Sachse 2010). Mit diesem Schemaausdruck geht die (unbewusste) Intention des Senders einher, dass er ein bestimmtes Bild von sich, genauer gesagt von seinem Schema, im Gesprächspartner erzeugen möchte. Das dahinterstehende Bedürfnis ist, dass das Gegenüber bestimmte Reaktionsimpulse auf der Beziehungsebene entwickeln soll. Es geht also um zwischenmenschliche Steuerungsabsichten (nicht wertend gemeint). Auf die hilfsbereite Rebecca bezogen heißt das: Sie kommunizierte ihr Schema *Aufopferung/Fürsorge* mittels folgender Images:

- „Ich hab euch heute mal einen Kuchen mitgebracht, selbst gebacken!"
- „Ich möchte Erzieherin werden, weil ich Kinder in ihrer Entwicklung unterstützen möchte!"
- „Ich bin halt manchmal eine Übermutter!"
- „Ich arbeite nebenbei als Tagesmutter!"
- „Ich möchte, dass wir uns hier alle gut verstehen, jede und jeder hat ja sein Päckchen zu tragen!"

Die zweite Interaktionsstrategie wird **Test** genannt. Mithilfe von schemagetriebenen Tests wird der Interaktionspartner ebenfalls in eine erwünschte Rolle hineinmanövriert (aus Sicht des Senders). Es gibt z. B. sehr herausfordernde Tests, die von SuS inszeniert werden und die darauf abzielen, die Lehrkraft zu verunsichern: „Nö, meine Basecap setze ich nicht ab!"; „Ich bleib hier sitzen, Bro, was willst du jetzt tun?"; „Na, gestern eine schlechte Nacht gehabt, Digga?" Hierbei wird eigentlich die folgende Frage geklärt: Lässt sich die Lehrkraft einschüchtern, steuern, beeindrucken? Es geht eigentlich um Revierkämpfe.

Auf das Schema *Aufopferung/Fürsorge* (Rebecca) bezogen, können erfahrungsgemäß folgende Tests kommuniziert werden, mit denen der Sender die Empfänger zu erwünschten Reaktionen rund ums Thema Helfen/Unterstützen animieren will (alles O-Töne):

- „Ihnen geht es heute nicht gut, nicht wahr?"
- „Soll ich kurz für Sie in die Apotheke gehen?"
- „Kontaktieren Sie mich mal bitte über WhatsApp heute Abend, ich würde da gern eine wichtige Sache bezüglich der Klassengemeinschaft ansprechen!"
- „Ich müsste jetzt über eine Kollegin von Ihnen reden, die sich gestern einen groben Schnitzer bei uns geleistet hat!"
- „Soll ich heute die Anwesenheit für Sie checken?"
- „Haben Sie ein gutes Buch zum Thema *Borderline?*"
- „Soll ich für Sie die Kopien machen? Dann können Sie schon mal mit dem Unterricht starten!"

Die dritte Interaktionsstrategie wird Spiel genannt, genauer gesagt **Psychospiel** (Berne 2005). Im Unterschied zum Test wird diese Masche länger gefahren. Sie besteht aus mehreren Aktions-Reaktions-Sequenzen, die mit dem Unterrichtenden inszeniert werden. Das aus psychologischer Sicht Spannende besteht darin, dass der Sender die Reaktion des Empfängers geradezu provoziert und diese dann wieder als „Auslöser" für spätere eigene Aktionen ausnutzt.

Lehrkräfte, die mit dem Thema *Psychospiele* vertraut werden, etwa im Rahmen von Schemapädagogik®-Fortbildungen, kommen meistens irgendwann auf folgenden Nenner: Wenn jemand ein Psychospiel praktiziert, dann „fährt" er im Prinzip einen Film, man kann ihn/sie nur sehr spät stoppen.

Psychospiele sind also hochmanipulative, sehr effektive Arrangements, die das zugrundeliegende Schema in der Regel mehrere Minuten widerspiegeln und dem Interaktionspartner eine spezifische Erwartung mit mehr Druck und Nachhaltigkeit aufdrängen (Sachse 2014).

Zu diesem Thema auch wieder zwei (Rebecca-)Beispiele:

- Die Schülerin erklärt ambitioniert und persönlich stark betroffen in einem zehnminütigen Monolog der Klasse, die sich zuvor etwas gezofft hat, dass doch alle in einem Boot sitzen und zusammenhalten müssen.
- Rebecca ist heute felsenfest davon überzeugt, dass es um den gesundheitlichen Zustand der Lehrkraft nicht gut bestellt ist („Ihnen geht es nicht gut, das sehe ich!"). Ihr Gegenüber fühlt sich hingegen ganz und gar nicht angeschlagen („Nö, alles gut!"). Sie schüttelt milde und lächelnd den Kopf: „Nein, irgendetwas belastet Sie." In einer fünfminütigen Diskussion gelingt es der Lehrkraft nicht, Rebecca vom Gegenteil zu überzeugen.

Komplettiert wird die Gruppe der Interaktionsstrategien durch den sogenannten **Appell.** Auch diese Methode kann meistens mit einem aktivierten Schema in Verbindung gebracht werden. Appelle werden größtenteils zu Beginn des Schuljahres kommuniziert. Warum? Lehrkräfte wie auch SuS haben ein Interesse daran herauszufinden, wie das Gegenüber charakterlich tickt. Besteht aufseiten des Senders das Bedürfnis nach einem positiven Kontakt, so sucht er nach Gemeinsamkeiten. Werden entsprechende positive Appelle ausgesprochen, so wird damit beabsichtigt, dass die Lehrkraft entgegenkommend reagiert. Einige Beispiele:

- „Werden wir bei Ihnen schwere Klassenarbeiten schreiben?"
- „Können wir Ihre E-Mail-Adresse bekommen?"
- „Unter uns: Mir gehts heute nicht so gut!"
- „Haben Sie WhatsApp?"
- „Sorry für die Verspätung, ich musste zu Hause noch persönliche Dinge regeln!"

Kommen SuS hingegen zu dem Schluss, dass sie möglichst keine persönliche Ebene mit dem Unterrichtenden erleben möchten, so werden negative Appelle ausgesprochen, die diese Motivation mal mehr, mal weniger verdeckt an die Frau bzw. den Mann transportieren sollen. Auch zu diesem Thema einige O-Töne:

- „Ich konnte Lehrer noch nie leiden!"
- „Sie schauen so unfreundlich!"
- „Warum rufen Sie mich jetzt auf, ich habe mich doch gar nicht gemeldet?!"
- „Sie haben was gegen mich, das sehe ich!"

Wie man sich leicht vorstellen kann, ist es oft nicht so einfach, mit solchen und anders gelagerten Kommunikationsmustern zurechtzukommen. Es gilt die Faustformel: Je mehr Antipathie zwischen Sender und Empfänger vorherrscht, desto problematischer fallen die Manipulationen aus. In Kapitel 4.6 wird ausführlich auf den kompetenten Umgang mit schemagetriebenen Interaktionsstrategien von Borderlinern, um die es ja schwerpunktmäßig geht, eingegangen.

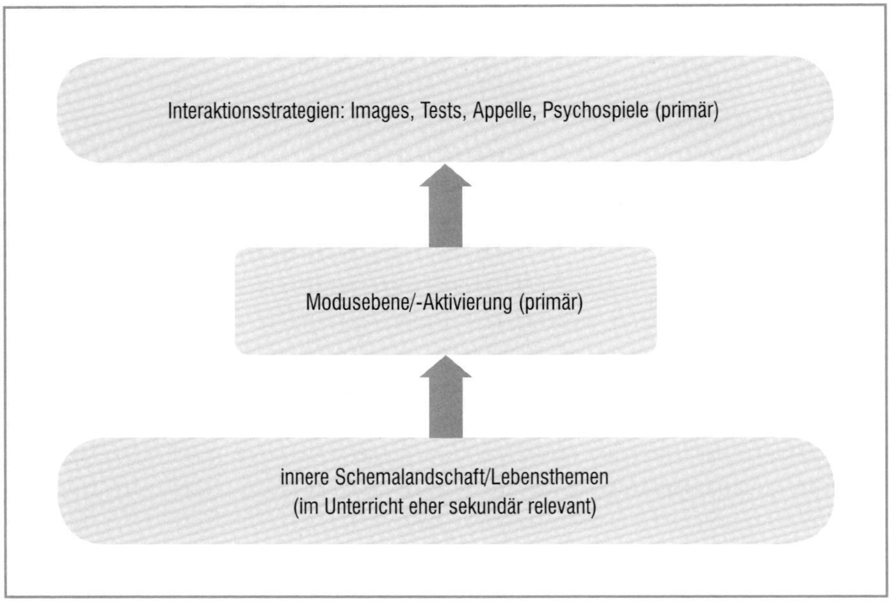

Abb. 9: Zusammenhang zwischen Schemata, Schemamodi und Interaktionsstrategien

Ziele schemapädagogischen Denkens und Handelns

Klarer Fall: Im Unterschied zur Schematherapie wird im pädagogischen Alltag weniger in die Tiefe gegangen. Grund: Wir sind keine Psychotherapeuten, und selbst wenn, würde das Setting Schule logischerweise gar nicht das passende Umfeld sein. Wir arbeiten in Abhängigkeit des jeweiligen Bildungsgangs weniger bis gar nicht mit den Schemata, sondern operieren in der Regel mit dem, was uns die SuS im Unterricht entgegenbringen. Das heißt, es geht vorrangig um (kompensatorische) Modi sowie herausfordernde Images, Tests, Psychospiele und Appelle (Damm 2019a). Grund: Das hauptsächliche Ziel in unserem Praxisfeld besteht ja darin, dass der Erziehungs- und Bildungsauftrag umgesetzt wird. Hierzu bedarf es einer tendenziell positiv gefärbten pädagogischen Beziehung zu den SuS (Roth 2016; Hattie & Zierer 2017; Bauer 2007). Schafft es die Lehrkraft, mit der Mehrheit der Klasse eine solche prosoziale Konstellation zu entwickeln, so steht der Realisierung der allgemeinen und speziellen Ziele der schemapädagogischen Arbeit nichts mehr im Wege (insofern man auf der Basis einer stabilen Beziehung didaktisch-methodisch weiter-verfährt). Hauptsächliche Ziele können wie folgt benannt werden:

- Die Lehrkraft lernt unter Berücksichtigung des Schemapädagogik®-Konzepts nach und nach eigene Persönlichkeitsfacetten (Modi), Schemata, Schematrigger und Interaktionsstrategien kennen. Dies führt zur Stärkung des gesunden Erwachsenenmodus, was einer Professionalisierung der Lehrerpersönlichkeit entspricht.
- Die SuS erhalten mithilfe von Unterrichtsmaterialien und -ideen (vgl. Damm 2019b) Einblicke in ihre Persönlichkeit vor dem Hintergrund der Inneren-Teile-Arbeit (Kapitel 6.1). Die Betreffenden können dadurch zukünftige Schemaaktivierungen und maladaptive Interaktionsstrategien im Unterricht besser wahrnehmen, kontrollieren und durch prosoziale Verhaltensweisen ersetzen.
- Störungen auf der Beziehungsebene zwischen Lehrkraft und SuS und zwischen SuS können mit entsprechenden Materialien (s. u.) und auf der Grundlage einer schemapädagogischen Diagnostik schrittweise bewusster gemacht und durch Selbsteinsicht bearbeitet und bestenfalls aufgelöst werden (Kapitel 6.2 ff.).

4.2 Welche Anforderungen ergeben sich in Hinsicht auf die pädagogische Arbeit mit betreffenden SuS?

Allgemeines

Im Umgang mit Borderlinern braucht es auf Lehrerseite zunächst innerpsychische Klarheit und außerdem allgemein einen starken gesunden Erwachsenenmodus. Das heißt, man sollte grundsätzlich um seine wesentlichen Schemata, Modi und Interaktionsstrategien wissen und sich diesbezüglich im Alltag „von oben" im Auge behalten können. *Denn die Persönlichkeit bestimmt naturgemäß überwiegend unbewusst die Beziehungsgestaltung* (Damm 2015). Von daher sollte ein Interesse an Selbsterkenntnis Pflicht sein! Allein schon durch die Selbstbeobachtungen wird die Metaebene nach und nach gefördert und auch gefestigt. Empfohlen wird auch der Einsatz von Feedbackbögen (s. u.).

Noch wichtiger ist in Hinsicht auf das vorliegende Thema aber, dass man um seine Muster und Reaktionen weiß, die Stresssituationen(!) in die Klasse tragen. Leicht können impulsive SuS kompensatorische Modi auf Erwachsenenseite triggern und so schwer kontrollierbare Konflikte generieren. Ein ausgeprägter Modus des gesunden Erwachsenen hingegen sorgt auch in brisanten Unterrichtssituationen für eine ruhige, gelassene Außenwirkung, die die jeweilige Situation deeskalieren kann.

Empathie – Verständnis – Geduld

Schemapädagogische Praktikerinnen und Praktiker zeigen insbesondere bei Grenzgängern Verständnis, und zwar in vielerlei Hinsicht. Es muss einfach im Hinterkopf behalten werden, lapidar gesagt, dass die betreffenden SuS nicht mit dem Borderline-Phänomen geboren wurden. Die Biografien weisen meistens massive Brüche und problematische Bindungserfahrungen auf (vgl. Kapitel 1.4). Das daraus resultierende ambivalente Grundwesen erschwert die Kompetenz zur Emotionsregulation (für manche ist schon ein zehnminütiges Stillsitzen im Falle eines Lehrervortrags ein Unding). Problematisch verhält es sich auch mit der Tatsache, dass die Betreffenden so viele innerpsychische „wunde Punkte" aufweisen. Der Umgang mit ihnen ist daher vergleichbar mit einem Gang durch ein Minenfeld. Leicht drückt man aus Versehen oder Unwissenheit auf den einen oder anderen roten Knopf (um bei diesem Bild zu bleiben) – dann kann die Lehrkraft sehen, was da für ein impulsives Potenzial im Gegenüber unter der Oberfläche beheimatet ist.

Natürlich entbinden solche Persönlichkeitsvoraussetzungen nicht von den Pflichten, die in der Hausordnung stehen und die von den SuS ab Schuljahresbeginn eingefordert werden. Man sollte sich aber immer mal wieder bewusst machen, dass es dieser Schülerklientel erwiesenermaßen schwerer fällt, aus persönlichkeitspsychologischer Perspektive, sich dauerhaft den Rahmenbedingungen anzupassen.

Nachsicht und Geduld braucht es meiner Erfahrung nach auch, falls es trotz Klärungsgesprächen und Kompromissen (nach Eskalationen) regelmäßig zu Rückfällen kommt. Lehrkräfte müssen sich auf einen gemeinsamen Weg mit Grenzgängern machen, der kleinschrittig ist, aber auch zu Erfolgen führen kann – wenn man auf der Beziehungsebene mittels des Einsatzes von schemapädagogischen Methoden vieles richtig macht.

Humor und Selbstironie

Erfahrungsgemäß ist der Umgang mit Borderlinern beileibe *nicht* überwiegend von Konflikten geprägt, darauf kann gar nicht oft genug hingewiesen werden. Dieser Aspekt kann natürlich infolge der hier thematisierten eher pathologisierenden Beschreibungen durchaus immer mal wieder in den Hintergrund treten.

Lehrkräfte sollten aber öfter mal die Ressourcenbrille aufsetzen und angenehme Situationen im Schulalltag, die es im Umgang mit Borderlinern immer gibt, bewusst wahrnehmen und registrieren. Nach meinen Erlebnissen mit der hier thematisierten Klientel haben ganz viele SuS einen feinen Sinn für Humor. Sie sind gute Beobachter und können leicht Querverbindungen zwischen aktuell witzigen Situationen mit vergangenen herstellen, die ähnlich gelagert sind. Dies führt nicht selten zu doch sehr positiven kollektiven Glücksmomenten. In guten Zeiten „strahlen" Borderliner regelrecht und können alle Beteiligten mitreißen. Solche Situationen sollte man auskosten und in ein positives, wertschätzendes Feedback einfließen lassen.

Zum Punkt Selbstironie ist anzumerken: Nicht nur SuS ohne Borderline-Symptomatik, auch die Betroffenen selbst mögen Pädagogen, die temporär auf Augenhöhe über eigene Ecken und Kanten, sprich: Schwächen, lachen können, sollten sie denn mal im Unterricht aufblitzen. Dies sind aus schemapädagogischer Sicht „goldene Momente des Beziehungsaufbaus". Die SuS sehen, dass da vorn auch nur ein Mensch mit seinen Schwächen und Schattenseiten steht.

Interesse an der Lebenswirklichkeit der SuS zeigen

Dieser Aspekt gehört eigentlich schon zum komplementären Beziehungsaufbau (Kapitel 4.5), aber ich möchte bereits an dieser Stelle auf ihn hinweisen. Wie jeder Mensch auch, so möchten SuS in ihrer Persönlichkeit, Lebensphilosophie, ihrem Wertesystem usw. wahrgenommen werden – *auch in der Schule.*

Schemapädagogische Methodenkompetenz

Seit der Veröffentlichung des schemapädagogischen Ansatzes (Damm 2010) stand immer die Maxime im Vordergrund, Methoden und Materialien für die Praxis zu entwerfen, die insbesondere in der Beobachtungs-, Beziehungsaufbau- und Problemklärungsphase eingesetzt werden können, um Selbsterkenntnisprozesse aufseiten der Kinder, Jugendlichen und jungen Erwachsenen anzuregen, mit denen wir täglich zu tun haben.

Mittlerweile liegen weit über hundert solcher Vorgehensweisen in Form von Arbeitsblättern, Fragebögen, Softskills, Instruktionen usw. vor (Damm 2010; 2012; 2014; 2019a; 2019b). Die Erfahrungen und Evaluationen in den Schemapädagogik®-Weiterbildungen, die seit einigen Jahren stattfinden, haben zweifelsfrei gezeigt: Nicht jede Methode, egal ob eher empathischer oder konfrontativer Natur, passt auf jede Pädagogenpersönlichkeit. Das muss auch gar nicht bzw. *kann* auch aus persönlichkeitsspezifischen Gründen nicht so sein.

Unten werden Methoden vorgestellt, die sich im Umgang mit Grenzgängern bereits als gewinnbringend und wirksam herausgestellt haben (s. Kapitel 6 und 7). Gemäß Ihrer Persönlichkeitsstruktur werden Sie sicherlich Impulse entwickeln, die eine oder andere Methode auszuprobieren. Hierzu kann ich Sie nur ausdrücklich ermuntern. Da es sich um niedrigschwellige empathische Vorgehensweisen handelt, die gleichzeitig den gesunden Erwachsenenmodus auf der Gegenseite fördern, kann man nicht viel falsch machen.

A

Es ist zunächst angeraten, die eigene Lehrerpersönlichkeit aus schemapädagogischer Sicht zu beleuchten, damit die allgemeinen Gegenübertragungstendenzen (vgl. Kapitel 3.2) klarer werden. Gehen Sie schrittweise den Schemafragebogen durch (Download-Material 2) und markieren Sie im Anschluss daran drei ausgeprägte Muster, die bei Ihnen im Unterricht eine durchschnittliche bis größere Rolle spielen. Reflektieren Sie darüber, wie diese Schemata in die Vorbereitungen einfließen, in die Gestaltung des Tagesablaufs, den Umgang mit SuS. Falls Sie ein sehr gutes Verhältnis zu einer bestimmten Klasse haben, können Sie auch den Fragebogen von ausgewählten Heranwachsenden ausfüllen lassen (bei Bedarf anonym). Die Betreffenden sollen Sie entsprechend anhand der Aussagen im Bogen einschätzen. Ziel ist es, sowohl die eigenen Themen, die man mit den SuS inszeniert, und vor allem die „roten Knöpfe" (Trigger) bewusst zu machen. Es gilt die Faustformel: Je mehr man sich diesbezüglich mit seiner eigenen Lehrerrolle auseinandersetzt, desto mehr wird der gesunde Erwachsenenmodus gestärkt.

4.3 Typische Probleme bei der Diagnostik

Allgemeines

In Bezug auf die Wahrnehmung bzw. Beurteilung von Schülerpersönlichkeiten gestaltet sich die Sachlage gar nicht so einfach, wie man zunächst vielleicht vorschnell denken könnte. Das wird spätestens dann bewusst, wenn man sich typische Gespräche im Team über herausfordernde SuS ins Gedächtnis ruft. Meistens ist es ja dann so, dass die Meinungen über diesen einen Fall doch stark auseinanderdriften („Bei mir läuft es eigentlich ganz gut im Unterricht!").

Warum ist das so? Einerseits ist die Personenwahrnehmung extrem abhängig von der Persönlichkeitsstruktur des Beurteilers. Vor dem Hintergrund schemapädagogischen Denkens könnte man sagen: von der inneren Schemalandschaft (Damm 2015). Andererseits gibt es, wie die sozialpsychologische Forschung zeigt, eine mehr oder weniger starke Anfälligkeit für die sogenannten Beurteilungsfehler (Dobelli 2014).

Problem Nr. 1: Die eigene Schemabrille

Im Umgang mit Borderlinern spielen bestimmte Schemata aufseiten der Lehrkraft eine große Rolle (vgl. Kapitel 3.2). Im Folgenden möchte ich sechs populäre Muster im Schulbereich nennen – ausführlich in Damm 2019a, S. 41 ff. – und ihre typischen Auswirkungen in Bezug auf

- die Wahrnehmung,
- den Umgang mit Borderlinern und
- das Konfliktmanagement kurz ausführen.

Vielleicht erkennen Sie sich in folgenden Beschreibungen wieder und können auf diese Weise zukünftig dieses Wissen nutzen, um bei Bedarf Ihre Lehrerrolle zu professionalisieren.

Aktivierte Schemata sind, wie oben schon angedeutet, im entsprechenden Theatergeschehen nicht mit dem Modus des gesunden Erwachsenen vereinbar, das heißt, beide Ich-Zustände klammern sich gewissermaßen selbst aus. Entweder ist ein Schema aktiv – und man denkt, fühlt und handelt eben schemagetrieben. Oder aber der gesunde Erwachsenenmodus steht gefühlsbefreit über der Beziehungsebene und nimmt das Geschehen rational wahr.

„Ach, sie hat es halt nicht einfach, das muss man doch verstehen!“

Wenn das Schema **Aufopferung/Fürsorge** vorliegt und häufig im Alltag getriggert wird, so empfindet die oder der Unterrichtende von Natur aus Interesse und Nachsicht in Bezug auf das Borderline geprägte Gegenüber. Unterrichtsstörungen werden unter Umständen großzügiger als bei anderen SuS übersehen, und zwar insbesondere bei Kenntnis einer entsprechenden Diagnose. Der Fokus liegt eventuell zu sehr auf der oder den Heranwachsenden.

Der Umgang ist geprägt von Empathie und Behutsamkeit, eigentlich eine gute Sache. Oft erkundigt man sich nach der aktuellen Stimmungslage und, je nach Kenntnisstand, nach Problemlagen, Therapieerfolgen, Wohnungswechseln usw. Der Kontakt trägt eine vertraute Note, mitunter fällt er zu eng aus. In Hinsicht auf das Konfliktmanagement kann sich die Sachlage extrem verkomplizieren. Problemlagen der Betreffenden, schulische wie private, werden nicht selten mental mit nach Hause genommen und dort weiter bearbeitet. Der Ehepartner freut sich.

„Sie ist eine sehr undisziplinierte Schülerin!"

Das Muster **Emotionale Gehemmtheit (Übertriebene Rationalität)** führt in mittelstarker und extremer Ausprägung meistens zu anders gelagerten Wahrnehmungen und Handlungsimpulsen. Die hiervon geleiteten Personen fühlen sich schon von dem grundemotionalen Wesen der Grenzgängerin gestört, weil es der eigenen hochgehaltenen Rationalität direkt zuwiderläuft. Natürlich kann aus diesem Grund schon das Äußere als aneckend empfunden werden (vgl. Kapitel 3.1.7). Negative Bewertungen sind dann meistens die Folge, sie können auch in die Beziehungsgestaltung miteinfließen. In diesen Fällen wird das natürlich von der Gegenseite direkt und unmissverständlich wahrgenommen und auf die eigene Person bezogen. Ein Teufelskreis entsteht dann oft.

Man kann in vielen Fällen feststellen, dass es gerade zwischen Lehrkräften mit dem dominanten Schema *Emotionale Gehemmtheit (Übertriebene Rationalität)* und Borderlinern auf der Beziehungsebene knarzt, gelinde gesagt. Vor dem Hintergrund des Themas *Konfliktmanagement* leuchtet schnell ein, dass derart gestrickte Lehrkräfte verdeckt und auch offen offensiv die Interaktionspartnerin angehen und dominieren möchten. Die oder der Professionelle nimmt des Weiteren viele Verhaltensweisen der Betreffenden als Unterrichtsstörungen wahr, die bei anderen Lehrkräften gar nicht als solche definiert werden.

„Die Schülerin wird mich noch kennenlernen!"

Eine Steigerung dieser problematischen Grundvoraussetzung in Bezug auf die Zusammenarbeit liegt in der Regel beim Muster **Bestrafungsneigung (Sanktionierungstendenz)** vor. Aus schemapädagogischer Sicht entsteht bei der Konstellation „Autoritäre Lehrkraft vs. Borderlinerin" (s. o.) ohnehin ein ganz besonderes destruktives Zusammenspiel. Die Lehrkraft befindet sich aufgrund ihres Schemas in (zu) vielen Unterrichtssituationen, die dieses Muster auslösen, im kritisierenden oder auch strafenden Elternmodus („Chantal, *hör jetzt auf zu schwätzen!*").

Sodann erfolgen Erinnerungen an die Schulordnung, pädagogische Ansagen, mitunter auch diskreditierende Phrasen. So eine Phase der Reglementierung kann natürlich auch in die Länge gezogen werden. Nun wird Folgendes von der Lehrkraft nicht gesehen: Die von ihr gezeigten Modi kennt die Grenzgängerin mitsamt den damit zusammenhängenden Kommunikationsmustern bestens; sie wurde mit diesen Persönlichkeitsanteilen bereits in ihrer Kindheit häufig vonseiten ihres sozialen Umfeldes konfrontiert (vgl. Kapitel 2.1).

Kurz gesagt, der aktivierte kritisierende bzw. strafende Elternmodus löst direkt Stress auf der Gegenseite aus (was die Lehrerseite wieder vielleicht als Grund für weitere pädagogische Maßnahmen aufgreift). Man muss sich an diesem Punkt aber klarmachen: Die Heranwachsende hat über Jahre hinweg entsprechende Bezugspersonen erlebt und schrittweise Coping-Strategien bzw. reaktionäre Strategien entworfen, erprobt und verfeinert, mit denen sie sich nunmehr zur Wehr setzen muss(!). – Sie kann gar nicht anders. Das Unheil nimmt dann oft seinen Lauf, und zwar in Form der Entstehung eines Teufelskreises. Die Lehrkraft registriert nicht, dass sie die Borderlinerin permanent triggert, die Heranwachsende überreagiert aus Unwissenheit. So bearbeiten sich nicht selten die beiden Parteien regelmäßig in zwanghafter Weise. Aus solchen Konstellationen heraus entsteht dann meistens der Eindruck, dass die Lehrkraft die Schülerin XY auf dem Kieker hat. Dummerweise bleiben die Gründe hierfür gewöhnlich auf der unbewussten Ebene stecken (beiderseits).

„Die Schülerin besticht durch Fleiß und Leistungsbereitschaft!"

Das Schema **Überhöhte Standards/Perfektionismus** hat (im Normbereich) nach meiner Erfahrung überwiegend positive Effekte im Umgang mit Grenzgängerinnen. Das mit Borderline in der Schule häufig einhergehende ausgeprägte Bedürfnis nach Erfolg und guten Noten (vgl. Kapitel 3.1.7) kann durch Lehrkräfte mit diesem Muster gefördert und unterstützt werden. Hierzu bedarf es aber unbedingt Empathie und Interesse an der Lebenswirklichkeit der Schülerin. Unter solchen Voraussetzungen kommt es vonseiten der Jugendlichen oder jungen Erwachsenen meistens zu Idealisierungstendenzen, die die Lern- und Leistungsbereitschaft unterstützen („Endlich mal eine strukturierte, professionelle Lehrkraft!"). Problematisch wird es dann lediglich im Falle des Versagens (aus der Wahrnehmung des Borderline-Parts). Sogleich werden dann negative Selbstzuschreibungen aktiviert, die gewöhnlich zu Konflikten bzw. depressiven Verstimmungen führen können („Ich kann gar nichts, ich bin saudumm!"). Fängt die oder der Professionelle in solchen Situationen das Gegenüber emotional-wohlwollend auf, so stabilisieren sich die Verhältnisse wieder.

„Irgendwie hat es die Schülerin immer wieder mit mir – es ist wie Himmel und Hölle!"

Lehrkräfte mit dem Muster **Anspruchshaltung/Grandiosität (Narzissmus)** werden von Borderlinern mit der Zeit entweder abgewertet („Arrogantes Arschloch!") oder idealisiert („Ein wunderbarer Mensch!"). Diese beiden Extreme können sich erfahrungsgemäß auch aufgrund der emotionalen Instabilität abwechseln! Dies macht den Umgang aus Sicht der „grandiosen" Lehrkraft mit Grenzgängern nicht einfach, wie man sich leicht vorstellen kann, da es gerade in dieser Angelegenheit Gelassenheit sowie innerer Stärke bedarf. Aber man hat auch nicht immer die passende Tagesform.

Es schadet grundsätzlich nicht, auf alle Phänomene des einen oder anderen Extrems gefasst zu sein. In den Phasen der Idealisierung arbeitet die Schülerin engagiert mit und ist leistungsorientiert. Sie möchte u. a. dem Pädagogen dadurch imponieren. In diesen Zeitspannen ist die pädagogische Beziehung positiv gefärbt. Herrschen hingegen Abwertungstendenzen vor, so ist potenziell alles, was die Lehrkraft anbietet, kommuniziert, einfordert usw. aus der Sicht der Grenzgängerin schlecht, unpassend, schlicht und einfach nicht in Ordnung. Falls die Schülerin dann noch die Lehrkraft diskreditiert, das heißt ihre Kompetenzen bzw. sie als Person anzweifelt, so kann auch in dieser Konstellation ein Teufelskreis entstehen.

„Ein sehr interessanter, aber eigentlich normaler Fall!"

Um die Frage: „Wie werde *ich* wahrgenommen?" dreht es sich bei Unterrichtenden, die das Schema **Streben nach Zustimmung und Anerkennung** extrem kultivieren. „Grandiose" Pädagogen (s. o.) erwünschen sich in dieser Konstellation die Bewunderung und Anerkennung von anderen, wohingegen Lehrkräfte, die von dem hier thematisierten Muster betroffen sind, vor allem emotionalen Gleichklang und kollektive Sympathie anregen und erleben möchten. Hierzu muss man sich wohl oder übel dem Gegenüber mehr oder weniger anpassen.

Schemagetrieben ist nichts unerwünschter als Konflikte, Reibungspunkte. Infolgedessen versucht der Erwachsene unter dem Einfluss des Musters, die Bedürfnisse der SuS bestmöglich vorauseilend zu erspüren und zu erfüllen. Tendenziell werden die Heranwachsenden hierdurch leistungsspezifisch entlastet, da man Diskussionen um Noten schlicht und einfach nicht mag. Viel wichtiger ist es, dass man sich als Person anerkannt, wertgeschätzt und sozial erwünscht fühlt.

Diese teilweise unrealistischen Erwartungen auf der Beziehungsebene führen *nolens volens* dazu, dass auch Borderliner mitsamt ihren potenziellen Stimmungsschwankungen, Krisen, Aussetzer usw. mit ins Boot geholt und als „normale" SuS angesehen und auch teilweise stur so wahrgenommen werden – *trotz* ihrer besonderen Auffälligkeiten.

Nach meiner Erfahrung kommt es gerade bei diesem Zusammenspiel der Persönlichkeiten irgendwann zur Überforderung der Lehrkraft. Es findet u. U. keine Konfrontation bei Fehlverhaltensweisen bzw. Unterrichtsstörungen statt, die von Borderlinern inszeniert werden. Das heißt, das Feld ist frei für diejenigen potenziellen Kandidatinnen, die sich in emotional-instabilen Phasen selbst inszenieren und den Klassenraum als Bühne nutzen möchten. Bekanntermaßen schafft es eine Schülerin mit mindestens mittelstark ausgeprägten Borderline-Facetten spielend, die Gruppe in Beschlag zu nehmen, zu spalten, einzuschüchtern usw.

An dieser Stelle muss entsprechend folgende Frage gestellt werden: Wie sollte es im Endstadium solcher Verhältnisse in einer betreffenden Klasse noch möglich sein, den Erziehungs- und Bildungsauftrag umzusetzen?

Problem Nr. 2: Beurteilungsfehler

Neben der beschriebenen potenziellen schemaspezifischen Problematik in Bezug auf die Personenwahrnehmung und deren möglichen Auswirkungen auf das soziale Miteinander müssen an dieser Stelle auch einige der im sozialpsychologischen Kontext (Dobelli 2014) bekannten Beurteilungsfehler benannt und kurz beschrieben werden. – Das ergibt Sinn.

Denn: Niemand ist *per se* frei von ihnen. Wenn man sie in die schemapädagogische Beobachtungsphase (vgl. Kapitel 4.3) miteinbezieht, das heißt kritisch im Auge behält, so führt dies auch automatisch zu einer fundierteren Schema- bzw. Modi-Diagnose in Bezug auf eine Borderlinerin in spe. Auf dieser Grundlage lässt sich auch der daran anschließende Beziehungsaufbau professionell(er) gestalten.

Ein sehr weit verbreiteter Beurteilungsfehler ist der sogenannte **Halo-Effekt.** Infolge dieser kognitiven Verzerrung schließt man bei der Personeneinschätzung von einem bekannten (sichtbaren) Merkmal eines Schülers irrationalerweise auf unbekannte Eigenschaften. Eine subjektiv-relevante Verbindung wird hergestellt. Infolgedessen werden dann meistens charakterspezifische Zusammenhänge konstruiert, die objektiv gesehen *gar nicht bestehen.*

Sind wir Lehrkräfte z.B. vom Äußeren eines Teenagers oder jungen Erwachsenen beeindruckt, weil es etwa unseren Idealvorstellungen entspricht, so kann sich eine Tendenz hin zu einer Überbewertung seiner Leistungen ergeben. Hier läge der Fehler in der unbewussten Anwendung folgender Formel: *Wer schön ist, der ist auch gut.*

Natürlich kann auch ein gegensätzlicher Zusammenhang im Falle von subjektiv-empfundenen aneckenden äußeren Merkmalen hergestellt werden („Wer gepierct ist, ist asozial und blöd!") – der dann auch wieder Folgen für den Heranwachsenden hat. In letztskizziertem Fall hat Schüler XY natürlich das Nachsehen.

Ein weiterer populärer Mechanismus ist bekannt unter dem Namen **Pygmalion-Effekt.** Im Rahmen dieses Geschehens beeinflusst eine Vorinformation über Schüler XY die Wahrnehmung und Einschätzung des Lehrers. Dieser Prozess ist uns Professionellen auch im Prinzip wohlbekannt, wenn wir ehrlich zu uns sind. Beispiel: Wir bekommen etwa im Rahmen der Eröffnungskonferenz in der letzten Ferienwoche verkündet, dass ein *ganz schwieriger Schüler* das Jahr wiederholt – und wir dürfen ihn im nächsten Jahr unterrichten. Mit dieser Information geht infolge des Pygmalion-Effekts gleichsam ein dadurch aktiviertes Gefühl einher, natürlich negativer Art. Noch mehr: Es wird eine kognitive Erwartungshaltung generiert, die dann am ersten Schultag mehr als nur eine sekundäre Rolle spielt („Verdammt, da sitzt der Problemfall, na, das kann ja heiter werden!"). Im schlechtesten Fall treten wir dann diesem Heranwachsenden vorauseilend so unsympathisch und voreingenommen gegenüber, sodass dieser im Anschluss(!) an dieses Auftreten fast schon gezwungenermaßen die zu erwartenden negativen Verhaltensweisen offenbart, genauer gesagt offenbaren *muss*. Auf diese Weise entstehen hausgemachte, das heißt selbst verursachte Probleme, und zwar nach dem bekannten Prinzip der Prophezeiung, die sich selbst erfüllt, weil sie die Lehrkraft unbewusst selbst inszeniert. Die Kurzformel dieses Beurteilungsfehlers lautet entsprechend: *Du bekommst genau das, was du am meisten befürchtest!*

Gerade diese kognitive Verzerrung kann Borderlinern den umgangssprachlichen Strick im Schulalltag drehen. Sie leisten dem Prozess unbewusst wie auch bewusst häufig Vorschub. Auf der anderen Seite sorgen die üblichen Ungereimtheiten im Umgang mit ihnen für eine kollektiv-ambivalente Wahrnehmung in der Lehrerschaft, die nicht gerade dafür sorgt, dass die Grenzgängerin die besten Karten ausgeteilt bekommt, sollte sie eine Klasse wiederholen müssen. Es gab schon Fälle, die ich erlebt habe, da hatte Schülerin XY bei der Ehrenrunde nicht mehr den Hauch einer Chance auf einen erfolgreichen Abschluss. Sie war aus Sicht des Lehrerteams im Voraus schon „nicht mehr tragbar". *Keine Chance.*

Die **unbewusste Projektion von eigenen Persönlichkeitsfacetten, die man am Interaktionspartner angeht bzw. attackiert**, möchte ich als dritten, im Lehreralltag durchaus relevanten Beurteilungsfehler hier platzieren. Dummerweise gestaltet sich der professionelle Umgang mit dieser Projektionsart etwas komplizierter. Der Zugang zur Thematik ist nämlich in der Regel scham- bzw. angstbesetzt. Nun muss weiter ausgeholt werden.

Da Borderliner bekanntermaßen starke Emotionen bei Lehrkräften auslösen können, wird schnell klar, dass auch abgespaltene, das heißt verdrängte Bewusstseinsinhalte auf Professionellenseite getriggert werden können. Wir sind ja auch nur Menschen mit unseren Schattenseiten. Das heißt, vielleicht erinnert die Grenzgängerin ihre Lehrkraft XY an eigene Mobbing-Opfer- bzw. -Täter-Erfahrungen o. Ä. Es kann erfahrungsgemäß des Weiteren auch sein, dass Schülerin XY sexuelle Impulse bei ihrem Gegenüber auslöst, die entsprechend zur Verunsicherung führen, ins Unbewusste verdrängt, aber infolge der innerpsychischen Relevanz permanent an der jungen Erwachsenen in auffallender Weise regelmäßig „gedeckelt" werden müssen (vgl. Kapitel 3.1.5) – nach dem Motto: „Unterlass jetzt endlich mal deine infantilen Anmachversuche!" Man bedenke: Die betreffende Schülerin unternimmt in solchen Fällen eventuell gar nichts in diese Richtung – hat aber das Label! Infolge dieses Beurteilungsfehlers inszeniert die Lehrkraft also ihr *eigenes* Thema mit ihrer Interaktionspartnerin, unterstellt ihr die *eigenen* Motive. Anders gesagt: Ihre eigenen Schattenseiten werden im Rahmen der hier beschriebenen Projektionsart psychosozial *real,* und sie konfrontiert das Gegenüber mit substanziell relevanten Angelegenheiten, *die lediglich sie selbst betreffen.* Dies führt zwar zu Entspannungsreaktionen auf Erwachsenenseite, weil der Konflikt nach außen verlagert und dort befriedet wird. Aber das Ganze ist natürlich sehr unprofessionell, weil primitiv, gelinde gesagt.

Ein Interaktions-Teufelskreis entsteht dennoch. Die Lehrkraft ist der Auffassung: „Die Schülerin provoziert mich, fordert mich heraus!" Im Umkehrschluss heißt es aus Sicht der Jugendlichen: „Der Lehrer XY hat mich auf dem Kieker – ich muss mich wehren, ich kann nicht anders!"

Nach meiner Einschätzung ist den meisten betroffenen Unterrichtenden dieser Mechanismus unbekannt. Daher sollte man sich damit auseinandersetzen. Man sollte sich auf jeden Fall ohnehin regelmäßig die Frage stellen: Was sagt die Empfindung gegenüber Schülerin XY über *mich* aus?

Der sogenannte **Ähnlichkeitsfehler** (Nr. 4) hingegen hat zur Abwechslung mal positive Auswirkungen auf den Umgang mit Borderlinern. Vor dem Hintergrund dieser Wahrnehmungstendenz entsteht auf beiden Seiten schrittweise Sympathie. Zuvor aber kommt die Lehrkraft zu dem Schluss, dass Schülerin XY Parallelen zur eigenen Persönlichkeitsstruktur aufweist. Grundlage dieser „Schlussfolgerung" können Äußerlichkeiten sein (Tattoos, Piercings, Modeschmack, vgl. Kapitel 1.3), für die man selbst ein Faible hat. Aber es ist auch denkbar, dass die temperamentvolle, gefühlsspezifische Art bzw. die Achterbahnfahrten-Mentalität der Borderlinerin die Lehrkraft an eigene entsprechende Lebensphasen erinnert. Es ist klar, dass hierfür auch Borderline-Anteile vorliegen müssen. Mir liegen leider keinerlei Daten über dieses Forschungsfeld vor, weshalb ich zwei Hypothesen in den Raum stellen möchte:

- Borderline ist ein Phänomen, das sich in allen Gesellschaftsschichten nachweisen lässt – weshalb auch tendenziell Lehrerinnen und Lehrer aller Schulformen in die Gesamtverteilung miteinbezogen werden können.
- Borderline-Tendenzen dürften eher bei (manchen) Lehrkräften nachweisbar sein, die in pädagogischen, pflegerischen, künstlerisch-kreativen und hauswirtschaftlichen Bildungsgängen eingesetzt sind.[6]

6 Die Basis für diese Hypothese ist der Befund von Bohus (2002), wonach Borderliner sich tendenziell von den erwähnten Berufsbildern angezogen fühlen. Deshalb liegt der Schluss nahe, dass auch Lehrkräfte mit Borderline-Facetten Neigungen haben, in solchen Bildungsgängen mit den entsprechenden Fächerkombinationen zu unterrichten.

Wie auch immer die Gründe für den Ähnlichkeitsfehler gelagert sind, er führt zu einem schnellen Aufbau von Beziehungskredit (vgl. Kapitel 4.5).

A

1. Die Inszenierung einer möglichst objektiven Beobachtungsphase wird sowohl durch schemabasierte Wahrnehmungen als auch durch einzelne Beurteilungsfehler sabotiert. Daher sollte die schemapädagogisch arbeitende Lehrkraft ihre eigenen Schemata (Download-Material 2) sowie ihre bevorzugten Beurteilungsfehler mitsamt den entsprechenden Auswirkungen kennen.
2. Die Auseinandersetzung mit Download-Material 3 hilft Ihnen bei der Reflexion über die Frage: „Wie nahm ich bisher auffällige SuS im Klassenraum wahr – und welche Schemata bzw. Beurteilungsfehler spielten da unbewusst eventuell eine Rolle?“ Wenn Sie auf der Grundlage Ihrer Ergebnisse zukünftig aufmerksam im Alltag sind, schärfen Sie gleichzeitig Ihren Blick für Schülerpersönlichkeiten, die vor Ihnen sitzen. Dies ist gleichzeitig wieder ein Zuwachs an Personalkompetenz und entspricht der Förderung der Professionalität.

4.4 Grundlagen einer qualitativ hochwertigen Beobachtungsphase

Allgemeines

Die Beobachtungsphase startet in der Regel direkt am ersten Schultag. Höchste Aufmerksamkeit und Professionalität sind dabei Pflicht. Die wichtigste Zeit – schemapädagogisch gesehen. Das erste Aufeinandertreffen entscheidet nämlich grundsätzlich darüber, mit welchen Erwartungen auf der Beziehungsebene uns die SuS in unserer Rolle als Klassenleitung zukünftig entgegentreten werden. Das Zünglein an der Waage ist hierbei unsere Erscheinung, Körpersprache und das (schemabasierte) Auftreten im Allgemeinen (Damm 2015; 2019b).

Es ist zwecks bestmöglicher Prävention von späteren Beziehungsstörungen angeraten, mit jeder(!) einzelnen Schülerin und jedem(!) einzelnen Schüler direkt, bewusst, selbstverständlich notwendigerweise zeitlich verstreut, einen mehrsekündigen Blickkontakt zu inszenieren, der mit einem möglichst freundlichen Gesichtsausdruck einhergehen sollte. Nach Roth & Strüber (2016) reicht ein derart geprägter Blickwechsel aus, um beim Erstkontakt die neuronalen Belohnungssysteme in den Gehirnen beider Interaktionspartner zu aktivieren. Das heißt Dopamin und Co. lassen grüßen. Diese Botenstoffe sorgen für wohlige und höchst angenehme Gefühle. Das Ganze ist gleichbedeutend mit einem optimalen Start auf der Beziehungsebene, der Weichen stellen kann. Weitere schemapädagogische Basics möchte ich im Folgenden ausführen.

Die Lehrkraft sollte sich in der Anfangszeit mental so oft wie möglich in der **Metaebene** verorten, anders gesagt im **Modus des gesunden Erwachsenen** (vgl. Kapitel 4.1). Nur in diesem schemabefreiten Ich-Anteil ist es möglich, viele Ersteindrücke über einzelne SuS objektiv zu registrieren und einzuordnen, das heißt in Zusammenhang mit zugrundeliegenden Persönlichkeitsmerkmalen zu bringen. Außerdem lässt man sich in diesem Modus nicht so einfach in eigene Schemata triggern – was ja von der Gegenseite (unbewusst) manchmal erwünscht ist. Die Zuhörerschaft will schlicht und einfach herausfinden, mit wem sie es zu tun hat (vgl. Kapitel 4.6).

Die Aufrechterhaltung der Metaebene ist nicht einfach. Das erfordert Übung. Klarer Fall. Es braucht Gelassenheit, Souveränität, aber auch ein Schemabewusstsein bezüglich der eigenen Person und eine entsprechende Konzentrationsfähigkeit, die gleichzeitig das Gegenüber ins Visier nimmt. Hierzu kann ich nur sagen: Übung macht den Meister!

Flankierend zur eben beschriebenen teilnehmenden Beobachtung im Klassenraum kann die oder der Professionelle didaktisch angepasste Fragebögen zu den inneren Anteilen der SuS erstellen, ausfüllen lassen und anschließend im 1:1-Setting oder mit der ganzen Klasse besprechen (s. beispielsweise Download-Material 4, erfahrungsgemäß passend ab Sek. 1). Leicht lassen sich durch diese Methode Selbsterkenntnisprozesse aufseiten der Schülerschaft anregen. Auf diese kann man sich später beziehen, wenn es um die Anregung von Klärungsphasen im Rahmen zwischenmenschlicher Konflikte geht (vgl. Kapitel 7).

Informationen über SuS sammeln, die in der Anfangszeit negativ-manipulativ in Erscheinung treten

Schwierige Fälle lassen nicht viel Zeit verstreichen, bis sie ihr beliebtes Motto „Lasset die Spiele beginnen" kultivieren. Alles andere wäre ihnen zu langweilig. Sie bringen ihre herausfordernden Interaktionsstrategien (vgl. Kapitel 4.1) sehr zeitnah in den Schulalltag ein und *wollen es einfach wissen,* wie man so sagt. *Klappt es mit den bekannten Maschen oder klappt es nicht?*

Gerade z. B. narzisstisch strukturierte SuS testen die Lehrkraft nach meiner Erfahrung schon am ersten Schultag (Damm 2019b). Sie möchten herausfinden, ob sich der Erwachsene manipulieren und letztlich vor der Gruppe vorführen und entsprechend dominieren und veralbern lässt. Von der Test- wird entsprechend schnell auf die Psychospiel-Ebene übergegangen, wenn man auf Lehrerseite nicht aufpasst und dem Initiator den Raum hierzu eröffnet (vgl. Kapitel 4.1). Später wird von diesem Thema ausführlich die Rede sein (vgl. Kapitel 4.6).

Aber natürlich werden Unterrichtsstörungen auch von SuS mit anders gelagerten Persönlichkeitsstilen und Motivationen inszeniert (Damm 2012). Folgende Fragestellungen sind in dieser Konstellation für die Lehrkraft hilfreich. Sie können in der Anfangsphase des Schuljahres wichtige Erkenntnisse zutage fördern:

- In welchen Unterrichtsituationen zeigt die oder der Heranwachsende störende Verhaltensweisen? In Inputphasen? Während Gruppenarbeiten? In Einzelarbeitsphasen? Bei welchen Themen? Was sagen die Äußerungen eventuell über vorhandene Schemata aus?
- Neben wem sitzt die oder der Aufmüpfige? Was sagt das über die Nachbarn tendenziell persönlichkeitsspezifisch aus? Sind das Trittbrettfahrer rechts und links? Wie sind die charakterlich getaktet? Usw.
- Löst ein bestimmter Schemamodus meinerseits einen speziellen Ich-Zustand auf der Gegenseite aus? Wenn ja, welchen? Korrelieren da eventuell spezifische Modi? Wenn ja: Kommt es regelmäßig zu typischen Kollusionen?

Möglicherweise liefern treffende Antworten Hinweise auf Ansatzpunkte, wie in Hinsicht auf die weiteren Verfahrensweisen allgemein methodisch vorgegangen werden kann (s. Kapitel 6.1).

Für den Fall, dass es sich bei den Beziehungsstörungen um eine möglicherweise persönliche Sache handeln sollte, lohnt es sich, zur genaueren Abklärung der Thematik die **Wahrnehmungen der anderen Lehrkräfte** im Team einzufordern. Kommen diese insgesamt zu gegensätzlichen Urteilen, sollte man den eigenen Anteil an der Konstellation genauer ins Auge fassen. Dieser ist dann nämlich in der Regel vorhanden, wenn auch zunächst unbewusst. Falls so gut wie alle im Team mit konfrontativen und/oder manipulativen Verhaltensweisen seitens des Schülers XY zu tun haben, so liegt erfahrungsgemäß eine sehr hohe Wahrscheinlichkeit vor, dass die Probleme nicht von der Lehrerschaft verursacht werden. Sie werden von der Gegenseite inszeniert, aus welchen Gründen auch immer. Wichtig ist dann, dass man sich kollektiv um den Fall methodisch kümmert und versucht, ihn in die Spur zu bringen.

Und die Borderliner?

Die eben skizzierte Konstellation („Alle im Team kommen zu ähnlichen Eindrücken über Schüler XY!") liegt *nicht* vor, wenn man SuS mit Borderline-Tendenzen vor sich sitzen hat. Gemeint sind hier vor allem die Grenzgängerinnen und Grenzgänger mit *extrovertierten* Eigenschaften, nicht die, die sich am Anfang des Schuljahres mithilfe von Introvertiertheit unsichtbar machen (vgl. Kapitel 1.3).

Aufgrund ihrer innerpsychischen Struktur (extrovertierte Borderliner), die von Ambivalenzen geradezu geprägt ist, ist es meistens so, dass manche der eingesetzten Erwachsenen in der Lehrerschaft zu *sehr* positiven Eindrücken kommen und vor allem das Potenzial des Gegenübers sehen, sei es im kreativ-künstlerischen, musischen, literarischen bzw. sozialen Bereich. Es liegt nach meiner Ansicht in der Verantwortung der Klassenleitung, die positiven wie möglicherweise negativen Rückmeldungen von den Kollegen einzufordern, wenn sie zu dem vorsichtigen Schluss kommt, dass da eine Jugendliche in ihrer Gruppe Borderline-Persönlichkeitsfacetten zeigt (vgl. den nächsten Aspekt).

Gerade die beiden Tendenzen *Idealisierung* und *Abwertung* gilt es diesbezüglich zu berücksichtigten. Methodisch ist vorstellbar, dass man in Hinsicht auf diese beiden Auffälligkeiten einen entsprechenden Fragebogen von den anderen Professionellen ausfüllen lässt und dann für sich selbst auswertet (s. Download-Material 5).

Gegenübertragung als Kompass

Aber natürlich sollte auch die eigene Wahrnehmung in der Diagnostikphase nicht und niemals in den Hintergrund treten. Im Prinzip ein Drahtseilakt. Welche Perspektive nimmt man ein? Die subjektiv-konstruktivistische oder die systemische? Auch wieder eine Aufgabe für sich, die aber für psychologisch Interessierte ihren Reiz hat. Wie schon ausführlich in Kapitel 3.1 dargelegt, lösen Borderliner möglicherweise unsere eigenen biografischen Selbst- und Fremdwahrnehmungsmuster (Schemata) aus. Kommt es infolgedessen zur gefühlsspezifischen Aktivierung von starker Empathie, Anti- oder auch Sympathie, braucht es im Schulalltag höchste Aufmerksamkeit! In solchen Fällen ist angeraten, möglichst schnell in den persönlichen Austausch mit der oder dem Heranwachsenden zu treten, um nähere Informationen über die Schemata und Modi zu erfahren (vgl. Kapitel 6.2).

Wir sind keine Psychotherapeuten! Arbeitshypothesen vs. Diagnosen?

Es sollte immer mal wieder betont werden: Wir Lehrkräfte besitzen nicht die Kompetenz bzw. Expertise, um eine *ärztliche Diagnose* von Borderline auch nur ansatzweise kreieren zu können (Breil & Sachse 2018; Rauchfleisch 2019; Heedt 2019). Dazu darf man sich auch nicht hinreißen lassen. Die Gefahr kann irgendwann entstehen. Das liegt einfach in der Natur der Sache.

Ich finde, ganz allgemein, dass wir Lehrkräfte dennoch einen gewissen Mut zur Entdeckung von Borderline-*Tendenzen* aufbringen sollten. Wir können in unseren Grenzen offen sein für dieses Thema, Neigungen von SuS registrieren, Meinungen von anderen Lehrkräften dabei miteinbeziehen usw. Selbstverständlich kann und wird auch der persönliche Austausch mit dem betreffenden Gegenüber immer wieder für einige Aha-Momente und Erkenntnisprozesse sorgen, wenn man auf der richtigen Fährte ist. Auseinandersetzen müssen wir uns mit dem Bild ohnehin – wenn es uns *in persona* gegenübersitzt.

Solange man folgende Prämisse im Hinterkopf behält, sehe ich gar kein Problem: Man kann sich immer irren! Es sei denn, das Gegenüber kommuniziert die ärztliche Diagnose aufgrund eines guten Verhältnisses zur Lehrkraft selbst – oder aber man bekommt den unmissverständlichen Hinweis (von den Eltern, vom medizinischen Dienst, zuständigen Psychologen usw.). Hat man dann die entsprechende Gewissheit, dann generiert dies den positiven Effekt, dass man mit der betreffenden Person zielorientierter zusammenarbeiten kann. Die Karten sind dann auf dem Tisch.

Ohnehin kann man nach meiner Erfahrung nichts falsch machen – unter gewissen Voraussetzungen (Vorsicht, Respekt, Rücksichtnahme, Toleranz).

i

In der Beobachtungsphase können viele Erkenntnisse über SuS mit Borderline-Tendenzen gewonnen werden. Auf mögliche Beurteilungsfehler, die dem Prozess zuwiderlaufen, wurde schon hingewiesen. Man sollte sie einfach bei den Reflexionen, auch im Team, im Hinterkopf behalten. Von vorschnellen Hobbydiagnosen á la „Klarer Fall: Borderlinerin“ ist dringend abzuraten. Das ganze Prozedere braucht Zeit. Temporäre Arbeitshypothesen sollten dennoch bei Bedarf erfolgen, und zwar unbedingt unter Miteinbezug anderer Lehrkräfte. Hierzu kann der oben schon erwähnte Beobachtungsfragebogen eingesetzt werden (Download-Material 5). Falls dieser nicht genau auf Ihren Bildungsgang passt, das heißt nicht altersgemäß formuliert ist, reduzieren bzw. steigern Sie ihn didaktisch. Darin sehe ich kein Problem. Wir Schulpraktiker betreten mit dem vorliegenden Buchprojekt eh Neuland und können uns diesbezüglich etwas aus dem Fenster lehnen, also uns ausprobieren.

4.5 Komplementäre Beziehungsgestaltung

Parallel zur Beobachtungsphase sollte bereits ab dem ersten Schultag ein konstruktiver Beziehungsaufbau mit den SuS inszeniert werden („komplementär" bedeutet, dass man die gerade aktuellen Bedürfnisse des Interaktionspartners durchschnittlich aktiv befriedigt).

Auf die große Bedeutung der Lehrer-Schüler-Beziehung in Hinsicht auf die Umsetzung des Erziehungs- und Bildungsauftrages kann gar nicht oft genug hingewiesen werden (vgl. Hattie & Zierer 2017). Diese Sachlage, das heißt die Relevanz der Beziehungsqualität, gilt aber auch für alle anderen Bereiche, in denen Menschen miteinander zu tun haben (Bauer 2013). Beruflich wie auch privat.

Die Qualität der sozialen Interaktionen hängt maßgeblich von den Gefühlen ab, die dabei in der Regel eher unbewusst mitschwingen (LeDoux 2001). Warum das so ist, liegt daran, dass unsere Psyche vor allem emotional aufgebaut ist (Nuber 2012). Dieses evolutionäre Erbe tragen wir zeitlebens mit uns herum (Buss 2017). Die Macht der Gefühle ist groß – auch im Klassenraum. An anderer Stelle heißt es daher (Damm 2019a, S. 223): „Beziehungen sind im Schulalltag nicht alles. Aber ohne Beziehung ist alles im Schulalltag nichts. Menschen brauchen Beziehungen, auch bzw. gerade im Praxisfeld Schule."

Professionell inszenierte Selbstoffenbarung

Zu einem positiven Beziehungsaufbau trägt erfahrungsgemäß ein authentisches Auftreten sowie eine ordentliche Portion Selbstoffenbarung bei. Inwieweit und in welcher Art diese inszeniert wird, hängt maßgeblich von den vorhandenen Schemata der Lehrkraft und deren Ausprägung ab. Das Muster **Aufopferung/Fürsorge** etwa sorgt naturgemäß ganz allgemein für ein großzügiges Entgegenkommen auf der Beziehungsebene und ausgeprägtes Interesse an der Lebenswelt der SuS, wohingegen das aktivierte Schema **Emotionale Kontrolle (Übertriebene Rationalität)** in der Regel für ein eher zurückhaltendes und distanziertes Auftreten verantwortlich ist. In starker Ausprägung provoziert das erstgenannte Muster aber zu viel Offenheit (O-Ton einer Kollegin am ersten Schultag: „... als ich dann vor fünf Jahren eine Therapie machen musste – da hat mir die Schule doch sehr gefehlt!"). Das letztgenannte Schema generiert im Extremfall sogar sadistische Impulse und einen entsprechend offensiv-verletzenden Umgang mit den SuS (O-Ton eines Kollegen: „40 Prozent der Anwesenden werden die Klasse nicht erfolgreich abschließen! Da können Sie mir vertrauen! Bei Bedarf helfe ich auch gern nach!").Wie man leicht sieht, braucht es insbesondere in Hinsicht auf die Kennenlernphase ein fundiertes Wissen über die eigenen Schemata und deren Ausprägungsformen, da sie die interpersonelle Gestaltung des Schuljahresbeginns maßgeblich bestimmen.

Nach meiner Erfahrung kann ein Mittelweg zwischen Nähe und Distanz empfohlen werden. Die SuS dürfen sicherlich erfahren, welche Hobbys ich habe, ob ich verheiratet bin und Kinder erziehe; lapidar gesagt, *dass ich auch nur ein normaler Mensch bin.* Sollten Freizeitbeschäftigungen den Charakter des Außergewöhnlichen haben, dann ist die Auskunft hierüber auch kein Problem, sondern (im Gegenteil) sogar häufig ein guter Anlass zu einem weiteren persönlichen Austausch, der dem Beziehungsaufbau dienlich ist. Abzuraten ist am Schuljahresanfang von der Thematisierung von Krankheiten, Scheidungen, biografischen Brüchen usw. Sehen die Jugendlichen bzw. jungen Erwachsenen Parallelen zur eigenen Lebenswirklichkeit, so kann diese Tatsache schon zu positiven Beurteilungen ihrerseits führen.

A

1. Sichten Sie abermals das Download-Material 1. Die hierin erwähnten Phänomene können, je öfter sie auf eine Person zutreffen, auf ein Bedürfnis hindeuten, sich selbst physisch und psychisch zu spüren, stimulieren zu wollen. Sie werden sicherlich auf einige oder mehrere Punkte aufmerksam, mit denen Sie sich anfreunden können, etwa: Vorliebe für scharfe Gewürze, Faible für Extremsportarten usw.
2. Es kann sinnvoll sein, die erkannten Vorlieben aus den Borderline-Items den SuS zu Schuljahresbeginn zu kommunizieren, etwa wenn sich die Lehrkraft persönlich vorstellt. Natürlich wählt der Erwachsene nach den Kriterien des gesunden Menschenverstandes aus, welche Items er vermittelt. SuS, die sich hiervon angesprochen fühlen, werden entsprechend positiv reagieren und etwa Gemeinsamkeiten später ansprechen.

Grenzen setzen

Aber es reicht natürlich in der Kennenlernphase nicht aus, ausschließlich Wert auf einen authentischen und freundlichen Ersteindruck zu legen. Tatsächlich sitzen auch Heranwachsende vor uns, die aufgrund ihrer Persönlichkeitsstruktur Grenzen austesten bzw. auch *sehr* strukturierte psychosoziale Verhältnisse im Klassenraum geradezu einfordern – insbesondere übrigens Charaktere mit Borderline-Facetten.

Im Rahmen der Besprechung der Klassenregeln beispielsweise sollten daher – eigentlich überflüssig zu erwähnen – klare und eindeutig formulierte Erwartungen und auch die pädagogischen Konsequenzen im Falle von entsprechenden Überschreitungen kommuniziert werden. (Man kann diese „Gebote" auch von den SuS erarbeiten lassen, sie kommen erfahrungsgemäß immer wieder auf *dieselben* Regeln.) Es ist fundamental wichtig, dass man sich an seine Ansagen in Bezug auf Konsequenzen zeitnah halten muss, sonst wird man irgendwann nicht mehr ernst genommen. Bei einer solchen Konstellation wird auch die Lehrerprofessionalität in Mitleidenschaft gezogen.

Nun haben Borderliner bekanntlich in den häufigsten Fällen sehr stark ausgeprägte soziale Kompetenzen. Diese werden unter gewissen Voraussetzungen auch eingesetzt, und zwar in Perfektion. Wenn Lehrkräfte in der Anfangszeit nicht aufpassen und sich vorschnell emotional positiv durch verschiedene Tests, Images und Psychospiele (Kapitel 4.1) triggern lassen, so verwischen möglicherweise die Grenzen hinsichtlich des Classroom Managements, die man zuvor für alle festgelegt hat.

Beziehungsfalle Symbiose

Aktivieren Borderliner Idealisierungstendenzen, so erscheinen sie hochgradig motiviert, eine besonders vorteilhafte Beziehungsqualität mit Lehrkraft XY zu generieren. Auf diesen Punkt muss noch einmal explizit beim Thema *Beziehungsaufbau* hingewiesen werden. Wie in Kapitel 3.2.2 schon ausgeführt, steigt die Wahrscheinlichkeit diesbezüglich, wenn die oder der Unterrichtende selbst Borderline- oder auch narzisstische Persönlichkeitsanteile hat. Aber auch Lehrkräfte mit dem Schema *Aufopferung/Fürsorge* sind mögliche Auslöser für Verschmelzungsfantasien. Es gibt dessen ungeachtet ganz lapidare Gründe für dieses Phänomen, etwa wenn man die Heranwachsende XY „nur" an eine Bezugsperson unbewusst erinnert, mit der sie symbiotische Erfahrungen gemacht hat.

Typische Begleiterscheinungen von Idealisierungen sind nach Lohmer (2013, S. 15): (a) verführerisches bis einnehmendes Verhalten und (b) Besorgnis oder Zuneigung erregendes Auftreten.

Was man sich, neben seinen eigenen Schemata und Modi, stets vor Augen halten muss: Die Lehrkraft wird vor dem Hintergrund des Geschehens nicht als eigenständige (andere) Person mit eigenen Wünschen und Bedürfnissen gesehen, sondern gewissermaßen als Teilobjekt der Initiatorin.

Woran merkt man, dass sich eine Symbiose ankündigt bzw. schon entwickelt hat? Das ist für Laien oft nicht leicht zu bestimmen. Hier einige Phänomene, die Lehrkräfte im Hinterkopf behalten sollten. Die Alarmglocken dürfen läuten, wenn

- man sich irgendwann scheinbar wortlos im Klassenraum und/oder in den Pausen versteht;
- oft in Fragen zu Unterrichts- oder auch privaten Angelegenheiten übereinstimmt;
- im Allgemeinen häufig im Austausch steht (u. a. auch in sozialen Netzwerken);
- eisern zusammensteht gegen „böse" Kolleginnen und Kollegen.

Etabliert sich eine ausgeprägte Symbiose, was nach meiner Meinung wahrscheinlich aber eher selten ist, so ist es zwar um die pädagogische Beziehung gut bestellt – und Unterrichtsstörungen werden dadurch so gut wie unterbunden. Auf der anderen Seite muss man sich mal in die Außenstehenden hineinversetzen, die das Ganze selbstredend mitbekommen! Dass die Mitschüler oder auch die Kollegen das Phänomen irgendwann doch als sehr irritierend empfinden, sollte sich von selbst verstehen.

4.6 Kompetenter Umgang mit Interaktionsstrategien

Allgemeines

Es gilt nach wie vor das Axiom: SuS haben Bedürfnisse – *auch* im Klassenraum –, die sie u. a. schemagetrieben anmelden und einfordern, an die Adresse der Lehrkraft gerichtet. Diese Tatsache kann gar nicht oft genug wiederholt werden (Damm 2010). Wenn ich in Schemapädagogik®-Seminaren und auch -Weiterbildungen mit den Teilnehmerinnen und Teilnehmern zu diesem Thema komme und dann Fälle aus der Praxis schemapädagogisch reflektieren lasse, so wird meistens Folgendes aus Sicht des Erzählers festgestellt: Die oder der problematische Jugendliche möchte von mir eigentlich nur *wahrgenommen* werden. Er sendet mir im Prinzip Appelle, nur eben auf eine herausfordernde Art und Weise! – *Er oder sie kann gar nicht anders.*

Sop,viel zu der einen Erkenntnis, die schon sehr viel in Hinsicht auf den zukünftigen Umgang bewirken kann. In der Regel wird am Ende der Fall-Präsentationen dann allen anwesenden Praktikerinnen und Praktikern klar, dass wir in einem Boot sitzen und uns um solche SuS kümmern *sollen!* Und es werden immer mehr ...

Ein solcher Aha-Moment überrascht dann die Gruppe schon („Ach, bei deinem Fall steckt ja dasselbe Bedürfnis dahinter wie bei meinem!").

Noch einmal: Interaktionsstrategien – typische Images, Tests, Psychospiele, Appelle

Kommuniziert werden solche Bedürfnisse bzw. zwischenmenschlichen Motive wie Anerkennung, Aufmerksamkeit, Zuneigung erfahren usw. im Klassenraum gewöhnlich nicht authentisch, wie eben schon angedeutet, sondern strategisch. Images, Tests usw. sind in biografische Erfahrungen eingebettet, das heißt in Auseinandersetzung mit der sozialen Umwelt entstanden. Sie wurden schon in der frühen Kindheit perfektioniert und zeigen sich nunmehr als wirksame Taktiken, die aber im aktuellen Kontext meistens soziale Kosten verursachen, oder einfach gesagt, die Lehrkraft und die beteiligten SuS *extrinsisch* zu Reaktionen zwingen, die freiwillig wahrscheinlich gar nicht praktiziert werden würden (vgl. Kapitel 4.1).

Und die Borderliner?

Nach meiner Erfahrung nutzen vor allem extrovertierte Grenzgänger die Anfangsphase im Schuljahr zum Austesten. Sie kommunizieren zahlreiche Images und Tests, um ihre positiven bzw. negativen Beziehungserwartungen an Lehrkraft XY heranzutragen, die sie schon am ersten Schultag generieren. Mit den daraus gewonnenen Erkenntnissen werden daraufhin typische Psychospiele praktiziert (vgl. Damm 2019b, S. 38f.). Führen Interaktionsstrategien insgesamt zu Erfolgen, so entstehen im Rahmen der Gegenübertragung (vgl. Kapitel 3.2 ff.) rasch entsprechende Handlungsimpulse auf Lehrerseite (Stichwort: projektive Identifizierung). Diese gehen potenziell in zwei verschiedene Richtungen: 1. Die Lehrkraft empfindet schrittweise Sympathie und möchte einen förderlichen Kontakt erleben; 2. Die oder der Erwachsene geht auf Abstand – Antipathie schwingt dabei mit.

Positive Images von Borderlinern können so klingen (O-Töne):
- „Ich heiße Maria, und ich denke, dass Sie ein guter Lehrer sind!"
- „Ich möchte hier einen 1er-Abschluss erreichen!"
- „Ich arbeite ehrenamtlich bei der Tafel und gebe Essen an Hilfsbedürftige aus!"
- „Ich liebe Hunde und Katzen!"
- „Ich werde hier mein Bestes geben – und das ist einiges, das kann ich Ihnen versprechen!"

Negative Images stehen den positiven konträr gegenüber (O-Töne):
- „Ich bin im Laufe meiner Schullaufbahn immer mal wieder mit Lehrern aneinandergeraten, die anfangs denselben Eindruck auf mich gemacht haben wie Sie jetzt!"
- „Ich finde, Sie reden zu viel!"
- „Ich denke, Sie schlagen einen viel zu kumpelhaften Ton an!"
- „Ich hatte mir für den ersten Schultag mehr Informationen erwartet, das war für mich viel zu dünn! Das muss besser werden!"
- „Ich finde, dass Ihr Unterricht auf den ersten Blick viel zu wenig Niveau hat!"

Wenn Ihnen positive Images wie die oben genannten oder ähnliche kommuniziert werden, so können Sie davon ausgehen, dass auf der Gegenseite sympathische Tendenzen vorherrschen. Betrachten Sie die Aussagen als dankbare Beziehungsangebote. Auf diese können Sie gut dosiert und mit der gebotenen Professionalität eingehen.
Die negativen Images können direkt im Anschluss an den ersten oder zweiten Schultag bzw. in der nächsten Pause thematisiert werden, um die „Beziehung" zu klären. (Auf Diskussionen innerhalb des Unterrichts kann man getrost verzichten, darauf ist die Image-Senderin bestens vorbereitet.) Bei der Beziehungsklärung sollten die Aussagen der Schülerin noch einmal zur Sprache kommen, und zwar mit dem Hinweis: „Ich glaube, dahinter steckt so ein bisschen das Bedürfnis nach Abgrenzung, was meinst du?" Vielleicht ergibt sich daraufhin ein fruchtbarer Austausch, vielleicht auch nicht. Falls nicht, greift man das Thema zu einem anderen Zeitpunkt noch einmal auf – schließlich ist ja mindestens noch ein ganzes Schuljahr Zeit.

Tests dienen meistens einem anderen Zweck. Sie sollen der Initiatorin schnell Gewissheit darüber verschaffen, ob sich die Lehrkraft steuern und für eigene Bedürfnisse einspannen lässt. (Das ist nicht wertend gemeint.) Manche Tests können sehr verführerisch sein. Sie fühlen sich angenehm an, weil sie auf Lehrerseite zwischenmenschliche Motive wie Wertschätzung, Anerkennung und Zuneigung bedienen (für diese sind wir Erwachsene ja auch im Praxisfeld offen, wir sind ja auch nur Menschen). Einige Beispiele:

- „Sie erinnern mich an meinen Lieblingslehrer, den ich im letzten Schuljahr hatte!"
- „Sie lassen mich an meinen Exfreund/Vater/Onkel denken!"
- „Kennen Sie sich mit Psychologie aus?"
- „Ich habe da ein Problem, über das ich mit Ihnen gern nach dem Unterricht sprechen möchte!"
- „Über das Thema XY würde ich gern mehr erfahren! Sie sind ja Experte darin. Okay?"
- „Gibt es eine Möglichkeit, Sie auch außerhalb des Unterrichts zu erreichen, mit diesen (jenen) Unterrichtsinhalten würde ich mich gern intensiver auseinandersetzen!"

Natürlich sind solche Phrasen wiederum Beziehungsangebote, ähnlich wie dies auch bei den oben erwähnten positiven Images der Fall ist. Sie können einen doch sehr eindeutigen Charakter haben, worauf die Lehrkraft dann bestenfalls mit einem gesunden Verhältnis zwischen Nähe und Distanz kurz eingeht (einfach ausprobieren).

Aber es gibt auf der Testebene auch wahre Prüfsteine, die direkt zu einer Schemaaktivierung führen (womit dann die Gefahr einhergeht, in einen emotionalen Sog zu geraten). Dabei handelt es sich um sogenannte Beziehungstests (Breil & Sachse 2018). Sie provozieren direkt das Schema *Aufopferung/Fürsorge* und somit entsprechende Handlungsimpulse. Es gibt manchmal kein Entrinnen. Dann gilt das Axiom: Man kann nicht nicht reagieren! Auch zu diesem Thema einige O-Töne:

- „Können Sie mir einen guten Therapeuten empfehlen, ich habe das Gefühl, ich tue meinen Mitmenschen nicht gut!"
- „Ich habe heute einen Termin bei meinem Seelenklempner, aber ich werde nicht hingehen, das weiß ich jetzt schon!"
- „Können Sie mir einen Tipp geben, ich habe derzeit mit meinem Freund Stress und war letzte Woche deswegen im Krankenhaus!"
- „Schauen Sie nicht so! Ja, ich weine, na und? Es ist nicht so schlimm, wie es aussieht!"
- „Ja, ich weiß, da läuft gerade Blut auf den Boden [rhetorische Pause]! Na und?"

- „Sieht man, dass ich ein blaues Auge habe, ich habe heute Morgen doch so viel Zeit im Bad verbracht!"

Hinter solchen Tests kann unbewusst(!) folgende Frage stehen: Steht mir die Lehrkraft auch jetzt noch loyal gegenüber, bleibt sie da, kümmert sie sich um mich?

Beziehungstests können aber auch sehr extrovertiert und theatralisch inszeniert werden, sowohl im 1:1-Setting als auch vor der gesamten Klasse. In der Form kann das Stressniveau auf Lehrerseite von jetzt auf gleich extrem ansteigen, je nach Persönlichkeitsstruktur aller Beteiligten. Wie kann man sich das vorstellen? Drei Beispiele:
- Die Schülerin schaut im Unterricht aufs Handy, verliert aus heiterem Himmel die Fassung, bricht in Tränen aus und stakst mit einem Aufschrei aus dem Saal.
- Nach 10 Minuten in der ersten Stunde geht die Tür einen Spalt auf und ein tränenüberströmtes Gesicht linst hinein (es ist eine Schülerin aus der Klasse). Dann schließt sich die Tür wieder.
- Die Schülerin fängt in einem Vieraugengespräch ohne ersichtlichen Grund an zu heulen.

i

Sobald härtere Tests bzw. Beziehungstests mit einem höheren Belastungsniveau (aus der Sicht der jeweils betroffenen Lehrkraft) kommuniziert werden, gerät man in Handlungsdruck. Was kann man dann tun? Empfohlen wird auf jeden Fall, eine gewisse emotionale Distanz herzustellen. Die Kunst besteht dann darin, sich nicht gefühlsspezifisch zu stark triggern zu lassen. Einfacher gesagt als getan, sicher. Man könnte zur kognitiven Unterstützung konkret folgende Einstellung parat haben: „Ich schaue mir das Ganze jetzt mal von oben an – so wie dies ein Regisseur bei der Aufführung eines Theaterstückes tut."
Wie gesagt, es gibt bezüglich der Aufrechterhaltung des Modus des gesunden Erwachsenen keine Zauberformel. Innerliches Zurücktreten ist hierzu die Grundvoraussetzung. Bewusstmachen kann man sich in brenzligen Situationen auch, dass der Interaktionspartner die aktuelle Sachlage schon zigmal in der Vergangenheit inszeniert hat, und zwar mit anderen Lehrkräften. Nun ist man eben selbst mal an der Reihe – und muss reagieren. Empfohlen werden die sogenannten zirkulären Fragen (s. u.).

B

Appelle in Extremo!
„Wir kennen uns nicht – aber ich sehe eins glasklar: Sie sind ein Helfertyp! BITTE TUN SIE WAS!!!"

Am zweiten Schultag passiert es. Loredana flippte vor meinen Augen komplett aus. Neuland für mich. In Hinsicht auf meine Deeskalationsfähigkeiten war ich damals noch am anderen Ende meiner aktuellen Fachkompetenz. Wir schreiben das Jahr 2006. Fachschule für Erzieher. Die 20-jährige Schülerin passte mich in der Pause ab. „Ist Herr Damm hier?! BITTE!", rief sie ins Lehrerzimmer, nachdem ihr lautes Klopfen erhört wurde. Ich ging durch die Tür und hatte schon beim ersten Blickkontakt ein schlechtes Gefühl. Loredanas Gesicht sah schockverzerrt aus, irgendwie verschoben.
Auf dem Flur draußen ging es dann richtig los! Ich war sprachlos, ehrlich gesagt. Sie hämmerte ihre Wortkaskaden raus. Sie offenbarte in einem weinerlich schrillen Ton: „Ich kann nicht mehr! Ich komme nicht mehr mit dem Druck zurecht! Sie müssen mir helfen, Sie werden mir helfen! Ich sehe, dass Sie mir helfen werden! Ich brauche einen Aus-Knopf!" Es ging dann weiter mit der dramatischen Schilderung von Missbrauchserfahrungen in der Familie, Gewalt in der aktuellen Beziehung, um Drogenmissbrauch usw. Ich hörte mir wirklich alles geduldig an und war dabei sehr betroffen. Das muss ich zugeben.
Rückblickend ordne ich das Ganze so ein, dass mein Fürsorgeschema durch die emotionalerdrückenden Schilderungen extrem getriggert und infolgedessen eine gefühlte Ohnmacht bzw. Schockstarre ausgelöst wurde. Ich war regelrecht hilflos und stammelte zwischendurch was von Hilfsangeboten, die man ins Feld führen könnte. Das waren aber nur Tropfen auf den heißen Stein. Nach diesem denkwürdigen Tag musste ich mich regelmäßig mit der Schülerin auseinandersetzen – ich fühlte mich allenfalls für sie verantwortlich. Stichwort: Beziehungsfalle Symbiose.

Zirkuläre Fragen einbauen, um den Perspektivwechsel zu provozieren!

Es gibt hochwirksame Gesprächstechniken aus der Schatztruhe der Systemischen Pädagogik (Patrzek & Scholer 2018), die Lehrkräften in herausfordernden oder festgefahrenen Situationen dabei helfen können, den Spieß umzudrehen, sich entsprechend freizumachen und gleichzeitig beim Interaktionspartner Selbsterkenntnisprozesse anzustoßen und Ressourcen zur Selbstklärung zu aktivieren. Ohne diesen kleinen Kraftakt bleibt man unter Umständen in seinem Fürsorgeschema stecken oder aber geht infolge fehlender neuronaler Aktivierung dieses Musters aus der Unterhaltung unreflektiert raus und hinterlässt eine im Nachhinein ratlose Grenzgängerin. Das bringt natürlich auch nichts, im Gegenteil. Die nächste Triggersituation folgt auf den Fuß! Sodann steht man wieder vor demselben oder einem ähnlichen Problem. Ein Teufelskreis, der sich selbst zementiert und permanent Zeit und Energie im Schuljahr rauben kann. Das muss nicht sein!

Mithilfe von zirkulären Fragen hingegen übernimmt die Lehrkraft das Ruder und inszeniert gleichzeitig eine Art Selbstcoaching für das Gegenüber.

Sie greift hierzu zunächst wertschätzend in den modusgetriebenen Monolog der Schülerin ein, unterbricht dadurch gleichzeitig die Schemaaktivierung und fördert so im 2. Schritt den Modus des gesunden Erwachsenen.

Die nachfolgenden Methoden lassen sich auch leicht in den normalen Unterrichtsalltag einbetten, um kleinere bis mittelschwere Unterrichtsstörungen innerhalb kürzester Zeit aufzulösen. Das klappt meistens. Einfach ausprobieren!

Wer zirkuläre Fragen stellt, wenn es sprichwörtlich brennt, der ist schnell aus der Schusslinie, spielt den Ball zurück und lässt das Problem dort, wo es meistens verortet ist: beim Interaktionspartner.

Zirkulär bedeutet in diesem Fall ganz allgemein, dass der Erwachsene Informationen über die Wirklichkeitskonstruktionen der Schülerin gewinnt. Die Interaktionspartnerin erfährt durch die Spiegelungen und Interventionen des Weiteren mehr über sich selbst. Dieses Geschehen bringt den Vorteil mit sich, dass man auf Augenhöhe Klärungsprozesse anregt. Die Borderlinerin soll während des Verlaufs letztlich selbst Lösungen für ihre Probleme entwerfen, die für sie realistisch und zielführend sind, und sie dann natürlich auch schrittweise umsetzen.

Noch einmal: Zirkuläre Fragestellungen bringen mehr Realität in die Situation und beseitigen allmählich die an dem jeweiligen Konflikt beteiligten schemabasierten Wahrnehmungsverzerrungen, die ja auf der Gegenseite so gut wie immer vorliegen.

Die eigentlichen Bedürfnisse werden der Initiatorin bewusster, weil sie in der Regel partnerschaftlich infrage gestellt und mithilfe der Lehrkraft neu kalibriert werden können. Ziel dieser Methoden ist außerdem die Förderung der Selbstwirksamkeit der Schülerin. Sobald sie später wieder in ähnliche Situationen gerät, wird das anders laufen *müssen*. Klar.

Nun wird es konkret: Zu Beginn des zu erwartenden Disputs kann – nachdem die Lehrkraft sich einige Momente das jeweilige Dilemma von Schülerin XY aktiv angehört hat – einleitend diese Frage gestellt werden: **„Was genau würde deine Lage jetzt konkret verbessern?“** Erfahrungsgemäß gerät dann die Gesprächspartnerin kurz ins Stocken. Sie muss ja von jetzt auf gleich *über sich selbst* reflektieren, das heißt den seelischen Schwerpunkt, der ja zuvor großzügig nach außen verlegt wurde, wieder entsprechend zurücknehmen und sich selbst in den Blick nehmen.

Bezug zum Fallbeispiel: „Loredana, was würde dir jetzt helfen? – Sodass du weniger Stress hast!“

Die Borderlinerin ist nun an der Reihe. Sie ist gezwungenermaßen mehr bei sich, es sei denn, die emotionale Aktivierung ist zu stark. Wenn dem so ist, dann wird die Lehrkraft wieder wahrnehmungsverzerrt in die Verantwortung genommen: „Wenn Sie [...], dann wäre alles gut! Sie müssen [...]!" Darauf lässt man sich natürlich nicht ein, sondern spielt den Ball wieder zurück.

Um den Perspektivwechsel weiter anzuregen und zu zementieren und die Ich-Kompetenz der Schülerin zu stärken, bietet sich die nächste Intervention an (sie entstammt der sogenannten paradoxen Methodik): **„Was müsstest du tun, damit es dir jetzt schlechter geht?"** Diese Vorgehensweise (Künkel 2000) verwirrt wahrscheinlich jetzt nicht nur Sie, lieber Leserin, lieber Leser, sondern auch Ihre Interaktionspartnerin. *Das ist ja auch gerade die Intention.* Was steckt dahinter? Durch die Etablierung eines entsprechenden kognitiven Konflikts soll die Modusaktivierung aufgebrochen und der gesunde Erwachsenenmodus getriggert werden (wem die Methode zu brisant erscheint, kann sie auch auslassen und direkt zur nächsten übergehen, s. u.).

Manchmal reagiert die Gegenseite in sehr aufgeladenen Situationen irrationalerweise mit Katastrophengedanken à la: „SCHLECHTER?! [Pause] Wenn ich aus dem Fenster springen würde, dann wäre ich tot, das wäre gut!" o. Ä. Es wird also ein noch extremeres Szenario kreiert, das in der Regel aber *völlig* unrealistisch ist. Mithilfe eines entwaffnenden Lächelns bzw. ironischen oder ernst gemeinten Kommentars kann die Lehrkraft dann viel Wind aus den Segeln nehmen und die Borderlinerin so erden – und es wird dann beiden Parteien schnell klar: Die aktuelle Situation ist *so* schlimm dann doch wieder nicht. Auf dieser Grundlage kann man dann aufbauen und gemeinsam zielorientiert reflektieren.

Bezug zum Fallbeispiel: „Loredana, was wäre jetzt für dich die denkbar negativste Reaktion von mir – und was wären dann ganz konkret die Auswirkungen für dich? Denk das dann mal zu Ende! Ich höre!"

Auch mit diesem Kunstkniff lässt sich mehr Realität in die Situation bringen, bestenfalls sogar effizient Spannung herausnehmen! Ohne diese beiden Aspekte geht es nicht. Denn je mehr emotionale Aktivierungen faktisch vorhanden sind, desto weniger kognitives Potenzial kann abgerufen werden! Gerade Letzteres braucht es aber auf beiden Seiten, um das Gespräch in die richtigen Bahnen zu lenken.

Sobald sich die Wogen etwas geglättet haben, kann man es mit der Masterfrage versuchen, die da lautet: **„Was erwartest du jetzt von mir? Ganz realistisch, bitte!"** Wieder wird die Gegenseite auf sich zurückgeworfen und muss sich dem Realitäts-Check unterziehen. Meistens lösen sich infolgedessen viele irrationale Erwartungen von selbst in Wohlgefallen auf. Reflexion findet statt, neue Erkenntnisse werden gewonnen.

Bezug zum Fallbeispiel: „Loredana, ganz konkret – was kann ich jetzt für dich tun?"
Wenn entsprechend eine professionelle und selbstsichere Haltung bei der Formulierung dieses Fragetypus mitschwingt, dann wird erfahrungsgemäß das Gesprächsklima angenehmer. Die Schülerin arbeitet in einem solchen Fall im Rahmen einer Allianz mit. Ihre Motivation in diesem Fall besteht in Folgendem: Es schwingt eine Art Beziehungsklärung, genauer gesagt ein pädagogisches Beziehungsangebot, mit *(Beziehung geht vor Erziehung).*

Dennoch kann der Klärungsprozess ins Stocken geraten, keine Methode funktioniert immer. Außerdem sind diese Vorgehensweisen für Ihr Gegenüber vor allem eins: neu! Ihrer Loredana wird eventuell schlagartig bewusst, dass sie derzeit gar keine *realistischen* Wünsche und Erwartungen hat. Das Gespräch ebbt ab. In einem solchen Moment greift die Lehrkraft unterstützend ein und macht realitätsbasierte Vorschläge. Auch diesbezüglich gibt es kein Patentrezept. Wer empathisch ist, der spürt diesen Moment. Es braucht da einfach Übung.

Das Gegenüber sollte in dieser Phase nun gänzlich mit ins Boot geholt werden, gemeinsam wendet man sich dem jeweiligen Problem „von außen" zu. Schließlich sollen ja die Ich-Kompetenzen der Jugendlichen bzw. jungen Erwachsenen gefördert werden. Die folgende Frage zielt darauf ab und kann entsprechend berücksichtigt werden: **„Was genau kannst du zur Problemlösung beitragen und wie bist du bisher mit ähnlichen Situationen umgegangen?"** Die Suche nach der Antwort nimmt gewöhnlich einige Momente bis Minuten in Anspruch, falls die Schülerin den Prozess beim ersten Mal unterstützt. Eine großzügige Zeitspanne sollte man der Interaktionspartnerin dann auch zugestehen. Die Lehrkraft interveniert wieder bei Bedarf, wobei aber die Faustformel „Weniger ist mehr" angeraten ist. Die Lösung für die aktuelle Problemlage liegt im Gegenüber, nicht in der Professionellenperspektive.

Bezug zum Fallbeispiel: „Loredana, mal ganz ehrlich: Du kennst solche Situationen wie diese hier. Ich möchte, dass du jetzt ein paar Ideen formulierst, was du nun tun kannst, um den Karren aus dem Dreck zu ziehen! Das hast du bestimmt schon mal hingekriegt!"
Im Unterschied zum Gesprächsbeginn sieht man schnell: *Jetzt* kommt was zurück, nun wird effektiv mitgearbeitet! Ein Unterschied wie Tag und Nacht! Die Schülerin reflektiert tatsächlich darüber, was sie tun kann, um ihr Dilemma konstruktiv zurechtzustutzen. Nachdem die Dinge klarer werden, ist folgende Intervention möglicherweise zielführend: **„Mit welchem Kompromissvorschlag könntest du jetzt gut leben? Ich bin auch bereit, meinen Teil dazu beizutragen!"**

Bezug zum Fallbeispiel: „Loredana, ich würde mich gern über die von dir beschriebenen Probleme und entsprechenden Möglichkeiten vonseiten der Schule schlauer machen – was wirst du bis zu unserem nächsten Gesprächstermin konkret tun?"
Man trifft sich nun idealerweise wirklich auf Augenhöhe an diesem letzten Punkt, ist gewissermaßen ein Team und kreiert Lösungen. Nach meiner Erfahrung stoßen die bis hierhin thematisierten Vorgehensweisen einige Aha-Momente an und legen beiderseits psychologische Zusammenhänge frei, die bis dato aufseiten der Grenzgängerin unbewusst abgelaufen sind und stets zu denselben Konflikten geführt haben. Darüber lässt sich nun zielorientiert kommunizieren. Es ist sehr wichtig, dass Zwischenziele beschlossen und deren Umsetzungen kontrolliert werden.

Die beschriebenen Fragetechniken, die meiner Meinung nach Meilensteine der Systemischen Beratung sind, können durchaus im Umgang mit Images, Tests sowie auch in eingefahrenen Situationen fruchtbar sein. Auch dann, wenn man mit Psychospielen konfrontiert wird (s. u.). Aber es braucht Übung, und eine gewisse Sensibilität ist auch vonnöten. Wir Lehrkräfte sollten die Courage aufbringen und (a) über den Tellerrand unserer spärlichen Ausbildung in Bezug auf das Classroom Management blicken und (b) auch praktisch eine gewisse Neugier und Experimentierfreudigkeit an den Tag legen. Das Download-Material 6 beinhaltet alle oben genannten und ausgeführten zirkulären Fragetechniken. Die Merkkarte können Sie z. B. ausdrucken, an Ihren Kühlschrank magneteln und hin und wieder morgens einen Blick darauf werfen, bevor Sie sich auf den Weg in die Schule machen.

Borderliner haben nach meiner Erfahrung ein Faible für ganz bestimmte **Psychospiele,** die im Folgenden kurz beschrieben werden. Ich frage SuS im Unterricht, wenn wir dieses Thema anhand von Videobeispielen oder -projekten bearbeiten, immer mal wieder, ob ihnen die eigenen Psychospiele in dem Moment bewusst sind, in dem sie diese praktizieren. Manche sagen Ja, andere Nein, viele sind sich einfach nicht sicher. Ich denke, dass Psychospiele tendenziell intuitiver ablaufen, wenn die betreffende Schülerin durchschnittlich bis stark emotional gestrickt ist. Da dies bekanntlich vor allem bei Borderlinerinnen der Fall ist, kann man davon ausgehen, dass deren Psychospiele sehr getragen werden von Gefühlen und weniger von Kognitionen. Zwei Beispiele:

- *Mit dem Rücken zur Wand.* Dieses Spiel geht meistens mit einer extremen emotionalen Aktivierung einher. Es spiegelt geradewegs das so typische Schwarz-Weiß-Denken, genauer gesagt in diesem Fall die „dunkle Seite". Praktiziert wird *Mit dem Rücken zur Wand* im Klassenraum, um innere Anspannungszustände oder auch Frust aufgrund von zwischenmenschlichen Konflikten abzubauen. Für dieses Spiel braucht es meistens viele „Gegner", das heißt Mitschüler (aber es kommt auch vor, dass nur ein einziger Partner ausgewählt wird). Die Spielerin startet ihren Zug, indem sie ihrem Gegenüber aus heiterem Himmel böse Absichten unterstellt (O-Ton: „Jetzt schauen Sie mich schon wieder so streng an, was habe ich Ihnen denn getan?"). Die oder der Mitspieler rechtfertigt sich. Dann ist die Grenzgängerin wieder an der Reihe. Sie wird sich im weiteren Verlauf mehr und mehr hineinsteigern, das heißt impulsivere Strategien fahren. Nicht selten schaukelt sich das Ganze im Klassenraum in den angedeuteten Rollen hoch, bis es zum Finale kommt, bei der die Spielerin schreiend oder weinend den Saal verlässt. – Man kann sagen, dass *Mit dem Rücken zur Wand* ein Opferspiel ist.

- Ein offensives Täterspiel hingegen ist *Ich gegen den Rest der Welt.* Auch dieses Arrangement bindet die Aufmerksamkeit aller Anwesenden im Klassenraum und bahnt sich zunächst fadenscheinig an. Bei dieser Konstellation herrscht eine andere Rollenverteilung vor als bei *Mit dem Rücken zur Wand.* Die Spielerin imponiert hier in der Rolle als Täterin. Die Mitspieler müssen die Opferrolle einnehmen. Diese Masche stellt Lehrkräfte vor eine sehr große Herausforderung – man muss schnell eingreifen und die Grenzgängerin aus der Situation nehmen, sonst kann der Prozess eskalieren. Anhand des folgenden Verlaufs, den ich mir vor einigen Jahren als Mentor bei meinem damaligen Azubi im Unterricht ansehen durfte, können Sie leicht nachvollziehen, wie *Ich gegen den Rest der Welt* funktioniert. Setting: Bildungsgang BVJ (Berufsvorbereitungsjahr). Die Spielerin reißt fünf Minuten nach Unterrichtsbeginn die Tür auf und stapft, den Blick zu Boden gerichtet, zu ihrem Platz in der letzten Reihe. Sie schaut mürrisch drein, setzt sich hin und knallt dann ihren Rucksack auf den Tisch, den sie dann geräuschvoll ausräumt. Dabei ist es mucksmäuschenstill im Raum. Meinem Referendar schwant nach meinem Eindruck schon Böses, aber er sagt diesbezüglich nichts, sondern fährt mit dem Unterricht fort. Anfängerfehler. Bei einem Tafelanschrieb drei Minuten später gibt die Teenagerin gut hörbar Folgendes von sich: „Das ist ja mal wieder voll die Scheiße hier!" Wieder keine Reaktion des Unterrichtsgestalters. Ich denke so für mich: Das wird noch spannend! Keine paar Momente später der nächste Spielzug. Ein mündlicher Beitrag einer Mitschülerin wird kommentiert mit: „Klar, dass die doofe Kuh so was Dummes sagt!" Jetzt entwickelt sich endlich ein erstes Wortgefecht zwischen den beiden Teenagern. Dem Azubi gelingt die Streitschlichtung – vorerst. Der Unterricht schreitet voran. Bei den meisten Anwesenden steigt dennoch das Anspannungsniveau nach meiner Wahrnehmung. Kurz vor Unterrichtsende springt die Spielerin plötzlich auf und schreit:

„Ihr seid alle das Letzte!" Zwei Mitspieler aus der ersten Reihe stehen ebenfalls auf, einer erwidert lautstark: „Halts Maul jetzt, sonst kriegste eine in die Fresse!" Die Spielerin läuft schreiend aus dem Raum und knallt die Tür rekordverdächtig hinter sich zu. Die restlichen Minuten werden mit der gemeinschaftlichen Reflexion des aufrührenden Erlebnisses verbracht. Auf dem Weg ins Lehrerzimmer tausche ich mich mit meinem Schützling aus. Als wir durch ein Fenster in den Pausenhof schauen, sehen wir, lässig an einem Baum lehnend, die Spielerin. Sie scheint gut gelaunt zu sein.

Es gilt folgende Faustformel: Je mehr Affekte bei Psychospielen mitschwingen, desto weniger greifen kognitive Gegenstrategien (zirkuläre Fragen, Appell an den gesunden Menschenverstand, pädagogische Maßnahmen androhen usw.). Glücklicherweise läuft diese Art der Interaktionsstrategie immer gleichartig ab, so wie nach einem Drehbuch (Berne 2005). Das heißt, im Rahmen einer weiteren Inszenierung bemerkt die Lehrkraft die Spieleröffnung und kann sich direkt ausmalen, wohin die Reise geht. Der zweite Vorteil liegt ebenfalls in der Natur der Psychospiele. Sie werden in Form eines Prozesses langsam inszeniert, der mit einer emotionalen Beteiligung zusammenspielt. Keine Spielerin, kein Spieler startet mit der finalen Sequenz inkl. Ausraster, *sonst wäre es ja gar kein Psychospiel!*

Aus diesen beiden Tatsachen heraus lassen sich glasklare Gegenmaßnahmen empfehlen, die Lehrkräfte in den Methodenkoffer packen können. Es gibt sowohl Vorgehensweisen, die direkt während des Spiels praktiziert werden können, als auch Interventionen im Rahmen der Nachbearbeitung von paradoxen Momenten. Einige Ideen für die Nachbearbeitung eines massiven Konflikts, der durch ein Psychospiel hervorgerufen wurde, möchte ich aufzeigen:

- Unter vier Augen beschreibt die Lehrkraft ihre Eindrücke und zeigt der Schülerin dann Zusammenhänge und Strukturen auf.
- Die Heranwachsende wird dazu angehalten, von ähnlichen Geschehnissen in anderen Schulsituationen zu berichten (die gibt es nach meiner Erfahrung immer); im Anschluss daran werden dann gemeinsam etwaige Parallelen eruiert.
- Die Lehrkraft erstellt vor einem Klärungsgespräch ein Psychospieldiagramm (s. Download-Material 7). Anstelle von „Psychospiel" ist bei diesem Arbeitsblatt von „Inszenierung" die Rede. Die Lehrkraft labelt das Geschehen, das sie zuvor im Unterricht wahrgenommen hat, mit einem treffenden Begriff (in Schülersprache). Außerdem trägt sie den Spielverlauf in die rechte Hälfte des Diagramms chronologisch ein. Zur Veranschaulichung des schrittweise ansteigenden Stresspegels sind links Pfeile mit zunehmender Länge platziert. Der Spielerin wird dann ihre Inszenie-

rung vor Augen geführt mit dem Hinweis, dass es Richtung Ende für alle Mitspieler und auch Unbeteiligten schrittweise anstrengender und herausfordernder wird.

- Alternativ zu Punkt 3 ist auch denkbar, dass man das Psychospieldiagramm unausgefüllt der Schülerin übergibt mit dem Arbeitsauftrag, selbst im Rückblick ihre Eindrücke zu dokumentieren. Aber erfahrungsgemäß bekommen die meisten Teenager das beim ersten Mal nicht hin.
- Auf jeden Fall müssen im Rahmen der Nachbearbeitung gemeinsam Möglichkeiten gesucht und gefunden werden, Gegenstrategien bei der nächsten Spielaktivierung inszenieren zu können, die das Spiel unterbrechen bzw. bestenfalls im Keim ersticken. An dieser Stelle können zirkuläre Fragen gestellt werden (s. o.).

Nun zu den Taktiken zum professionellen Umgang mit herausfordernden Psychospielen im Unterricht:

- die Strategie als solche schnellstmöglich aufdecken („Stopp! Kein Psychospiel heute! No-Go!“)
- den weiteren Verlauf vorwegnehmen („Halt! Langweilig! Ich weiß, wie es weitergeht, nämlich so [...]!“)
- mit den Kosten konfrontieren („Ich kann dir keine guten Noten geben, wenn du hier überwiegend Psychospiele fährst! Außerdem belastet das stark unsere Beziehung!“)
- die Initiatorin aktiv verwirren (das Handy zücken und mit einem imaginären Gesprächspartner telefonieren, ein Lied anstimmen, Luftgitarre spielen) und danach konfrontieren („Siehste, ich kann das auch, Psychospielchen fahren, also lass es jetzt!“).

A

1. Mit Psychospielen kompetent umgehen – das dürfte meines Erachtens eine echte Königsdisziplin für Lehrkräfte darstellen. Man darf sich im Sinne der Professionalität durchaus auch einmal die Tatsache bewusst machen: Lehrkräfte inszenieren auch Psychospiele (vgl. Damm 2019a), die immer auch mit zugrundeliegenden Schemata zusammenhängen. Das heißt, wir sitzen alle in einem Glashaus.
2. Es ist ausdrücklich empfohlen, das Thema Interaktionsstrategien mit den SuS gemeinsam zu Schuljahresbeginn auf Augenhöhe anzuschneiden. Hierzu können etwa entsprechende Videosequenzen erstellt und gemeinsam konsumiert und reflektiert werden (Arbeitsauftrag: „Okay, Folgendes: Ich möchte, dass ihr in Kleingruppen typische Lehrer-Schüler-Konflikte darstellt!“). Erfahrungsgemäß haben die Heranwachsenden dabei großen Spaß, und sie sind dann auch zur ernsthaften Auseinandersetzung später hinaus motiviert, weil ihre Lebenswirklichkeit thematisiert, wertgeschätzt und respektiert wird.

Appelle

Das Thema *Borderliner und Appelle* beinhaltet zwei Besonderheiten:

- Nach meiner Erfahrung kommuniziert gerade diese Personengruppe in der Schule sehr authentisch, was sie von der Lehrkraft in bedürfnisspezifischer Sicht braucht, das dürfte auch in den diversen Fallbeispielen deutlich geworden sein (s. o.). Erbitten derart gestrickte SuS etwa Unterstützung und Hilfe, *dann sagen sie das auch.* Dasselbe gilt auch im umgekehrten Fall, wenn es um das Bedürfnis nach Distanz geht.
- Appelle sind meistens integriert in die beiden Interaktionsstrategien Image und Test. Diese Eigenart wird durch das typische (Borderline-) Grundinteresse an den Prozessen auf der Beziehungsebene ausgelöst, etwa Bindung, Sympathie, Antipathie usw.

> Aufgrund dieser Voraussetzungen kann folgende Empfehlung abgeleitet werden: Konzentrieren Sie sich, wenn Sie die Appellebene einer bestimmten Schülerin verstehen möchten, auf häufig doppeldeutige Images (etwa: „Ich möchte später auch Lehrerin werden, so wie Sie!") und Tests („Mein ehemaliger Lehrer sagte, dass ich das aber niemals hinkriegen würde!"). Hinter solchen Strategien steckt oft der sinngemäße Appell: „Nehmen Sie mich wahr, kommen Sie näher, kümmern Sie sich um mich!" o. Ä.

4.7 No-Gos für Lehrkräfte

Das Phänomen *Borderline* ist so komplex und vielseitig, sodass mittlerweile klar geworden sein sollte: Jeder Fall ist anders gelagert in Hinsicht auf die Verteilung und Ausprägung von speziellen Denkroutinen und Verhaltensweisen. Schemapädagogisch gesagt: SuS mit Borderline-Tendenzen haben unterschiedliche Schemalandschaften.

Dennoch sind *grundsätzliche* No-Gos für Lehrkräfte aus den bis hierhin beschriebenen Borderline-Erlebniswelten ableitbar. Diese werden im Folgenden beschrieben und fachlich begründet.

Fehler 1: Projektive Identifizierungen persönlich nehmen!

Sehen Borderliner in uns einen Retter, Vater oder eine Mutter und möchten sie diesen Persönlichkeitsanteil unbewusst mithilfe von passenden unterwürfigen, schmeichelhaften bzw. provozierenden Verhaltensweisen auslösen (vgl. Kapitel 2.1), so darf man das ganze Schauspiel vor allem eins nicht: auf die eigene Person beziehen!

Aber das ist natürlich wieder einmal einfacher gesagt als getan. Schließlich und endlich kommt es wieder auf die eigene Persönlichkeitsstruktur an, inwieweit man das Ganze auf sich bezieht! Die einen Pädagogen können das Projekt *Abstandhalten* gut umsetzen, die anderen schlechter. Das folgende Mantra kann in solchen Momenten helfen: *Ich bin Lehrkraft und vor allem eins: eine Projektionsfläche! In mir wird in emotional aufgeladenen Situationen seitens meines Gegenübers etwas gesehen, was ich gar nicht bin.* (Natürlich braucht es seine Zeit, bis man projektive Identifizierungsmechanismen als solche erkennen und einsortieren kann.) In Kapitel 4.8. wird es noch einmal um diese wichtige Angelegenheit gehen.

In der Regel sind vor allem Lehrkräfte mit den Schemata Unterwerfung (Anpassung), Aufopferung/Fürsorge, Streben nach Zustimmung und Anerkennung anfällig für die projektive Identifizierung. Die Betreffenden lassen sich dann leicht in die erwünschte Rolle triggern und entsprechend steuern.

Fehler 2: Das Psychospiel Regelsetzer reaktionär in Überlänge inszenieren!

Einige Verhaltensweisen (vgl. Kapitel 3.1.1 ff.) von Borderlinern triggern bei Lehrkräften im Unterricht den kritisierenden oder auch strafenden Elternmodus. Das ist von der Initiatorin auch manchmal so gewollt (siehe Fehler 1). Etwa wenn ein starkes Bedürfnis nach Druckablassen besteht und entsprechend provoziert wird, um durch den darauffolgenden Konflikt Dampf abzulassen. Egal wie das ganze Prozedere gestartet wird – es muss eine Reaktion vom Unterrichtenden erfolgen, man kann ja nicht *nicht* reagieren. Die Gefahr liegt aber nun darin, dass sich die Lehrkraft infolge einer Schemaaktivierung zu einem Monolog mit folgendem Titel hinreißen lässt: „Ich muss dir jetzt mal ganz genau erklären, was deine Schülerrolle hier ist." Unweigerlich zieht sich die Sequenz in die Länge, da man im entsprechenden Strafodus ist – die Gegenseite besetzt derweil den Modus bockiges Kind. Ein Kleinkrieg entsteht wie auf Knopfdruck, und er erhält sich gewissermaßen von selbst aufrecht. Beide Parteien befinden sich in einem Teufelskreis. Dieser sorgt nicht nur für ein hohes Stressniveau, sondern auch dafür, dass kein Unterricht stattfindet.

Lehrkräfte mit den Schemata Anspruchshaltung/Grandiosität, Emotionale Kontrolle (Übertriebene Rationalität), Überhöhte Standards/Perfektionismus und Bestrafungsneigung sind besonders anfällig für diese Art der Kollusion. Schnell switchen sie infolge von Unterrichtsstörungen in ihr jeweils dominantes Schema und sind dann drin in ihrem Film. Falls Sie hiervon betroffen sind, liebe Leserin, lieber Leser, so dürfen Sie sich Folgendes bewusst machen:

In manchen Fällen sind Sie nur Mitspieler im Rahmen eines Geschehens, das von der Schülerin bzw. dem Schüler inszeniert wird! In diesen Momenten kann es gar keinen pädagogischen Erfolg geben, darum geht es nämlich gar nicht. Es geht um die Bedürfnisse der Gegenseite.

Fehler 3: Sonderrechte einräumen!

Je nach innerer Schemalandschaft kann es auch sein, dass Lehrkräfte im Umgang mit Borderlinerinnen irgendwann einknicken und ihre Professionalität im Unterricht vernachlässigen. Das ist natürlich nicht wertend gemeint, sondern erwiesenermaßen ein nachvollziehbares Endprodukt von zwischenmenschlichen Prozessen auf der Beziehungsebene, die unbewusst ablaufen. Es passiert nach meiner Einschätzung recht häufig, dass Borderlinerinnen schnell herausfinden, ob sich die oder der Erwachsene für diverse eigene Interessen einspannen lässt. Infolgedessen erhält die Schülerin (a) etwa zu viel Redezeit im Unterricht, muss (b) Klassenarbeit XY aufgrund von zu „viel Stress mit dem Freund" o. Ä. nicht nachschreiben oder darf (c) auch mal ohne ärztliche Entschuldigung fehlen usw.

Solche besonderen Arrangements bleiben natürlich nicht lange verborgen und belasten nicht nur das Klassenklima als solches, sondern untermauern auch den unseriösen Eindruck, den sich die anderen Anwesenden von der Lehrkraft(!) machen.

Den SuS auf der Beziehungsebene entgegenzukommen und sie persönlich auch zu unterstützen ist das eine, sich aber vor den Karren für eigene Belange spannen lassen das andere. Anfällig für letzte Konstellation sind vor allem Erwachsene mit den Schemata Unterwerfung (Anpassung), Aufopferung/Fürsorge, Streben nach Zustimmung und Anerkennung. Bezüglich dieses Themas ist ausdrücklich empfohlen, einen Mittelweg zu gehen. Man kann der Schülerin in der einen oder anderen Angelegenheit (Stress mit dem Freund o. Ä.) hin und wieder den Rücken decken, wenn die eigenen Persönlichkeitsfacetten hierzu motivieren. Aber schnell wird ganz ins Boot geholt, wenn man nicht aufpasst. Eine professionelle Aufmerksamkeit kann und wird dem bestenfalls entgegenwirken.

Fehler 4: Sich einschüchtern lassen!

Dass Borderliner in den meisten Fällen einen sehr starken Eltern-Ich-Anteil und auch aggressiven Kindmodus aufweisen, ist kein Geheimnis. Beide Potenziale kann man leicht einmal im Unterricht erfahren (bestenfalls ist man natürlich darauf vorbereitet). Dann sind blitzschnell Gegenstrategien vonnöten. Die einen Lehrkräfte versuchen es mit entwaffnendem Humor oder Ironie, um deeskalierend zu agieren. Die anderen fahren emotional hoch und weisen das Gegenüber gekonnt in die Schranken. Dann gibt es aber natürlich auch Personen, die durchaus beeindruckt sind vom offensiven Agieren des Gegenübers. Die Betreffenden erstarren eventuell körpersprachlich, werden mundtot gemacht und lassen die verbalen Angriffe schlimmstenfalls dann auch noch über sich ergehen bzw. versuchen, sich um Kopf und Kragen zu reden (was ebenfalls ein No-Go ist).

Es versteht sich von selbst, dass die Lehrkraft nicht und niemals im Unterricht in einem verbalen Scharmützel vor den Augen aller den Kürzeren ziehen darf!

Wie auch bei Fehler 3 der Fall, sind beim Thema Einschüchternlassen folgende Schemata insbesondere relevant: Unterwerfung (Anpassung), Aufopferung/Fürsorge, Streben nach Zustimmung und Anerkennung. Gerade bei massiven Unterrichtsstörungen/verbalen Angriffen trennt sich in der Perspektive der Lehrerschaft die Spreu vom Weizen. Die eben genannten Schemata sind hier schlechte Berater. Es braucht konfrontative Kompetenzen und auch mal den „Dampfhammer". Ohnehin sollten die SuS zu Schuljahresbeginn mindestens einmal sehen und erfahren, dass man den auch rausholen und einsetzen kann.

4.8 Inneren Abstand herstellen können 2.0

In Kapitel 3.2.4 wurde schon auf die große Bedeutung der Metaebene im Unterricht hingewiesen. Sie kann im Umgang mit Borderlinern gar nicht überschätzt werden. Den gesunden Erwachsenenmodus überwiegend herzustellen und aufrechtzuerhalten ist schon aus ökonomischen Gründen – er verbraucht viel Stoffwechselenergie – nicht leicht. Eine weitere Herausforderung: Grenzgänger triggern aufgrund ihrer emotionalen Grundgestimmtheit sehr schnell und gekonnt bei ihren Interaktionspartnern Schemata – und dann dominieren meistens nicht zielführende Automatismen, von denen wir alle nicht frei sind.

Wer sich diese Tatsache vor Augen führt, dem wird schnell klar: Man muss sich situativ zurücknehmen, reflektieren, den Ball mittels zirkulärer Fragen zurückspielen, abwägen, Humor einstreuen können, dann wieder eventuell eine konfrontative Methode raushauen usw. Nicht einfach. Kurzum: Diese Voraussetzungen schreien geradezu nach dem gesunden Erwachsenenmodus.

Das Ganze von oben betrachtet – schemaspezifisch

Die schemapädagogische Methode, die hier grundsätzlich immer mitschwingt, sei es im Hintergrund als psychologisches Modell oder offensichtlich in Form von konkreten Vorgehensweisen, impliziert eine Forschungs-Perspektive, die in *beide* Richtungen geht. Natürlich sind herausfordernde SuS mit Borderline-Struktur das Hauptthema dieses Buches. Aber immer muss auch die Schemalandschaft der Lehrkraft berücksichtigt werden, wenn es um Fragen des Umgangs geht. Schemapädagogik ist keine Einbahnstraßenpädagogik, darauf möchte ich noch einmal hinweisen! Wer ausschließlich die schwierigen Heranwachsenden fokussiert und sich selbst als besonnenen, stets rationalen Professionellen wahrnimmt, der vergisst seine eigene Persönlichkeit und insofern auch seine eigenen (unbewussten) Anteile an zwischenmenschlichen Belangen, Kollusionen und Konflikten (vgl. Kapitel 3.2).

Der entspannte Modus des gesunden Erwachsenen

Läuft der Unterricht überwiegend nach Plan, so ergibt sich in der Regel keine Notwendigkeit, schemapädagogisch zu reflektieren und nachfolgend ausgewählte Interventionen methodisch abzuwägen und zu praktizieren. Man sollte ohnehin nicht versuchen, jederzeit durch die Psychobrille zu gucken. Unweigerlich würde die Unterrichtsqualität darunter leiden, würde die Lehrkraft ständig mental mit Schemapädagogikglossar als Kommunikationspolizist unterwegs sein und sich selbst und die anderen psychologisch analysieren und dies dann auch noch so kommunizieren („War das ein Test?", „Wird da gerade ein Psychospiel gespielt?", „Was genau triggert dich jetzt?"). Ein solches Geschehen ginge dann auf das Konto eines *hyperengagierten* Modus des gesunden Erwachsenen.

Gleichwohl ermöglicht eine eher entspannt-wohlwollende schemapädagogisch basierte Aufmerksamkeit im Falle von geringfügigen Unterrichtsstörungen mehr Freiheitsgrade in Hinsicht auf ein souveränes Auftreten bzw. zeitnahes zielorientiertes Vorgehen. Sprich: Wenn ich nach und nach den „entspannten" Modus des gesunden Erwachsenen im Klassenraum kultivieren kann, dann strahle ich auch auf die Gruppe als solche eine gewisse philosophische Ruhe aus. Wer diese Stufe nach Monaten (Jahren?) erreicht, der ist wahrlich dazu in der Lage, eine Art 2.0er-Version der inneren Gelassenheit zu realisieren. Hier gilt die Weisheit: Der Weg ist das Ziel.

Wer auf diesem Weg ist, der wird irgendwann dazu imstande sein, sich selbst und die anderen Anwesenden im Klassenraum wohlwollend und empathisch vor dem Hintergrund des Schemapädagogikmodells zu betrachten, und zwar aus der Metaebene (s. Download-Material 8).

Ausblick

Die Schemapädagogikmethode wurde in diesem Kapitel transparent gemacht. Dabei wurde insbesondere Wert gelegt auf die Vermittlung der Grundlagen einer möglichst objektiven Diagnostik (Welche Schemata, Modi und Interaktionsstrategien liegen vor?). Ideen zum Beziehungsaufbau wurden ebenso formuliert wie auch Strategien zum Umgang mit herausfordernden Interaktionsstrategien (s. zirkuläre Fragetechniken).

In den nächsten drei Kapiteln wird der schemapädagogische Handwerkskoffer nunmehr ganz geöffnet. Kapitel 5 dreht sich zunächst um eine sehr effektive Beziehungsaufbaumethode, die vielfach praktisch erprobt und im Rahmen von Schemapädagogikweiterbildungen evaluiert und weiterentwickelt wurde.

5 Der schemapädagogische Methodenkoffer zum kompetenten Umgang mit SuS mit Borderline-Persönlichkeit

Abb. 10: Der schemapädagogische Methodenkoffer

5.1 Methode Expertenrolle

B

- (a) In der Vorstellungsrunde am ersten Tag verkündet ein Schüler (17) der Berufsfachschule 2: „Ich bin Marek, ich komme aus Albanien. Ich bin also vor allem eins: AUSLÄNDER! – Wir sind eigentlich immer die Besten!“ Es fällt u. a. auf, dass er sein Handy gut sichtbar auf seinem Tisch platziert hat. In der ersten Pause nach der Doppelstunde laufe ich über den Schulhof, ich weiß auch warum (er könnte problematisch bzw. anstrengend werden). In der Raucherecke steht Marek mit seinem Kumpel. Lässig. Ich gehe auf die beiden langsam zu und sage: „Hey, du hast vorhin gesagt, du kommst aus Albanien. [Pause, Blick nach rechts.] Da gehts für mich nächsten Sommer vielleicht mal hin. Ich steh auf gutes Fleisch. Habt ihr da was zu bieten? [...] Wie siehts mit Bier aus? [...] Was muss ich dort gesehen haben? Lohnt sich das überhaupt? Überzeug mich mal!“ – Ich bohre nach, es interessiert mich wirklich. Hier und da ploppt bei der einen und anderen Schilderung von Marek, der trotz seines offensichtlichen Bezugs zu seiner Lebenswelt sehr um Coolness bemüht ist, ein sehr positiver Gemütszustand auf. Er kann gar nicht anders. Ich kann es ihm ansehen. Das Gespräch nimmt nach und nach entspannte Züge an, es macht Spaß, uns beiden. Irgendwann macht es bei ihm klick! Und das Eis ist gebrochen ...
- (b) Helen (18) ist gebürtige Kasachin. Vor vier Jahren zog ihre Familie nach Deutschland. Sie hat zeitlebens ein sehr problematisches Verhältnis zur Mutter erlebt und fühlt sich stark abgelehnt. Seit einem Jahr wohnt sie allein und hat ihre wichtigste Bezugsperson seit sechs Monaten nicht mehr gesehen. Das ist so von beiden Seiten erwünscht.
  Die angehende Sozialassistentin wird am zweiten Schultag nicht müde zu betonen, wie es ihr in ihrem Heimatland erging. Teilweise raumeinnehmend und grenzüberschreitend. Sie vergleicht sehr oft die Zustände ihres Geburtsortes mit denen hier in Deutschland. Sie lobt u. a. die kasachische Küche und erzählt, dass sie gern kocht.
  Im einführenden Beratungsgespräch zwei Tage später frage ich eigennützig nach (ich war gespannt): „Wie kann ich mir eine Kindheit in Kasachstan vorstellen?“, „Wo habt ihr gewohnt?“, „Wie war deine Schulzeit im Vergleich zu deinen Eindrücken hier?“, „Welche Werte gibt es dort bezüglich des Themas Erziehung, Partnerschaft, Ehe?“ Sie ist, während sie die Antworten formuliert, voll in ihrem Element, bei sich selbst, und plaudert volle Kanone aus dem Nähkästchen. Gutes Gefühl. Das Gespräch wird getragen von einer angenehmen Note.
- (c) Mareike (21) offenbart sich als sehr flippig und sprunghaft in den ersten Schultagen und -wochen. Sie trägt außerdem immer mal wieder ein neues Outfit und wechselt ihre Accessoires, wie es ihr beliebt. Das fällt auf, nicht nur mir. Zu Unterrichtsbeginn (6. Schultag) in der Fachschule für Erzieher zum Wochenstart spreche ich sie an: „Der Ohrring mit dem Symbol da an deinem Ohr ist neu: Zeig mal her! Dreh mal den Kopf etwas zur Seite!“ Sie wirkt verblüfft, reagiert aber zu meiner Überraschung entsprechend und gibt den Blick frei. „Das ist Silber, nicht?“, frage ich. „Ja, woher wissen Sie das?“
  „Ich hab nur getippt! Was bedeutet das Symbol?“

„Es hat mit meinem Sohn zu tun.“
„Gut! Erzähl mir später kurz darüber, wenn du magst, jetzt fangen wir erst mal mit dem Unterricht an!“ Mareike ist in dieser Doppelstunde ruhiger als sonst.

Die Methode *Expertenrolle* ist in ihren oben angedeuteten Facetten ein potenzieller Garant für eine zwischenmenschliche Win-win-Konstellation. Sie führt bestenfalls *beiderseits* zur Ausschüttung von Glücksbotenstoffen, weil sie einen bestimmten Mechanismus bedient, der auf unserem evolutionären Erbe beruht (Bauer 2006; 2007). Auf diese beiden Aspekte wird unten noch einmal ausführlicher eingegangen.

Variante 1: Das Gegenüber zum Experten für eine Angelegenheit machen, für die man sich selbst interessiert

Im o.g. ersten Beispiel (a) begreift die Lehrkraft, was der Schüler während seiner Selbstinszenierung *eigentlich* meint, wenn er vollmundig verkündet: „[...] Ausländer! Wir sind eigentlich immer die Besten!“ Natürlich geht es dem Jugendlichen darum, ein bestimmtes Image zu kommunizieren. Klar. Umgangssprachlich könnte man sagen: Er will eine Art Duftmarke setzen. Gleichzeitig schneidet er unwissend ein Thema an, das für ihn emotional sehr positiv besetzt ist. Sein Fehler. Er wurde in Albanien geboren und hat infolgedessen verständlicherweise eine biografisch bedingte „Landesidentität“, die viele emotionale Erlebnisse beherbergt (obwohl seine Familie irgendwann nach Deutschland gezogen ist und seit Jahren hier lebt). Das Wichtigste aber ist Folgendes: Die Lehrkraft registriert direkt, dass Marek beim Formulieren des Begriffs *Ausländer* einen stolzen Gesichtsausdruck zeigt.

Der Professionelle startet daraufhin in einem eher informellen Setting (Raucherecke) einen methodischen Versuch, um die Weichen für eine gute Zusammenarbeit für das nächste Schuljahr zu stellen. Er bohrt nach. Aber nicht irgendwie gestelzt, sondern intrinsisch motiviert (authentisch). Das heißt, er möchte aus *Eigeninteresse* mehr über das Herkunftsland des Jugendlichen wissen. Es funktioniert. Gemeinsam blickt man nun in *eine Richtung,* wobei der Schüler nach und nach in die Rolle des Experten für die von der Lehrkraft angesprochenen Bereiche bugsiert wird.

Ein kleiner Tipp am Rande: Die Variante 1 funktioniert nach meiner Erfahrung besonders gut beim Thema *Handy*.

Variante 2: Interviewsequenz zur Biografie

Im o.g. zweiten Exempel schauen die Gesprächspartner ebenfalls auf Augenhöhe auf ein Thema. Es gibt nur einen Unterschied: Die Schülerin wird zwar wieder zur Expertin gemacht, aber die Rolle der Lehrkraft ist anders gelagert. Sie agiert eher wie ein interessierter Interviewer, der sich „nur" für die Lebenswirklichkeit ihres Gegenübers interessiert. Der Effekt ist dennoch ähnlicher Art wie bei Beispiel 1 der Fall. Der Funke springt über, weil der Erwachsene empathisch ist, zuhört und interessiert erscheint. Wieder entsteht eine angenehme Grundstimmung.

Variante 3: Interviewsequenz zu aktuellen Eindrücken

Im o. g. dritten Beispiel tritt derselbe Effekt auf und führt sogar dazu, dass sich eine nicht unerhebliche Verhaltensänderung im darauffolgenden Unterricht seitens der jungen Frau ergibt. Zum Gegenstand gemacht wird zwar nur eine Kleinigkeit (Ohrringe). Aber diese hat für die betreffende Schülerin eine sehr große Bedeutung (Bezug zum Sohn). Schon bei der Ansprache und beim Small Talk danach zeigt die Interaktionspartnerin wie auf Knopfdruck den Modus des gesunden Erwachsenen. Sie wirkt währenddessen völlig klar und ist motiviert, mehr Informationen zu kommunizieren.

Mithilfe der Methode Expertenrolle triggern Lehrkräfte ihre Interaktionspartner in den gesunden Erwachsenenmodus. Hierbei gilt die Faustformel: Je emotionaler das Thema aus Sicht des jeweiligen Schülers besetzt ist, desto effektiver ist diese Methode. Sie löst in der Regel angenehme Gefühle aus (Modus glückliches Kind), die durch ein zugewandtes, spiegelndes Gegenüber verstärkt werden können (s. u.). In den Gehirnen beider(!) Interaktionspartner kommt es dabei zu interessanten neuartigen neuronalen Verknüpfungen. Grund: Die emotionale Aktivierung wird mit den gerade vorhandenen Eindrücken, das heißt mit dem aktuellen Gesprächspartner assoziiert. Dadurch können Sympathieimpulse entstehen, die automatisch zum Aufbau einer stabilen Arbeitsbeziehung führen.

5.1.1 Ablauf

Im Folgenden wird die Methode *per definitionem* aufgefächert und anhand einer detaillierten chronologischen Durchführungsvorlage genauer erläutert, um Ihnen konkrete Handlungsmöglichkeiten bezüglich des Beziehungsaufbaus an die Hand geben zu können. Es werden fünf verschiedene Phasen unterschieden, die aufeinander aufbauen:

- **Informationen sammeln und thematisch einordnen.** Als Erstes braucht es Aufmerksamkeit und ein offenes Auge und Ohr (vgl. Kapitel 4.4). Wir müssen zwingend das von Sokrates formulierte (sinngemäße) Motto „Sprich [oder zeige etwas von dir], damit ich dich sehe" beherzigen. Glücklicher-

weise kommunizieren SuS via Images (vgl. Kapitel 4.1) immer Angelegenheiten und Themen, die etwas über sie selbst aussagen. Dies kann auf der verbalen Ebene stattfinden (s. Praxisbeispiel 1), aber auch nonverbal (s. Praxisbeispiel 3). In beiden Fällen werden Persönlichkeitsaspekte, das heißt Ansatzpunkte auf der Beziehungsebene, präsentiert, ob die oder der betreffende Schüler das impliziert oder nicht.
Lehrkräfte registrieren also Situationen innerhalb und außerhalb des Klassenraums (etwa in Pausen), die mit der Aktivierung des Modus des glücklichen Kindes oder auch des gesunden Erwachsenen verbunden sind. Folgende Fragestellungen können dabei berücksichtigt werden: Über was redet der Schüler gern und regelmäßig? Was interessiert ihn im Unterricht? Welche seiner Interessen zeigen sich öfter?
Natürlich sind nicht alle Vorlieben kompatibel mit dem Wertehorizont der Lehrkraft, das heißt, man kann nicht immer mit intrinsischer Motivation jeder Angelegenheit nachspüren, die den Heranwachsenden inspiriert. Folgende Fragestellungen erscheinen daher sinnvoll: Mit welcher Angelegenheit kann ich mich (a) *voll* anfreunden und potenziell darüber engagiert reden, was genau (b) *geht noch bzw. gerade noch so,* was sind (c) *No-Gos* für mich? Von letzteren Angelegenheiten lässt man natürlich die Finger. Da würde man sich nur eins: blamieren!

- **Triggerfrage stellen.** Mindestens ein Thema sollte sich seitens des Grenzgängers im Rahmen der Phase 1 herauskristallisieren, an dem man sicher andocken kann. Im BBS-Bereich sind etwa folgende Angelegenheiten echte Klassiker: Handy, Fußball, Kampfsport, Gangsta-Rap, Tattoos, YouTuber, Horror- bzw. Reality-Serien, Spielkonsolen. Nun ergeben sich zwei Möglichkeiten, um eine sogenannte Triggerfrage zu stellen, einfacher gesagt um einen Testballon auf der Beziehungsebene steigen zu lassen. Einen Fuß muss der Pädagoge ja irgendwann in die Tür bekommen. Entweder (a) wählt die Lehrkraft – für Neueinsteiger empfohlen – einen möglichst informellen Rahmen, um die Methode auszuprobieren (vor dem Unterricht, auf dem Schulgelände usw.). Oder aber (b) sie spricht den Schüler im Klassenraum an. Drei Beispiele: „Hey, Marek, ich will meiner 9-jährigen Tochter ein Handy kaufen, haste nen Tipp?"; „Helen, am Wochenende bekomm ich Besuch und weiß nicht, was ich zu essen machen soll. Was würdest du auf den Tisch zaubern?"; „Mareike, meine Freundin hat demnächst Geburtstag, die steht auf Schmuck. Dummerweise habe ich keine Idee, du vielleicht?"
  Solche Interventionen können den Grundstein für ein kurzes Gespräch legen, das für beide Seiten sehr gewinnbringend sein kann. Natürlich können sie auch ins Leere laufen. Dann versucht es die Lehrkraft eben ein anderes Mal. Vielleicht passt es gerade nicht, die Stimmung ist beim In-

teraktionspartner im Keller o. Ä. Es gilt das Motto: Der stete Tropfen höhlt den Stein.

- **Körpersprache spiegeln.** Trägt die Eröffnungsfrage Früchte, so merkt die Lehrkraft schnell: Eine Tür öffnet sich, das Gegenüber switcht direkt und ohne Umschweife in den gesunden Erwachsenenmodus und legt los. Man ist auf Augenhöhe. Fachwissen wird kommuniziert. Man nimmt empathisch und interessiert die Inhalte auf, fragt nach usw. Spätestens hier wird klar, warum das Hauptthema, um das es geht, auch mindestens ein halbes Steckenpferd des Professionellen sein *sollte*. Man ist dann gemeinsam gewissermaßen voll im Element, in einem Boot. Während eines solchen Austauschs kommt es immer auch zu Spiegelphänomenen, die vorwiegend die Körpersprache betreffen. Die eine Partei agiert, die andere ahmt danach Mimik, Gestik bzw. Haltung des Gegenübers nach – und umgekehrt. Man steckt sich gegenseitig gewissermaßen an. Ein automatischer Prozess, der auf der Aktivität der sogenannten Spiegelneuronen basiert (Bauer 2006). Man kann auch bewusst die Körpersprache des Gegenübers nachahmen und damit anstreben, Sympathie auszulösen. Das Ganze hat dann für den einen oder anderen geneigten Leser ein „Geschmäckle", weil es in diesem Fall durchaus einer manipulativen Technik gleichkommt. Na ja, dafür werden wir auch recht häufig von anderen gesteuert, ohne dass wir das wollen. Außerdem wollen wir ja Kompetenzen fördern, erziehen und bilden. – Auf der anderen Seite ist es aber auch so, nebenbei erwähnt, dass sich die erwähnten Spiegelphänomene von selbst ergeben, ganz automatisch, sobald man gemeinsam interessiert auf ein Thema schaut, das beide anfixt.
- **Gemeinsamer Tanz.** Gespräche, die von der Methode *Expertenrolle* unterfüttert sind bzw. getragen werden, können sich als kurze gewinnbringende Sequenzen offenbaren, aber auch durchaus einige Minuten andauern. Die Rollen nehmen dann mehr und mehr Gestalt an. Die Lehrkraft (Rat suchender Part) will mehr über Gegenstand XY wissen, der Interaktionspartner besitzt die entsprechende Fachkompetenz (= Expertenrolle). Das Gespräch verläuft konstruktiv und ist zeitgleich geprägt von Empathie, Wertschätzung und positiven Gemütszuständen.

Natürlich liegt es in der Verantwortung der Lehrkraft(!), den Prozess zu steuern und ggf. zu unterbrechen bzw. konstruktiv zu Ende zu führen, etwa wenn die Kommunikation ausufert und somit droht, den zeitlichen Rahmen zu sprengen o. Ä. Phase vier ist nach meiner Einschätzung die wohl angenehmste Sequenz. Mit an Sicherheit grenzender Wahrscheinlichkeit teilen Sie, liebe Leserin, lieber Leser, diese These, nachdem Sie einige entsprechende erfolgreiche Versuche gestartet haben (zumindest berichten viele Praktikerinnen und Praktiker von solchen Eindrücken).

- **Abschluss.** Nach meiner Erfahrung schnappt, wenn man nicht aufpasst und sich zu stark hinreißen lässt, im Rahmen dieser Vorgehensweise schnell eine ganz klassische Falle zu, die durch folgende Überschrift ganz gut betitelt werden kann: „Wenn du zu viel Öl ins Feuer kippst, kannst du es nicht mehr löschen!" In unserem Zusammenhang bedeutet das: Switcht das Gegenüber in den Expertenmodus, so startet ein Ich-Anteil/Film, der (überspitzt formuliert) endlos andauern kann, würde man dem Geschehen die entsprechende Bühne einräumen. Warum ist das so? Die Experten-Rolle hat ihren Reiz und wird sehr gerne genüsslich ausgekostet.
  Das heißt, die Lehrkraft steht wiederum in der Pflicht, die Eindrücke in Bezug auf ein sogenanntes Kosten-Nutzen-Modell abzuwägen. Es bringt sicherlich nichts, Schüler XY über einen sinnvoll getakteten Zeitraum hinweg in die Expertenrolle zu triggern. Schließlich wird damit ja nicht nur das Ziel verfolgt, Sympathie aufzubauen. Nach meiner Erfahrung ist es sehr sinnvoll, irgendwann stilvoll und wertschätzend umzulenken und in die nächste Unterrichtssequenz überzuleiten. Aber auch diesbezüglich gibt es keine Erfolgsformel. Es kommt immer auf die gerade inszenierte Situation sowie die empathisch-konfrontativen Fähigkeiten der Lehrkraft an! Man muss sich einfach ausprobieren! Tun Sie das!

A

1. Sie können diese Methode in Form einer chronologisch strukturierten Merkkarte (Download-Material 9) ausdrucken und als eine Art Leitfaden berücksichtigen. Sie haben alles Relevante auf einen Blick! Das Wichtigste ist bei dieser Vorgehensweise vor allem eins: Feingefühl, Interesse, Beharrlichkeit und Geduld! Falls das Projekt in der Praxis dann funktioniert (und das wird auch irgendwann so sein) – bedenken Sie: Gegen Ende dieser Intervention muss irgendwann der gemeinsame Absprung geschafft werden. In der Regel muss die Lehrkraft dafür geradestehen.
2. Probieren Sie die Methode Expertenrolle einmal aus, frank und frei, so ganz aus dem Bauch heraus. Stellen Sie Ihrem Gegenüber ausgewählte Fragen zu einem Thema, das Sie beide interessiert, zum Einüben. Nach einigen erfolgreichen Versuchen werden Sie schnell in der Lage sein, auf der Basis von Sympathie dann zielorientiert einen komplementären Beziehungsaufbau zu betreiben. Auf dieser Grundlage können Sie dann (bei Bedarf konfrontativ) weiterarbeiten (vgl. Kapitel 6), weil die Lebenswirklichkeit thematisiert, wertgeschätzt und respektiert wird.

Achtung! Manche SuS haben sehr feine Antennen, insbesondere Borderliner!

Noch einmal: Selbst diese relativ effiziente Intervention ist kein Selbstläufer! Die Erfahrung hat gezeigt, dass man auch sehr schnell trotz guter Absichten einen grandiosen pädagogischen Schiffbruch erleiden kann. Wie kann dieser aussehen? Beispielsweise so: Die Lehrkraft versucht in unbeholfener bzw. zu rationaler und somit fadenscheiniger Weise, mit einer geradezu lächerlich klingenden Eingangsfrage das Eis zu brechen. Die Gegenseite spürt sofort: Da ist was faul! Endergebnis: Game over! Das geht ganz schnell. Ruckzuck springen neuronale Gefahren-Scan-Sensoren im Fall von Fake News an (Roth 2016).

Der Grund liegt dann eventuell schwerpunktmäßig aber auch darin, dass die Lehrkraft mit dem angesprochenen Thema emotional und/oder kognitiv nichts anfangen kann (und das Ganze wirkt dann entsprechend verdächtig gekünstelt). Oder aber das Anliegen wird unempathisch und somit unecht vorgetragen. Das reicht schon aus, um Öl ins Feuer zu kippen. Gerade vor Publikum kickt so ein Dilemma, darauf kann gar nicht oft genug hingewiesen werden, die Lehrkraft erst einmal ins Nirvana der Beziehungsebene.

Hieraus folgt: Bleiben Sie erst mal im sicheren Hafen und explorieren Sie Fragen zu Themen, die Sie *wirklich* interessieren! Falls Sie mal eine Abfuhr á la (O-Ton) „Sie immer mit Ihrem Psychoscheiß" einfahren – egal. Passiert. Am Ball bleiben!

Ohne Empathie keine Sympathie!

Richtig spannend wird es aber, wenn die Triggerfrage positiv einschlägt und somit eine Tür aufstößt. Dann nimmt das Gespräch automatisch an Fahrt auf und wird im besten Fall ein Selbstläufer! Währenddessen dominiert neben der Sach- aber auch in jedem Fall zunehmend die Beziehungsebene.

In Bezug auf dieses Geschehen trennt sich an diesem Punkt nun wirklich die Spreu vom Weizen. Die einen Lehrkräfte inszenieren einen Dialog, der dann im Rahmen der Expertenrolle getragen wird von positiven Gefühlsimpulsen. Die Betreffenden haben es dann mit der Aktivierung von Sozialkompetenzen zu tun. Das Gespräch belohnt sich somit selbst.

Im Unterschied hierzu kann man sich jemanden in der Lehrerschaft vorstellen, der in einer solchen Situation zwanghaft versucht, etwa im Rahmen der Aktivierung des Schemas *Emotionale Kontrolle (Übertriebene Rationalität)*, einen Fuß in die Tür zu bekommen! Das kann natürlich funktionieren, z. B. wenn das Gegenüber ähnlich gestrickt ist. Aber in der Mehrheit der Fälle braucht es einfach einen Tick Empathie, um eine friedliche Koexistenz zu generieren. Emotionale, spiegelbildliche Kommunikation entspricht eben unserem evolutionären Erbe (vgl. Kapitel 5.2).

„Wenn der Geist erst einmal aus der Flasche befreit ist ...!" – oder: *Aus großer Macht folgt große Verantwortung!*

Gespräche mit einem emotional positiven Anteil können süchtig machen! Auch in der Schule. Sobald die Glücksbotenstoffe das Gehirn auf Trab bringen, entsteht Motivation, Wohlbefinden und schlussendlich das Bedürfnis, das Erlebte neu inszenieren zu wollen. Im Klartext heißt das: Schüler XY möchte vielleicht öfter ähnliche Situationen mit der Lehrkraft realisieren, die mit der Methode Expertenrolle ausgehen.

Hieraus ergibt sich folgende rhetorische Frage: Möchten wir im Unterricht, in den Pausen, auf dem Weg zur Schule bzw. sogar in unserer Freizeit jederzeit Gewehr bei Fuß stehen? Nein, natürlich nicht. Aber unsere Wahrnehmung ist der Schülerin XY unter Umständen völlig egal. Denn wie oben schon erwähnt: Bedürfniserfüllende Unterhaltungen können süchtig machen! Das heißt, die Lehrkraft hat mit potenziellen „Stalkern" inner- und außerhalb der Unterrichtszeit zu kämpfen, wenn sie nicht aufpasst und entsprechend keine Grenzen setzt. Es braucht also nichts anderes als Professionalität und vor allem Aufmerksamkeit (= Modus des gesunden Erwachsenen). Die Mischung zwischen Nähe und Distanz muss stimmen. Grenzen und klare Ansagen sind ebenso notwendig. Wenn man keine Grenzen zieht, so muss man sich nicht wundern, wenn es z. B. zu folgenden grenzüberschreitenden Angeboten kommt (O-Töne):

- „Ich kann gern zu Ihnen nach Hause kommen und die Kinderbetreuung übernehmen!"
- „Brauchen Sie eine Putzfrau, ich könnte das für Sie machen, kostenlos!"
- „Ich könnte am nächsten Wochenende Ihr Chauffeur sein!"

Dies ist aber nur ein mögliches Problem, das aus Unachtsamkeit und dem Prinzip „Öl ins Feuer auf der Beziehungsebene kippen" resultieren kann. Ein zweites denkbares Dilemma ist mit mehr Verantwortung verbunden. Es ist möglich, dass manche SuS sich als „verlängerter Arm" für diverse Projekte anbieten (mit denen unsere Person in Verbindung gebracht wird), in der Regel unter vier Augen. Derartiges ist mir auch schon einige Male passiert. Hier wieder einige O-Töne:

- „Wenn Sie mal wieder Probleme auf der Straße haben oder mit Ihrem Nachbarn – hier ist meine Handynummer!"
- „Meine Mutter hat Depressionen, würden Sie morgen Abend bei uns vorbeikommen und sich dem Problem mal annehmen? Sie helfen ja gern!"
- „Ich habe Stress mit meinem Freund, können Sie mal mit dem reden?"

Man sieht schnell: Diese Methode kann eine sehr machtvolle Wirkung entfalten und entsprechend das Nähe-Distanz-Verhältnis kippen lassen. Es liegt in unserer Verantwortung, diese Intervention gewissenhaft und gewinnbringend in den Schulalltag einfließen zu lassen.

Merkkarte zur Methode Expertenrolle (Download-Material 9)

Das Triggern in die Expertenrolle löst in aller Regel den gesunden Erwachsenenmodus und/oder den glücklichen Kindmodus aus! Dies erfordert eine sensible Wahrnehmungs- und Einfühlungskompetenz! Übung macht den Meister!

Hilfsfragen, die sich die Lehrkraft beim Herausfinden des Schlüsseltriggers stellen kann, sind etwa folgende:

- Welches sind die emotionalen Kernbedürfnisse des Schülers/der Schülerin?
- Über welche wiederkehrenden Themen wird gefühlsspezifisch gesprochen?
- Welche außerschulischen Aktivitäten übt der Schüler/die Schülerin bevorzugt aus?
- Mit welchen Aktivitäten, Hobbys, Wertevorstellungen kann ich mich gut anfreunden?

Konkrete situationsbedingte Anliegen, die zu Triggerfragen führen können, sind etwa diese:

- Weist z. B. das Mäppchen, Oberteil, das Schreibwerkzeug, die Trinkflasche, der Ordner, das mitgebrachte Essen oder die Schultasche irgendeine Besonderheit auf, die man ansprechen könnte? Z. B. „Oh, den Spruch auf deinem Mäppchen kenne ich von früher, der sagt viel über jemanden aus!"
- Liegt auf dem Tisch regelmäßig ein bestimmter Gegenstand/Glücksbringer o. Ä.? Auch dieser könnte thematisiert werden: „Darf ich mir den Glücksbringer mal genauer anschauen? Ich hab zu Hause auch einen!"
- Aus dem BBS-Bereich: Bei älteren SuS – sofern ein oder mehrere Tattoos erkennbar sind – könnte man sich nach der Symbolbedeutung oder dem Tattoostudio erkundigen, in dem es gestochen wurde. SuS berichten hierüber immer bereitwillig!

5.1.2 Die Kurzvariante

B

(1) Sarah (17) in der ersten Reihe spielt während des Unterrichts unter dem Tisch am Handy herum. Die Lehrkraft bemerkt es, als sie von hinten nach vorn läuft und den Arbeitsauftrag an die Tafel schreiben will. Sie bleibt neben der Schülerin stehen und sagt: „Sarah, was ist das für ein Handy? S 9?" Überrascht antwortet die Teenagerin: „Äh, nö, S 8!"
„Was sind da die Unterschiede? Stopp, erzähls mir später, du musst jetzt aufpassen, pack das Teil weg!"
„Alles klar!", antwortet Sarah und spurt direkt.

(2) Die Schüler der Berufsfachschule 1 erledigen im Computerraum in Partnerarbeit einen Rechercheauftrag an den PCs. In dieser Ethik-Doppelstunde geht es um das Thema *Tod.* Als die Lehrkraft eine Runde dreht, bemerkt sie, dass Mira (16) und Leonie (15) konzentriert

die Horrorserie *Black Mirror* auf *Netflix* mit Kopfhörer schauen und somit ein stark ausgeprägtes Desinteresse am Arbeitsauftrag offenbaren. Der Erwachsene reagiert sofort und drückt die Space-Taste auf der Tastatur. Das Bild friert ein. Die beiden Schülerinnen schauen grinsend und tendenziell schuldbewusst den Lehrer an. Er sagt lapidar: „Ist das die Folge mit dem Museum, in dem die vielen Gegenstände stehen, die mit schweren Verbrechen zu tun haben und eine eigene Geschichte erzählen?" Mira ist zunächst überrascht und bejaht schließlich diese Frage. „Die Folge kenne ich, die ist richtig geil! Habt ihr eine Idee, wie ihr die Inhalte in den Arbeitsauftrag einfließen lassen könntet? Da müsste schon was in die Richtung machbar sein." Daraufhin formulieren die Schülerinnen erste Gedankenentwürfe und machen sich an die Arbeit.

(3) Saskia (19) steht mit ihrer Clique vor der Schule und raucht in der ersten Pause vor sich hin. Das Problem dabei ist nicht das Rauchen selbst, sondern der Ort, an dem die SuS stehen. Sie haben sich etwa fünf Meter außerhalb des Schulgeländes platziert, um sicherzugehen, dass sie auf der richtigen Seite stehen. Der Nachteil: Da sie die Straßenseite gewechselt haben, stehen die jungen Erwachsenen direkt vor den Stufen einer Kindertagesstätte, die im Nachbargebäude der Schule untergebracht ist.
Die Lehrkraft spaziert auf die Gruppe zu und nimmt Kurs auf Saskia, die mit dem Rücken zum Pädagogen steht. Eigentlich will dieser ein Donnerwetter loslassen mit dem sinngemäßen Titel „Ihr könnt als angehende Erzieher nicht so ein beschissenes Vorbild vor Kindern abgeben". Als er gerade loslegen möchte, registriert er einen neuen Reiz und entscheidet sich für eine andere Strategie: „Saskia!"
Die Schülerin dreht sich um und offenbart zweifellos einen missmutigen Gesichtsausdruck.
„Saskia, du weißt, dass du das Knallerparfum schlechthin trägst: Hypnotic Poison. Das war schon zu meiner Zeit Anfang 20 der Hit! Da erinnere ich mich an die eine oder andere Uni-Party. Wer diesen Duft präsentierte, stach echt heraus."
„Krass!", erwidert sie nun lächelnd. „Sie erkennen das direkt am Duft?"
„Sicher!", antworte ich und mit einem Nicken in die Gegenrichtung mache ich folgende Ansage: „Und jetzt, Freunde der Nacht, geht ihr da rüber zum Rauchen, ihr wisst wo! AUF!"
Die Gruppe, die den kurzen Dialog mitverfolgt hat, reagiert entsprechend.

In den drei Beispielen wurde deutlich gemacht, dass die Kurzvariante dieser Methode auch dazu eingesetzt werden kann, um die Anzahl an pädagogischen Erfolgen hochzupushen. Wer das Gegenüber kurz und knapp in die Expertenrolle triggert und *dann* ein bestimmtes Verhalten einfordert, wird öfter sehen, dass der Interaktionspartner der jeweiligen Ansage automatisch und wie von selbst Folge leistet. Der Grund: Erst werden Glückshormone aktiviert, die bekanntermaßen Handlungsbereitschaft generieren – und vergleichbar mit einer Judotechnik nimmt die Lehrkraft den Schwungimpuls des jeweiligen Schülers mit und bugsiert ihn sinngemäß in die erwünschte Rolle.

Die Schlussfolgerung lautet: Mit der Methode *Expertenrolle* bringt man SuS dazu, etwas zu *tun,* was die Lehrkraft *will,* aber nicht weil die jungen Menschen das Gefühl haben, sie *müssten* das tun – sie kommen dadurch zu einem Punkt, an dem sie genau das *wollen,* was die oder der Erwachsene einfordert. Dieser Satz klingt nur nach *hölzernem Eisen,* wenn man ihn nicht tiefgründig versteht.

Einem möglichen Missverständnis soll an dieser Stelle aber nicht Vorschub geleistet werden. Es geht hier nicht um Kuschel- bzw. Lass-uns-mal-darüber-reden-Pädagogik oder gar ums profane Einschleimen. Die Methode kann durchaus konfrontative Elemente im zweiten Satzteil beinhalten. Das wurde auch in den Beispielen oben angedeutet.

5.1.3 Methodischer Einsatz anlässlich von Konfliktgesprächen

B

Max (16) hat nach der 6. Stunde einen Pflichttermin im Büro von Herrn Schneider (Schulsozialarbeiter). Der Schüler hat in der 3. Stunde Frau Griesmann, seine Mathelehrerin, als „blöde Kuh, die gar nichts kann" betitelt und ist infolgedessen rausgeflogen. Max gilt als schwieriger Fall, er gerät immer mal wieder mit Lehrkräften aneinander, weil er den Unterricht sabotiert. Natürlich waren im Nachhinein immer die Interaktionspartner dafür verantwortlich, nie er.

Max klopft pünktlich um 13 Uhr an die Tür von Herrn Schneider. In der rechten Hand ruht sein Handy. Ihm wird direkt Einlass gewährt und er wird freundlich begrüßt mit folgenden Worten: „Max, mein Guter, komm rein, setz dich! Tja, da sind wir mal wieder!" Man kennt sich.

„Was ist das denn Schickes? Habe ich noch nie gesehen. Neu?", fragt der Pädagoge, während beide durch den Raum gehen.

„Ach so, das?", erwidert der Schüler. „Das ist mein neues Handy, das S 10, sehr, sehr geil!"

„Was kann das? Setz dich." Beide sitzen nun einander gegenüber.

Max ist die nächsten drei Minuten voll in seinem Element, Herr Schneider hört aktiv zu und fragt nach. In einem passenden (kurzen) Moment einer Gesprächspause grätscht der Pädagoge dazwischen: „So, Max, jetzt lass uns mal über den Vorfall von vorhin sprechen."

Der Teenager steht noch unter dem Einfluss des Expertenmodus (gesunder Erwachsener) und stellt kurz und knapp den Vorfall dar – mitsamt seinem Eigenanteil. Dann ein Rückfall: „Die blöde Kuh hat was gegen mich, ich habe gar nichts gemacht!"

„Komm, Max, bleib objektiv, ich weiß, du kannst das!"

„Na gut, ich war frech und habe sie provoziert, das muss ich zugeben."

„Max, danke für deine objektive Einschätzung! Mich würden jetzt deine Ideen interessieren, wie ich dich darin unterstützen kann, den Karren wieder aus dem Dreck zu ziehen!"

Lehrkräfte, Schulsozialarbeiterinnen usw. tun gut daran, die Expertenrolle in sogenannte Konflikt- bzw. Beratungsgespräche einzubauen, und zwar als Startsequenz (denkbar wäre auch, einen Testballon in stagnierenden Momenten zu starten).

Es bringt erfahrungsgemäß gar nichts, direkt mit der Konfrontation zu starten („Warum hast du deine Lehrerin als blöde Kuh, die nichts kann, hingestellt?"). Denn eins ist klar: Die oder der betreffende Schüler ist auf solche Termine bestens vorbereitet und mit allen Wassern gewaschen. Schnell werden Images, Tests und Psychospiele praktiziert. Sprich: Sand wird ins Getriebe gestreut. Das braucht niemand.

Anlässlich von schwierigen Gesprächen wird – wenn man sich für diese Intervention entscheidet – empfohlen, eine längere Sequenz für die Expertenrolle einzuplanen. Es gilt die Faustformel: Je länger Schüler XY in den gesunden Erwachsenen- und/oder glücklichen Kindmodus getriggert wird, desto besser kann man mit dem Betreffenden pädagogisch arbeiten und den Vorfall, der erst zu dem Termin geführt hat, reflektieren und zielorientiert auflösen.

In Hinsicht auf die Formulierung und Festsetzung von pädagogischen Kompetenzen bietet sich u. a. eine praktische Intervention aus der Schematherapie an, und zwar eine bestimmte Form der sogenannten Stühlearbeit (Roediger 2016).

B

„Max, danke, dass du den Vorfall so gut reflektiert und so authentisch geschildert hast. Nun müssen wir über die Konsequenzen sprechen, die wir Frau Griesmann dann anbieten können."

„Pf, keine Ahnung!"

„Denk nach!"

„Immer noch keine Ahnung!"

„Pass auf, Max, wir machen das jetzt so: Du setzt dich jetzt mal auf meinen Platz und gehst dann mal in meine Rolle. Und ich gehe auf deinem Stuhl in deine. Auf!"

Beide Parteien tauschen die Plätze. Der Schulsozialarbeiter beginnt in der Schülerrolle: „Pf, keine Ahnung wegen der Konsequenzen. Machen Sie mal einen Vorschlag!" Dabei imitiert der Schulsozialarbeiter Max bestmöglich.

Daraufhin switcht Max plötzlich in den kritisierenden/strafenden Elternmodus, sein ganzer Habitus verändert sich, ebenso die Wortwahl und die Tonlage.

„Also, Max!", legt er los. „Du hast deine Lehrerin beleidigt, das muss sanktioniert werden."

„Aber ich hab doch gar nichts gemacht – die hat was gegen mich!", antwortet der Schulsozialarbeiter.

„Doch, du warst frech und das hat Konsequenzen, du entschuldigst dich bei ihr und übernimmst den Tafeldienst in ihrem Unterricht in den nächsten vier Wochen."

„Na gut!"

Daraufhin steht der Schulsozialarbeiter auf, switcht in den Modus des gesunden Erwachsenen und sagt: „So, Max, jetzt bist du wieder du – und ich ich. Platzwechsel." Nachdem beide wieder die Stühle getauscht haben, fasst der Pädagoge noch einmal die vom Schüler formulierten Konsequenzen zusammen und verabschiedet sich wertschätzend von ihm.

Warum diese Intervention sehr wirksam sein kann, wurde bereits in diversen Kapiteln dieses Buches angedeutet bzw. deutlich gemacht (vgl. Bauer 2006; 2007).

Nach meiner Erfahrung funktioniert diese Intervention aus verschiedenen Gründen gerade bei Grenzgängern extrem gut: Es werden nämlich währenddessen

- direkt die zahlreichen Selbstkompetenzen der Schülerin aktiviert,
- positive zwischenmenschliche Impulse gesetzt,
- eventuell negative Stimmungszustände wie auf Knopfdruck ausgeknipst.

Ausblick

Im Wesentlichen wurden nun zwei Grundbausteine schemapädagogischer Theorie und Praxis ausgeführt, nämlich (1.) die Beobachtungsphase und (2.) der komplementäre Beziehungsaufbau. Zudem wurden bereits praktisch wirksame Methoden vorgestellt, die überwiegend diesen beiden Phasen zugeordnet werden, aber auch z. T. erst im späteren Verlauf der Zusammenarbeit zum Tragen kommen können.

Im folgenden Kapitel geht es um Methoden der nächsten Phase des schemapädagogischen Ablaufs: *Problemklärung.* Diese Phase kann erst erfolgreich praktiziert werden, wenn man die ersten beiden Schwerpunkte professionell berücksichtigt hat. Gerade um den Beziehungsaufbau kommt man nicht herum, möchte man im Umgang mit Grenzgängern in schweren Zeiten pädagogisch arbeiten.

6 Strategien zur Problemklärung

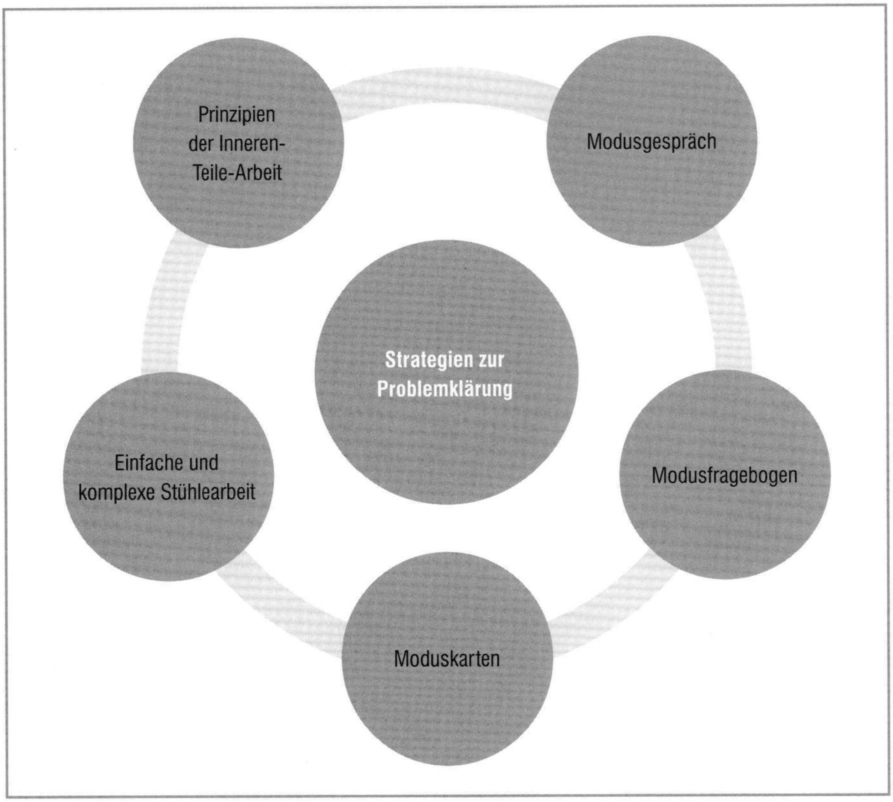

Abb. 11: Strategien zur Problemklärung

6.1 Prinzipien der Inneren-Teile-Arbeit

Die nächsten Methoden bauen chronologisch aufeinander auf. Zunächst wird im vorliegenden Abschnitt in die Innere-Teile-Arbeit mit SuS eingeführt (einleitende Überlegungen wurden in anderen Kapiteln bereits angesprochen und skizziert).

Noch einmal: Wer bin ich? – Und wenn ja: wie viele?

Parallel zur Beobachtungsphase (vgl. Kapitel 4.4) und zum komplementären Beziehungsaufbau (vgl. Kapitel 4.5) sollte niedrigschwellig bereits das Schemamodus-Modell thematisiert werden (vgl. Kapitel 4.1), und zwar möglichst früh. Es gibt kein Patentrezept dafür, wie man am besten den SuS die Perspektive nahebringt, dass unser Ich aus verschiedenen Teilen besteht und dass wir im (Schul-)Alltag je nach Stimmung, Situation, Trigger bzw. Gesprächspartner mal kindliche, mal elterliche und auch mal erwachsene Ich-Anteile offenbaren. Erfahrungsgemäß können sich folgende Unterrichtsideen für verschiedene Altersstufen/Bildungsgänge als sehr hilfreich erweisen:

- **Flipchart-Arbeit.** Die Lehrkraft geht mit gutem Beispiel voran und präsentiert den SuS ihre auf einem Flipchart veranschaulichte Innere-Teile-Landschaft: „Also, das da ist mein autoritärer Teil, der wird ausgelöst durch [...]!" (nach diesem Input sind dann die Kinder, Jugendlichen bzw. jungen Erwachsenen an der Reihe, und mithilfe von angepassten Arbeitsaufträgen lassen sich die Lernprozesse vertiefen).
- Die **Lehrkraft zeigt den SuS** zu Unterrichtsbeginn **eine initiierte Videosequenz**, die sie in verschiedenen Modi und Unterrichtssituationen zeigt (danach kommt man zusammen ins Gespräch und reflektiert die Eindrücke, wobei dabei auch der Perspektivwechsel angeregt werden soll: „Welchen von diesen Ich-Anteilen erkennt ihr an euch selbst? In welchen Unterrichtssituationen zeigt ihr erfahrungsgemäß euren netten Teil? Was braucht es dafür?").
- Die SuS stellen mit **Handpuppen** ihre Eindrücke bezüglich ihrer Persönlichkeit dar und inszenieren z. B. ein kurzes Theaterstück über sich selbst, das sie dann in Kleingruppen einander präsentieren.
- **Gemeinsames Anschauen von YouTube-Videos**, in denen verschiedene Schüler- und Lehrertypen dargestellt und die danach zusammen reflektiert werden.
- **Gemeinsamer Konsum und Reflexion** von **Filmproduktionen**, die das Thema multiple Persönlichkeit bzw. „innerpsychische Vielheit" aufgreifen (z. B. „Split", „Alles steht Kopf", „Identität").
- Thematisierung von passenden **Literaturklassikern** (etwa „Dr. Jekyll und Mr. Hide").
- Die Lehrkraft inszeniert die kurze und auch längere Variante des sogenannten **Modusgesprächs**, und zwar sowohl zwischen Tür und Angel als auch im 1:1-Setting (vgl. Kapitel 6.2).
- Bearbeitung und Auswertung des **Modusfragebogens** (vgl. Kapitel 6.3).
- Einsatz von **Moduskarten** mit entsprechenden Arbeitsaufträgen (vgl. Kapitel 6.4).
- Praxis einfacher und komplexer Form der **Stühlearbeit** (vgl. Kapitel 6.5).

6.2 Modusgespräch

Allgemeines

Ein Vorteil des Modusgesprächs liegt darin, dass es, wie der Name schon verrät, in eine Face-to-face-Kommunikation eingebettet ist. Wenn die pädagogische Beziehung zu Schüler XY positiv geprägt ist (vgl. Kapitel 5.1), so steigt er in der Regel bereitwillig in diese Intervention ein. Grund: Die Rollen sind geklärt. Das heißt, man geht das folgende Schuljahr gemeinsam an und ist nicht grundsätzlich daran interessiert, sich in inszenierten Grabenkämpfen kleinzukriegen. Ein anderer Vorteil: In einem Modusgespräch geht es um die Person des Gegenübers, und der betreffende Schüler entwickelt allein schon durch diese Voraussetzung eine Art intrinsische Motivation. Bestenfalls.

Sinnvollerweise ist dem Interaktionspartner, um den es geht, bereits die Perspektive bezüglich der Inneren Anteile bekannt – ansonsten steht der Erfolg dieser Intervention mehr oder weniger der Kippe.

Short Version

Es wird ausdrücklich empfohlen, sich zu Beginn des Schuljahres zunächst um diejenigen SuS zu kümmern, die aufgrund von Eindrücken in der Beobachtungsphase – so die Schlussfolgerung – eventuell zu Problemfällen avancieren *könnten*. In unserem Rahmen dreht es sich bekanntlich um Grenzgänger, weshalb insbesondere diese Personengruppe im Folgenden im Fokus steht.

Nun wissen Fachleute durch Therapie- oder Unterrichtseindrücke mit Personen mit Borderline-Struktur, dass im Umgang mit den Betreffenden v. a. die Modi (a) **strafender** und (b) **perfektionistischer Elternmodus,** (c) **distanzierter Beschützer,** (d) **verletztes/missbrauchtes,** (e) **kreatives,** (f) **glückliches** und (g) **impulsives Kind** sowie (h) der **gesunde Erwachsenenmodus** anzutreffen sind (Arntz & van Genderen 2010; Damm 2019a).

Lehrkräfte können die genannten Modi seitens der Borderline-Betroffenen im Laufe des Schuljahres leicht ein- und auch mehrmals erfahren. Trigger-Situationen gibt es wie Sand am Meer. Zwecks Beziehungsaufbau oder auch Konfrontationsanlass (im Falle von resultierenden Unterrichtsstörungen) können die beobachteten Modi entweder bereits *ad hoc* im aktivierten Zustand oder auch im Nachgang im Rahmen der gemeinsamen Reflexion zum Thema gemacht werden. Hierzu einige Beispiele:

- (währenddessen) „Jana, jetzt kommt aber ganz schön die **Sadistin** aus dir raus!" – (im Nachhinein) „In der 3. Stunde hast du eine Seite gezeigt, die gefällt mir nicht so gut, wie reflektierst du die Situation vorhin?"
- (währenddessen) „Jana, mach langsam mit deinem **perfektionistischen Anteil** – fünf mündliche Beiträge in einer Doppelstunde reichen, easy."

(im Nachhinein) „Vorhin kam ja ganz schön die Perfektionistin in dir zum Vorschein."

- (währenddessen) „Jana, ich hab das Gefühl, ich komme gerade nicht an dich ran, dein **Selbstschutzmodus** überstrahlt gerade alles." (im Nachhinein) „Mir ist es heute Morgen einfach nicht gelungen, mit dir in Kontakt zu treten, was war der Auslöser dafür, dass du dichtgemacht hast?"
- (währenddessen) „Jana, was kann ich jetzt für dich tun, du zeigst grade deinen **verletzlichen Teil.**" (im Nachhinein) „Wie bewertest du jetzt die Situation von vorhin, in der ich für dich da war und dir Unterstützung angeboten habe?"
- (währenddessen) „Jana, wow, das haste super formuliert, das ist die Stärke deiner **kreativen Seite.**" (im Nachhinein) „In der ersten Stunde kam dein kreatives Ich so richtig raus, in welchen Situationen außerdem?"
- (währenddessen) „Da strahlt jetzt aber dein **glückliches Kind!**" (im Nachhinein) „Gestern bist du beim Thema XY so richtig aufgeblüht und warst voll konzentriert; bei welchen Angelegenheiten wird dein glückliches Kind noch getriggert?"
- (währenddessen) „Jana! Jetzt biste im **aggressiven Ich** – geh man kurz raus und lass Dampf ab, keine Widerrede!" (im Nachhinein) „In der 2. Stunde hat dich jemand oder eine Situation als solche sehr stark negativ getriggert. Ich möchte, dass du mir das jetzt aufdröselst!"
- (währenddessen) „Jana, unser Gespräch auf Augenhöhe gefällt mir sehr gut, du wirkst gerade sehr klar und reflektiert auf mich – du bist im **cleveren Modus!**" (im Nachhinein) „Ich schätze deine reflektierte Seite sehr, die würde ich gern öfter im Unterricht sehen. Was meinst du? Wäre das ein Projekt für dich?"

Mit solchen Interventionen lassen sich erfahrungsgemäß schon Erkenntnisprozesse beim Interaktionspartner anregen (wenn die Beziehung positiv besetzt ist). Die Schemamodus-Perspektive lässt sich auch gewinnbringend in Beratungsgespräche einbauen, etwa wenn es um die Aufarbeitung von massiven Unterrichtsstörungen bzw. um Mediationsgespräche geht.

Long Version

In Bezug auf länger andauernde 1:1-Settings ist es sinnvoll, sich vorzubereiten. Die Lehrkraft kann sich den folgenden Fragen widmen und vorab ein Gesamtbild konstruieren (womit dann gemeinsam gearbeitet werden kann):

- Welche Informationen über die Biografie der Schülerin liegen mir vor und wie kann ich diese strukturieren?
- Mit welchen Lebensthemen beschäftigt sich die Heranwachsende aktuell, was treibt sie um?

- Welche Stimmungen an ihr habe ich in welchen Situationen wahrnehmen können?"
- Welche Schemata wurden bisher tendenziell bis mittelstark offenbart?
- Welche Modi dominieren?
- Welche Situationen waren von beidseitiger Sympathie, welche von Antipathie geprägt?
- Was lässt sich ganz allgemein über die Persönlichkeitsstruktur sagen in Bezug auf allgemeine und spezielle Borderline-Phänomene (vgl. Kapitel 3.1 ff.)?
- Wie ist es um die Selbst- und Fremdwahrnehmung der Schülerin bestimmt?
- Welche Psychospiele wurden bisher praktiziert?

Die Antworten auf diese Fragen liefern die Grundlage für Beratungs-, Ressourcen- bzw. Konfliktgespräche. Die Lehrkraft wird im Laufe derer erfahrungsgemäß zu neuen Erkenntnissen gelangen, weil sie nach und nach Querverbindungen zwischen den einzelnen Themen ziehen kann, die ihr angeboten werden.

Das hauptsächliche Ziel von Schemamodusgesprächen ist es, dem Interaktionspartner zu mehr Selbstverständnis zu verhelfen. Er sollte sich irgendwann darüber im Klaren sein, welche zwischenmenschlichen Situationen für ihn Moditrigger darstellen. Außerdem sollen am Ende gemeinsame Absprachen getroffen werden, wie man in Zukunft mit solchen Situationen konstruktiv umgeht. Die Lösungsvorschläge müssen natürlich von der Schülerin formuliert werden.

Um diese Ziele zu erreichen, ist es ratsam, manche der oben formulierten Fragen mit der Schülerin dann gemeinsam durchzugehen.

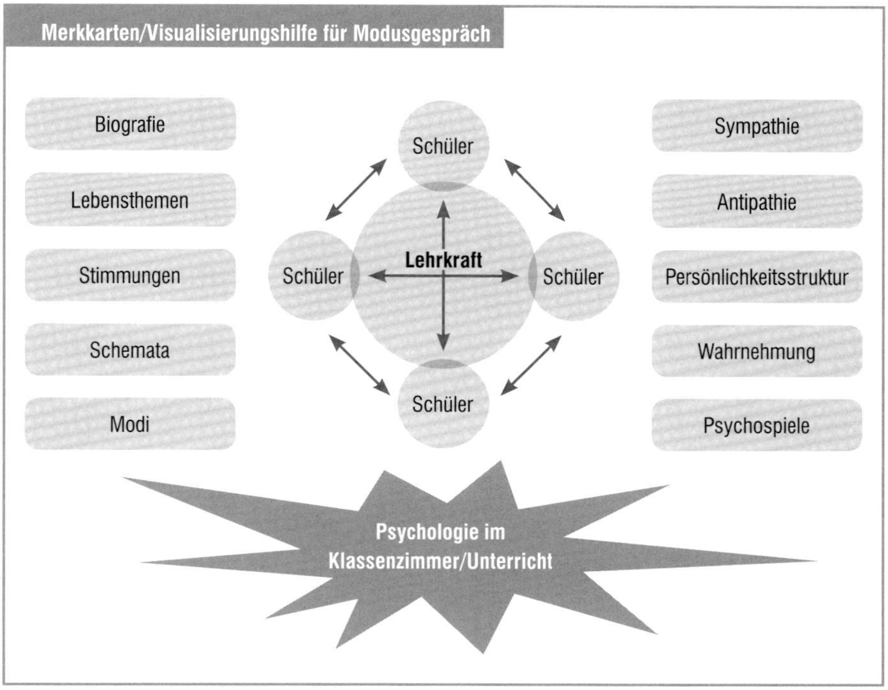

Abb. 12: Download-Material 10

6.3 Modusfragebogen

Die Selbstklärung von SuS wird massiv durch die Bearbeitung und Reflexion des Schemamodusfragebogens (vgl. Damm 2019a, S. 136ff.) unterstützt. Lehrkräfte können diesen Bogen sowohl im Unterricht mit allen Jugendlichen und jungen Erwachsenen thematisieren, aber auch im Einzelsetting verwenden (vgl. Download-Material 4).

Um folgende Modi dreht es sich:

- misstrauisches Ich,
- grandioser Teil (Big Boss),
- passiv-aggressives Ich („Null Bock"-Teil),
- fürsorgliches Ich,
- gesunder Erwachsenenmodus,
- Manipulierer,
- aggressiver Teil,
- glückliches Kind.

Die SuS finden zu jedem Modus fünf Aussagen vor, zu denen sie Stellung nehmen und sich entsprechend einschätzen müssen, auf einer Skala von 1 (trifft überhaupt nicht zu) bis 6 (trifft voll zu). Am Ende des Bogens angekommen, werden dann die Punkte je Modus aufaddiert. Letztlich kristallisieren sich je Schülerpersönlichkeit dann ganz bestimmte Modi heraus, mit denen sich die jungen Menschen dann kritisch befassen sollen (relevante Trigger, Vorteile, Nachteile usw.).

Typischerweise offenbaren viele SuS mit Borderline-Persönlichkeit meistens die folgenden Modi: misstrauisches, grandioses, verletzbares, fürsorgliches und aggressives Ich. Mit diesen Teilen setzt sich dann die betreffende Partei mit der Lehrkraft auch im Einzel-Setting auseinander, um das Modusbewusstsein auf Schülerseite zu fördern.

Gerade im Umgang mit Borderlinern wird empfohlen, darüber hinaus insbesondere den emotional-instabilen Modus (impulsives Kind) zu thematisieren. Kommt die Lehrkraft aufgrund von Beobachtungen und entsprechenden Erlebnissen zu dem Schluss, dass die oder der Betreffende ein Problem mit Impulskontrolle hat, so kann sie folgende Fragebogenergänzung berücksichtigen, die dieses Problemfeld dann klar bewusst macht und zweifelsfrei nachweist (entweder in Form eines Einzelarbeitsauftrages oder im Rahmen eines Beratungstermins als Gesprächsleitfaden):

Impulsive/r ______________________ (den Vornamen einfügen)

Inwieweit kannst du dich mit folgenden Aussagen anfreunden?
Schätze dich ein von 1 (trifft gar nicht zu) bis 6 (trifft voll zu)

1. Ich kann schlecht mit Situationen umgehen, die mich frustrieren.	1 2 3 4 5 6
2. Manche meiner Mitmenschen meinen, ich sei unberechenbar, ein Pulverfass.	1 2 3 4 5 6
3. Manchmal reichen Kleinigkeiten aus, um mich zum Explodieren zu bringen.	1 2 3 4 5 6
4. Wenn ich schlecht drauf bin, bin ich auch gleichzeitig schnell genervt und zeige das dann auch anderen.	1 2 3 4 5 6
5. Ich wäre in Stresssituationen gern ganz allein auf der Welt.	1 2 3 4 5 6
6. Ich denke, dass mich Mitmenschen oft ganz bewusst provozieren, um mich aus der Fassung zu bringen.	1 2 3 4 5 6
7. Ich finde, meine Mitmenschen sollten meine Launen, die ich manchmal habe, auch mal tolerieren können.	1 2 3 4 5 6
8. Ich brauche hin und wieder die zwischenmenschliche Reibung, um Spannungen abzubauen.	1 2 3 4 5 6
9. Meine Meinung ist: Zu viel Harmonie ertrage ich auf Dauer nicht, es muss regelmäßig ein reinigendes Gewitter geben, finde ich!	1 2 3 4 5 6
10. Ich provoziere manchmal mein Gegenüber, um eine Situation eskalieren zu lassen, danach gehts mir aber besser.	1 2 3 4 5 6

6.4 Moduskarten

Die Karten mit den Ich-Anteilen (Download-Material 11) können ebenfalls das Modusbewusstsein und somit die erwachsenen kognitiven Potenziale von SuS stärken. Des Weiteren kommen dafür aber auch die einfachen und komplexen Stühlearbeit-Arrangements infrage (vgl. Kapitel 6.5).

Die Karten, die übrigens ein fester Bestandteil in der schema*therapeutischen* Arbeit mit Kindern und Jugendlichen sind (Graaf 2016; Handrock, Zahn & Baumann 2016; Pommer & Zöhling 2019), ermöglichen auch im Schulbereich einen niedrigschwelligen Einstieg in die Modusarbeit (Damm 2019a). Sie können aber auch einen Klärungsprozess vor dem Hintergrund der Inneren-Teile-Arbeit, der schon durch Modi-Gespräche angestoßen wurde, flankierend unterstützen und fördern.

Was genau macht diese Methode aus? Auf einzelnen Karten ist jeweils ein einziger spezieller Modus veranschaulicht, und zwar im Stil eines Cartoons. Relevant sind natürlich in erster Linie neben den Eltern- und Kind-Modi vor allem auch die kompensatorischen Ich-Zustände (z. B. Manipulierer, distanzierter Beschützer, Mobber usw.).

Die Einsatzmöglichkeiten bezüglich der Karten sind sehr vielfältig. So kann die Lehrkraft etwa ausgewählte Modus-Cartoons *ad hoc* präsentieren und Gesprächsimpulse geben á la: „So, schau mal, diese Karte symbolisiert deinen Boss-Modus, den du manchmal im Unterricht zeigst – und diese hier deinen fürsorglichen Persönlichkeitsanteil [...]. In welchen Situationen zeigst du welche Seite aus deiner Sicht?" Aber auch eine sinnvolle Einbindung in die Stühlearbeit (s. folgendes Kapitel) ist praktizierbar.

Abb. 13: Glückliches Kind

Abb. 14: Fürsorglicher Modus

Abb. 15: Erwachsener/reflektierender Modus

Abb. 16: Boss-Modus

Abb. 17: Wütender Modus

Abb. 18: Trauriges Kind

Abb. 19: Perfektionist

Der wesentliche Vorteil dieser Methode besteht darin, dass die Fachkraft und der Interaktionspartner *gemeinsam* auf ein fundamental wichtiges Thema der oder des Jugendlichen schauen und dabei partnerschaftlich und einfühlsam kommunizieren, und zwar zielorientiert (etwa: „Was brauchst du im Schulalltag, um öfter dein glückliches Kind zu spüren?"). Kurz gesagt, es geht um die *Persönlichkeit* unseres Gegenübers!

Wenn sich Lehrkräfte dafür entscheiden, die Modus-Pics im Unterricht einzusetzen, können folgende Arbeitsaufträge in Betracht gezogen werden (bei Bedarf sollten die Anweisungen eine didaktische Reduktion beinhalten):

- Zunächst Einzelarbeit: Lege alle Karten vor dich, verteile sie. Wähle aus deiner Auswahl zwei bis drei Modus-Pics aus, die deinen aktuellen innerpsychischen Zustand widerspiegeln und begründe deine Entscheidung. Reflektiere erst für dich selbst, dann gemeinsam mit deinem Nachbarn.
- Partnerarbeit: Dreht alle Karten um. Setzt euch einander gegenüber. Einer von euch zieht eine Karte, die nur er sieht. Er versetzt sich nun körpersprachlich (pantomimisch) in den Modus, der auf der Karte abgebildet ist. Das Gegenüber muss erraten, welcher Persönlichkeitsanteil gerade aktiviert ist – danach tauschen.
- Dreht die Karten wieder um – mit der Abbildung nach oben. Du sprichst jetzt folgende Sätze aus Sicht des Modus des gesunden Erwachsenen aus: „Heute ist ein guter Tag!", „Ich bin total müde!", „Kannst du mir einen Kaffee holen?", „Ich mag dich!" Dein Gegenüber tippt nun auf einen Modus nach Wahl und du wiederholst aus der entsprechenden Modusperspektive dieselben Sätze. Danach tauschen.
- Setzt euch jetzt nebeneinander und breitet alle Karten mit den abgebildeten Modi nach oben vor euch aus. Einer von euch erzählt dem anderen zunächst aus der Sicht des gesunden Erwachsenen, was er heute Morgen nach dem Aufstehen erlebt hat. Der Zuhörer tippt nach jeweils 10 bis 20 Sekunden in einem passenden Moment (eigenes Ermessen) immer mal wieder auf einen anderen Modus. Der Erzähler hat die Aufgabe, bewusst in den dargestellten Modus zu switchen und die Geschichte weiterzuerzählen. Danach tauschen.
- Nun eine Diskussion. Dein Gegenüber muss permanent im Modus des gesunden Erwachsenen bleiben (reflektiert, aufmerksam, rational, bewusst). Er diskutiert mit dir über ein Thema nach Wahl, zu dem ihr eine unterschiedliche Meinung habt. Das solltet ihr zunächst suchen und finden. Er vertritt stur seine Ansicht und bestimmt, in welchem Modus du deine gegensätzliche Meinung kundtun darfst. Das heißt, bevor du reagieren darfst, tippt er auf einen Modus nach Wahl. Dann musst du wieder switchen und deine gegensätzliche Ansicht weiter vertreten.

- Reflektiert über die Frage: In welchen Alltagssituationen wird (a) mein glückliches Kind, (b) strafender Elternmodus, (c) gesunder Erwachsenenmodus getriggert?
- Kreiert selbst eine Übung mit den Karten und präsentiert sie vor der Klasse.

Folgende Arbeitsaufträge mit den Moduskarten sind bezüglich unserer Borderline-Klientel im 1:1-Setting denkbar:
- Ziehe aus den vorhandenen Karten folgende Modi-Pics heraus und lege sie vor dich, mit den Abbildungen nach oben: impulsives Kind, strafender/fieser Modus, grandioses, fürsorgliches, perfektionistisches, erwachsenes, kreativ-künstlerisches Ich.
- Bringe die Karten nun in eine chronologische Reihenfolge (von rechts nach links) – nach aktueller Stimmung. Je aktiver gerade ein bestimmter Ich-Anteil ist, desto weiter rechts platzierst du ihn.
- Begründe nun deine Auswahl – mach dir Notizen oder berichte darüber!
- Wunderfrage: Stell dir vor, eine gute Fee käme jetzt vorbei und würde dir jeden Wunsch in Hinsicht auf die optimale Reihenfolge der Ich-Anteile erfüllen – wie sähe die aus?
- Wenn du mit der aktuellen Reihenfolge der Karten zufrieden bist, dann begründe dies. Wenn nicht, reflektiere darüber, wer oder was dir dabei helfen könnte, die Reihenfolge in konstruktiver Weise zu ändern.

Noch einmal: Die Ziele, die mit diesen Methoden verfolgt werden, liegen auf der Hand. Prinzipiell soll die Innere-Teile-Arbeit angestoßen bzw. im Rahmen bereits erfolgter Interventionen produktiv weitergeführt werden. Auf der anderen Seite werden mit den Karten positive Impulse kommuniziert, die dann meistens von der Gegenseite gern aufgenommen und wieder zurückgespiegelt werden. Gleichzeitig stehen kognitive Anspruchshaltungen im Raum – man sollte den Modus des gesunden Erwachsenen aufrechterhalten können. Natürlich steht die Lehrkraft diesbezüglich als Vorbild in der Verantwortung.

6.5 Einfache und komplexe Stühlearbeit

B

Enrico (17) hat es nicht so mit der Pünktlichkeit, sondern eher eine Schwäche fürs Zuspätkommen. Das Ganze hat schon einen theatralischen Charakter angenommen. Der Unterricht ist bereits im vollen Gange – da öffnet sich irgendwann langsam die Tür (der Vorhang). Alle wissen Bescheid, sitzen gespannt da und harren der Dinge, die da kommen.
Der Star betritt die Manege und inszeniert sich selbst. Lässig stolziert er in die Mitte des Raumes, ohne auch nur ein einziges Wort zu sagen. Die Unterrichtende hat schon lange aufgehört, in solchen Situationen lehrhaft vorzugehen. Nichts hat bisher gefruchtet. Sie hat aufgegeben. Der Teenager dreht sich irgendwann in Zeitlupe zur Pädagogin um und sagt ihr einen provokanten Spruch. Dabei zeigt er eine exorbitante Kompetenz und Kreativität. Heute sagt er: „Ja, ich bin zu spät, stimmt. [Pause] Ich bin vorhin kurz gestolpert, also ich bin hängen geblieben [Pause]."
Auch dieses Mal lacht sich die Klasse einen ab.

Devin (18) hat eine kurze Zündschnur. Der junge Erwachsene gerät regelmäßig in Konflikte mit Mitschülern und Lehrkräften (besonders die Junglehrerinnen haben es ihm angetan, mit denen spielt er gern, wie er im Gespräch mit dem Klassenlehrer zugibt). Er ist unberechenbar. Lehrkräfte haben teilweise Angst vor der Verkündigung von schlechten Zensuren ihm gegenüber, von denen es zahlreiche gibt. Der Klassenlehrer hat einigermaßen einen guten Draht zu ihm, und in seinem Unterricht läuft er einigermaßen in der Spur.

Sarah (17) hat hohe Fehlzeiten. Im persönlichen Austausch mit der Klassenlehrerin offenbart sie sich: „Vor zwei Jahren habe ich die Diagnose Borderline-Persönlichkeitsstörung attestiert bekommen." Auf die Fehlzeiten angesprochen, offenbart sie sich und macht einen authentischen Eindruck, indem sie preisgibt: „Es gibt Tage, da bin ich so down und liege heulend im Bett und weiß in solchen Momenten gar nicht warum. Ich bin dann einfach nicht in der Lage, in die Schule zu fahren. No-Go! Das müssen Sie verstehen, bitte! Aber das Schlimmste ist dann der Blick meiner Mutter. Sie drückt damit ihre Enttäuschung und ihren Hass mir gegenüber aus!"
Wenn Sarah mal anwesend ist und aktiv am Unterricht teilnimmt, arbeitet sie sehr gut mit und zeigt ihre Stärken, die vor allem im kognitiven Bereich liegen. Ihre hohe Reflexionsfähigkeit fällt auf.
Im laufenden Schuljahr steht der erfolgreiche Abschluss aber aufgrund der Fehlzeiten auf des Messers Schneide, wie auch in den letzten Jahren.

Im Folgenden werden mit Bezugnahme zu den beschriebenen (realen) Praxisbeispielen Möglichkeiten aufgezeigt, wie man mithilfe der einfachen und komplexen Stühlearbeit Erkenntnisprozesse auf Schülerseite anregen und zielorientierte Perspektiven eröffnen kann.

Einfache Stühlearbeit – Unterrichtsstörungen *in sensu* spiegeln und gemeinsam reflektieren

Die Version 1.0 der schemapädagogischen Stühlearbeit (Damm 2010) lässt sich recht simpel und ohne Vorübung im 1:1-Setting umsetzen. Die Chemie hierfür sollte natürlich zwischen den Parteien stimmen. Aber manche SuS, die auf der Beziehungsebene noch nicht vom glücklichen Kind „geküsst" wurden, vertragen diese Methode auch. Ausprobieren. Im Zweifelsfall nimmt man sich noch jemanden aus dem Kollegium hinzu, zur Sicherheit. Vier Augen sehen mehr als zwei und bei Bedarf kann man mit mehr Manpower reagieren, falls der *Worst Case* eintritt und der Schüler ausflippt (was vor meinen Augen übrigens noch nie passiert ist). Rein präventiv sollte man beim Spiegeln darauf achten, dass man bei den ersten Versuchen eher weniger emotional, sondern rational auftritt.

Im Prinzip geht es bei der einfachen Stühlearbeit darum, dem Interaktionspartner seine Fehlverhaltensweisen auf einem dritten Stuhl zu präsentieren, möglichst authentisch, aber unbedingt treffend und mit dem entsprechenden gefühlsspezifischen Unterton (nach ein paar Versuchen hat man den Dreh raus). Bei dieser Methode braucht es Empathie und bestenfalls Kompetenzen eines Schauspielers.

Der Vorteil des Miteinbezugs eines dritten, zunächst leeren Stuhls liegt darin, dass das Unterrichtsproblem, also das interaktionstoxische Verhalten von innen nach außen verlagert und somit vom Schüler glasklar getrennt wird, obwohl es natürlich ein Teil von ihm ist! Die *Persönlichkeit* des Heranwachsenden bleibt im Rahmen dieser Vorgehensweise zwar weitgehend unversehrt, weil man gemeinsam auf ein Thema schaut – aber ein bisschen Schmerz (Konfrontation) muss sein.

Noch einmal zugespitzt formuliert: Man extrahiert nur den maladaptiven Modus und das damit zusammenhängende Fehlverhalten, setzt ihn auf einen Stuhl und gibt so entsprechend Raum zum gemeinsamen Reflektieren.

Die Lehrkraft kündigt entsprechend den Stuhlwechsel mit dem Hinweis an, dass sie gleich in den Modus der oder des Betroffenen switcht und die problematische Unterrichtssituation XY von vorhin kurz nachinszeniert. Das Schauspiel wird dann gemeinsam im Nachhinein aufgearbeitet, kritisch bewertet und auch zielorientiert theoretisch sowie praktisch weitergeführt.

B

Enrico (17) nimmt den obligatorischen Gesprächstermin mit seiner Klassenlehrerin wahr. Ihm ist anzusehen, dass er leicht irritiert ist. Ich bin in meiner Funktion als Vertrauenslehrer auch dabei, das ist so mit meiner Kollegin abgesprochen. Der Jugendliche wird über diese Sachlage auch im Detail informiert. Da Enrico an meinem Ethikunterricht teilnimmt, kennen wir uns etwas besser. Gut so. Ein anderer Vorteil: Ich kann auf entsprechende Erfahrungswerte in meinem Unterricht zurückgreifen, die ich in diesem Gespräch bei Bedarf ins Feld führen möchte.

Wir begrüßen also Enrico im Rahmen des ersten Beratungsgesprächs im ersten Halbjahr und machen zunächst Small Talk. Dabei inszenieren meine Kollegin und ich ein bisschen die *Good-Cop-Bad-Cop-Methode* (wobei ich den letzteren Part innehabe, was aber auch mit meiner Kollegin ausgemacht ist). Das heißt, sie fragt empathisch nach seiner aktuellen Stimmung, nach bisherigen Erlebnissen bezüglich der ersten Schulwochen usw. Ich zeige wenig Mimik und Gestik, verschränke die Arme und schweige überwiegend. Man kennt das ja aus guten und schlechten Filmen …
Nach wenigen Minuten „Kaffeekränzchen" unterbreche ich konsequent die lockere Gesprächsatmosphäre und gebe Folgendes zu bedenken: „Enrico, wir sind natürlich nicht nur so zum Spaß hier. Es gibt noch mehr zu besprechen. Du siehst ja den leeren Stuhl da drüben. Ich geh da jetzt mal rüber, setze mich drauf und spiele dir mal deinen Big Boss Enrico vor, der dafür sorgt, dass du regelmäßig zu spät kommst und dann aufdrehst. Wir wissen bestens Bescheid und haben keine Geduld mehr. Du schaust dir das jetzt kurz an, dann reden wir darüber!"
Wie gesagt, so getan. Ich gehe in Zeitlupe in Richtung des leeren Stuhls, setze mich hin und versuche die bestmögliche Imitation der mir bekannten Unterrichtssequenzen, die der Schüler regelmäßig inszeniert und dadurch den Schulfrieden stört. Danach schreite ich bewusst langsam wieder zu meinem Platz, mache es mir bequem. „Der Big Boss Enrico, der kotzt Frau X und mich echt an. Der sorgt für die Verspätungen und die Psychospielchen, das kannste uns glauben. Mit dem Anteil von dir haben wir ein Problem, da müssen wir was tun, denn der stört deine anderen Ich-Anteile, die wir sehr an dir schätzen. Erzähle uns mal was zu deinem Big Boss Ich! Keine Spielchen jetzt!"
Enrico kooperiert („Okay, Sie haben ja recht!"), reflektiert („Ich liebe halt die Bühne!") und unterbreitet uns am Ende Lösungsvorschläge („Ich versuche, pünktlich zu kommen – wenn es mal nicht klappt, darf ich Sie [Blick zu meiner Kollegin] wenigstens dann ein bisschen dissen?"). Das Gespräch verläuft insgesamt zäh, nur wenige Ideen werden vom Interaktionspartner generiert. Da werden wir in ein paar Tagen noch mal andocken müssen, wird mir danach klar.

Komplexe Stühlearbeit I – drei Stühle, drei Modi (inkl. „Zukunftsstuhl")

Die Stühlearbeit in der 1.0er-Version ist natürlich ausbaufähig (Roediger 2016). Eine entsprechende 2.0er-Anordnung, bei der mehr Sitzgelegenheiten und Methoden zum Einsatz kommen, ist zwar nicht genau festgelegt, aber flexibel und kreativ gestaltbar (hierzu lade ich Sie gern ein). Im Folgenden wird ein Setting vorgeschlagen, das ich schon einige Mal vorbereitet und auch mit mäßigem bis großem Erfolg praktisch durchgeführt habe.

Dieses Setting ist geeignet für gewollt konfrontative Situationen, das heißt für SuS, die aufgrund ihrer Schemalandschaft bzw. inszenierten massiven

Unterrichtsstörungen mal „Kante" erleben sollten. Auf Schemamoduskarten (vgl. Kapitel 6.4) kann, muss aber nicht dabei verzichtet werden, im Gegensatz zum nächsten (professionellen) 3.0er-Setting. Ohnehin empfinden wir vor dem Hintergrund schemapädagogischer Theorie und Praxis folgende Maxime als nicht unsympathisch: *Feuer darf gern auch mal mit Feuer bekämpft werden.*

Es dürfen in der Praxis auch mal Funken schlagen, klar. Natürlich sollte vor- und nachher auf der Beziehungsebene etwas Produktives bzw. Klärendes stattfinden – diese Prozesse werden von der Lehrkraft gesteuert und auch inszeniert.

Einige Bemerkungen zur Stühlearbeit: Es braucht beim 2.0er-Setting den Problem-, gesunden Erwachsenen- sowie den sogenannten „Zukunftsstuhl". Der Initiator führt im Rahmen dieser Methode das Gegenüber verdeckt bis teiloffen in das Prozedere ein und gibt die entsprechenden Impulse. Nachdem der Problemplatz besetzt und mit einem Rollenspiel mit Leben gefüllt wurde, nimmt die Lehrkraft auf dem Erwachsenenstuhl die Metaebene ein und kommuniziert sie auch in Bezug auf das Fehlverhalten. Der Zukunftsstuhl kommt dann als letzte Ergänzung zum Einsatz, wobei es im Ermessen des Professionellen liegt, wie dieser miteinbezogen wird. Im Folgenden werden meine praktischen Erfahrungen mit dieser Methode dargelegt.

B

Devin (18) muss beim Klassenlehrer nach der 6. Stunde antanzen. Den Grund dafür kennt er nicht. Das ist auch Absicht. Zunächst wird beim Aufeinandertreffen leger über Fußball gesprochen, der Initiator beginnt: „Was ist los – wenn wir mit dem FCK [Kaiserslautern] noch aufsteigen wollen, dann muss am nächsten Wochenende was gehen!" – „Gehste am Freitag hoch?" – „Wer geht mit?" – „Mit der Deutschen Bahn? Nee, oder?" – „Findet danach noch eine 3. Halbzeit statt?"
Das Expertengespräch wird von beiden Parteien sichtlich genossen, schließlich hat man ein gemeinsames Thema von elementarer Bedeutung. „Vor 30 Jahren stand ich auch in der Westkurve, so wie du heute!", heißt es von Lehrerseite zwischendurch.
Dann Prinzip Eiszeit: Der Pädagoge wird auf einmal ernst, von jetzt auf gleich. Unangekündigt. Ein plötzlicher Blick aus dem Fenster, der den Redefluss unterbricht. Er verändert die Sitzhaltung und schlägt einen sachlich-selbstbewussten Ton an (er switcht also bewusst in einen konfrontativen Elternmodus): „Devin, es gibt ein Problem, um das wir uns kümmern müssen, mein Freund!", eröffnet er dem jungen Erwachsenen und schaut ihm dabei streng in die Augen. „Es dreht sich um deine impulsive Seite, nennen wir sie: Aggro-Devin. Vielleicht kennst du die vom Betzenberg! Aber jetzt bin ich die Spaßbremse!" Devin hält kurz inne, er grinst nun nicht mehr. Pause.
„Du lässt hier in der Schule seit Beginn zu oft den besagten Devin raus – und der sorgt dann für Verhaltensweisen mit Konfliktpotenzial. Das geht so nicht weiter. Ich will dir mal was zeigen." Nach

dieser Ankündigung steht der Klassenlehrer auf und zieht nacheinander drei vorbereitete Stühle heran, die er in gleich weitem Abstand (etwa zwei Meter) vor den Stuhl stellt, auf dem der Schüler sitzt. Dann dreht er den ersten herum, sodass die auf der Stuhllehne sichtbar angeklebte Moduskarte erscheint: „Das hier ist jetzt die Aggro-Devin-Base; wer sich hier hinsetzt, wird zum Aggro-Devin. Achtung, ich zeigs dir." Der Pädagoge setzt sich auf den Stuhl und gibt im Rollenspiel einige bekannte Eindrücke aus seinem Unterricht sowie aus anderen Erfahrungsberichten von Kolleginnen und Kollegen wieder. Dabei schaut er bewusst an Devin vorbei, fixiert einen Punkt an der gegenüberliegenden Wand.
„So!" Er beendet die Sequenz beim Aufstehen und sieht den Schüler dabei wieder an. „Das war mal das. Kennste, ne?" Der Zuschauer ist immer noch in der abwartenden Rolle, bis dato hat er noch keinen Pieps von sich gegeben.
„Dann hätten wir noch den Stuhl hier anzubieten", fährt der Pädagoge fort. Beim Umdrehen des zweiten Stuhls wird die Rollenkarte „Cleverer Devin" ins Blickfeld gerückt. „Auf diesem Stuhl sitzt der erwachsene, reflektierte, normale Persönlichkeitsanteil, der die Dinge von oben sieht und Tacheles redet." Der Klassenlehrer lässt sich nieder, switcht und beginnt: „Ach, mir ist eigentlich oft nur langweilig und deshalb ziehe ich hier in der Schule die Show ab – oder aber wenn ich scheiße drauf bin. Eigentlich ist das ganze Gedöns gar nicht persönlich gemeint, ich brauche halt hin und wieder meinen Auftritt und muss dafür aber meine Lehrerinnen dissen, um mich dann aufzuwerten!"
Nach dieser Sequenz muss Devin wieder grinsen. Dieses Mal hat das Ganze eine authentische Note.
„Nun habe ich noch einen Stuhl – den schauste dir jetzt auch noch an!" Der Klassenlehrer dreht ihn herum, an der Stuhllehne ist eine beschriftete Karte festgeklebt: „Zukunftsstuhl". „Auf diesen Stuhl setze ich mich jetzt nicht! Devin, ich möchte, dass du die Stuhlwechsel, die ich dir einmal vorgemacht habe, jetzt selbst praktizierst und Stellung zu dem Problem beziehst. Ganz aus deiner Sicht. Danach wirst du dann den Zukunftsstuhl miteinbeziehen und mir mitteilen, wie du in der nächsten Woche möglichst positiv mit deinem Aggro-Devin umgehen wirst. Ganz am Schluss, wenn du dich wieder neben mich setzt, wirst zu zum cleveren Devin, der mich hier nicht verarscht, sondern mir klar erläutert, was das Ganze hier mit dir gemacht hat."
Devin ist auf den ersten Eindruck überfordert, aber er spielt das Prozedere durch. Es will anfangs nicht richtig funktionieren, der junge Mann hat Schwierigkeiten mit dem Rollenspiel. Gemeinsam kommt man schließlich voran – schließlich geht es ja auch um den FCK.

Komplexe Stühlearbeit II – mehrere Stühle, Moduskarten, Modusstellvertreter

Der Miteinbezug mehrerer Stühle kann auch im Gegensatz zum oben ausgeführten Beispiel von einem überwiegend empathisch-fürsorglichen, ja sogar väterlichen/mütterlichen Ton untermalt sein. Eine potenziell gewinnbringende Steigerung in so einem Setting ist des Weiteren die Berücksichtigung einer weiteren Lehrkraft, die bei Beratungsgesprächen dann als Modus-stellvertreterin mitwirkt. Es versteht sich von selbst, dass diese dritte Person nicht nur der betreffenden Borderlinerin bekannt sein sollte. Es *muss* des Weiteren ein erfolgreicher komplementärer Beziehungsaufbau praktiziert worden sein! Ohne Vertrauen und irgendeine Art von positiver Bindung funktioniert diese Methode nicht.

Methodisch lässt sich folgendermaßen vorgehen (wobei dies nur ein Vorschlag ist): Die Schülerin wird von beiden Lehrkräften begrüßt und über das kommende Prozedere psychoedukativ aufgeklärt. Es geht im ersten Schritt darum, eine gemeinsame Perspektive bezüglich eines problematischen Persönlichkeitsanteils zu lenken bzw. zu entwickeln, der Denk-, Gefühls- und Handlungsimpulse generiert, die dem Schulleben nicht dienlich sind. Je nach Anlass (Arbeitsverweigerung, mangelhafte Emotionskontrolle, Streitsucht, hohe Fehlzeiten usw.) einigt sich das Lehrertandem, welches das Beratungsgespräch inszeniert, auf einen passenden Modusbegriff, der mit der jeweiligen Problematik gelabelt werden kann, etwa Null-Bock-, Achterbahnfahrerin-, Aggro- bzw. Absenz-(Vornamen der Schülerin einfügen).

Ein Stuhl von dreien wird mit dieser Karte versehen. Auf dem zweiten Stuhl klebt eine Karte mit der Bezeichnung „reflektiertes Ich“, auf der dritten steht „Coach“. Diese drei Stühle werden irgendwo im Raum ins Blickfeld aller Parteien gestellt. Nachdem man die Schülerin entsprechend über die Bedeutung der Begriffe aufgeklärt hat, kann die angeleitete Stühlearbeit beginnen. Die zweite Lehrkraft kann nach bestem Wissen und Gewissen frei agieren und Impulse setzen, nachdem man via Dokumentation das jeweilige Problemphänomen (Fehlzeiten, Streitsucht o. Ä.) transparent gemacht hat.

Die Schülerin sollte am Ende der Stühlearbeit verschiedene Perspektiven eingenommen haben und, letztlich auf dem Coach-Stuhl sitzend, realistische zielorientierte Vorschläge machen, wie sich die Dinge in Zukunft positiv angehen lassen könnten.

B

Die beiden Lehrkräfte bereiten das Setting vor. Im Rahmen der Vorarbeit legen sie sich aufgrund eines persönlichen Austauschs über Sarah auf den (in Bezug auf den schulischen Kontext) „Problem“-Modus-Begriff: „traurige Sarah“ fest. Grund: Die Schülerin berichtete zuvor von Tagen, an denen sie aufgrund von depressiven Schüben nicht fähig war, aus dem Bett zu kommen und den Bus in die Schule zu nehmen. Auf den Begriff „depressiv“ wird verzichtet …

Sarah kommt pünktlich zur Tür am Tag des Gesprächstermins herein und wird freundlich von der Abteilungsleitung und dem Klassenlehrer begrüßt. Man nimmt Platz. Zunächst steht ein bisschen Small Talk auf dem Programm zu aktuellen Themen („Wie ist die Führerscheinprüfung gelaufen letzte Woche? Wir haben uns ja bis dato nicht mehr gesehen.“).

Nach dem informellen Teil kommt die Abteilungsleitung zur Sache: „Sarah, wir sind heute zusammengekommen, um über deine unverhältnismäßig hohen Fehlzeiten zu sprechen. Dein Klassenlehrer und ich haben uns schon ein bisschen vorbereitet, und da waren uns deine bisherigen Bemerkungen zu diesem Thema sehr hilfreich. Du siehst ja die drei Stühle da drüben: Lies mal vor, was da auf den Karten steht." Die Schülerin folgt dieser Aufforderung und liest die Begriffe laut vor. „Die Stühle repräsentieren in Bezug auf die hohen Fehlzeiten innere Anteile von dir – wir möchten heute gemeinsam auf das Problem draufschauen und die Stühle ein bisschen miteinbeziehen. Wenn dich etwas stört, sag das direkt, dann suchen wir einen anderen Weg."
Die Schülerin stimmt diesem Projekt zu. Der Klassenlehrer ergreift nun das Wort: „Ich setze mich jetzt mal auf den Stuhl der reflektierten Sarah und spreche mal für sie." Gesagt, getan. Dann formuliert er folgende Worte: „Wenn ich in der Schule anwesend bin, zeige ich meine Stärken: Ich bin kooperativ, arbeite gut mit, erziele gute schriftliche Leistungen. Ich weiß auch prinzipiell, dass ich zu hohe Fehlzeiten habe. Es fällt mir schwer, regelmäßig anwesend zu sein." Dann kehrt er zurück zu seinem Platz und regt die Schülerin zur Reflexion des Erlebten an. Sie teilt im Großen und Ganzen die Einschätzung, möchte aber noch Ergänzungen vornehmen. Die Pädagogen fordern Sarah auf, auf dem entsprechenden Stuhl Platz zu nehmen und dann nach eigener Einschätzung zu agieren.
Die Stühlearbeit verläuft gut. Die Abteilungsleitung kommuniziert der Schülerin irgendwann ganz kurz und einfühlsam in der Rolle der traurigen Sarah ihre Wahrnehmungen – auf dem betreffenden Stuhl. Dann wechselt Sarah schließlich nach einer Einführung des Coach-Stuhls zwischen diesem und dem Stuhl des gesunden Erwachsenen. Sie formuliert niedrigschwellige Strategien, wie sie in den nächsten Tagen ihren traurigen Persönlichkeitsanteil „liebevoll" umsorgen und so die Gefahr einer starken emotionalen Aktivierung minimieren möchte. Die Auslöser des verletzten Kindes werden bewusst(er) gemacht: Streitigkeiten der Eltern, Stress mit dem Freund.
Die Pädagogen stellen letztlich zirkuläre Fragen und regen die Schülerin dadurch zur weiteren zielorientierten Reflexion an. Alle Parteien verabschieden sich am Schluss und gehen mit guten Gefühlen auseinander. Ein Anfang ist gemacht. Ebenfalls wurden Ziele nach dem SMART-Prinzip (Damm 2019a, S. 119) formuliert, die alle vier Wochen in Bezug auf ihre Realisierung überprüft werden sollen (s. u.).

Zusammenfassung und Schlussfolgerungen

Die drei erwähnten und beschriebenen Settings der Stühlearbeit finden Sie zusammengefasst im Download-Material 12. Es ist im vorliegenden Rahmen noch wichtig, darauf hinzuweisen, dass die Persönlichkeit des Schülers sowie das damit zusammenhängende Schulproblem über zweierlei entscheidet, nämlich (a) über die Auswahl des Stühlearbeit-Settings (einfach bzw.

komplex) sowie über die Frage: Geht man empathisch oder konfrontativ vor oder aber inszeniert man ein Mischungsverhältnis zwischen beiden Ausrichtungen? In Bezug auf diese Fragestellungen gibt es mal wieder kein Patentrezept.

Natürlich ist auch klar, dass nicht immer jede Methode funktionieren kann. Aber erfahrungsgemäß „macht" schon allein diese Form der Inneren-Teile-Arbeit 2.0 etwas Positives mit den jungen Menschen.

Ausblick

Dieses Kapitel kann durchaus als Kernstück schemapädagogischer Theorie und Praxis bezeichnet werden. Die Innere-Teile-Arbeit steht im Vordergrund. Sie wird niedrigschwellig angeregt durch Modusgespräche und entsprechende -bögen. Die Moduskarten sowie die verschiedenen Methoden der Stühlearbeit andererseits sollen den gesunden Erwachsenenmodus fördern und die Selbstwirksamkeitsanteile von SuS bewusst und nutzbar machen für zielorientierte Strategien.

Im folgenden Kapitel werden Interventionsmöglichkeiten beschrieben, die vor allem der Nachhaltigkeit von Erkenntnis- und Klärungsprozessen dienlich sein können. Es würde nämlich in manchen Fällen wenig bringen, nach der Problemklärungsphase den Prozess zu beenden. Dadurch würde unweigerlich die Rückfallgefahr steigen.

Mal ehrlich: Wir können ja nicht mal im Traum daran denken, dass wir Lehrkräfte Schemata „behandeln" oder reparieren könnten (das sind Themen von Schematherapeuten).

Wir können aber das Modusbewusstsein stärken und somit die Betreffenden in unserer Einrichtung in die Spur bringen, damit der Erziehungs- und Bildungsauftrag umgesetzt werden kann. Mehr können wir nicht tun, mehr sollte man vor dem Hintergrund der Professionalität auch nicht wollen.

Erfahrungsgemäß reichen sogar schon die im 6. Kapitel vorgestellten Methoden aus, um dem einen oder anderen Schüler einen richtigen Weg zu zeigen, den er dann auch tatsächlich einschlägt. Für den Fall, dass dies nicht der Fall ist, erfolgt nun der Transfer der erarbeiteten Lösungen in den Schulalltag.

7 Transfer der erarbeiteten Lösungen in den Schulalltag

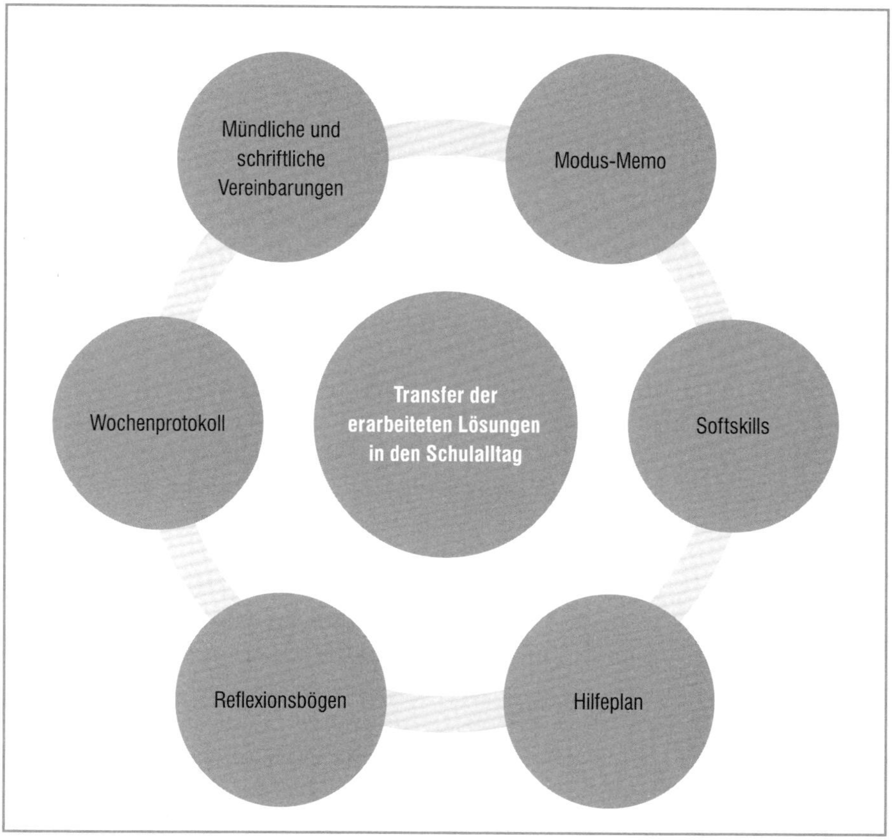

Abb. 20: Transfer der erarbeiteten Lösungen in den Schulalltag

7.1 Mündliche und schriftliche Vereinbarungen

Um einen nachhaltigen Effekt herbeizuführen, ergibt es Sinn, die Ergebnisse, die in der Problemklärungsphase gefunden wurden, festzuhalten. Hierzu gibt es verschiedene Möglichkeiten. Methodisch kann man natürlich erst dann so vorgehen, wenn die anderen Phasen des schemapädagogischen Ablaufs – Beobachtung, komplementärer Beziehungsaufbau, Problemklärung – zuvor chronologisch inszeniert worden sind.

Folgende mündliche und schriftliche Interventionen stehen u. a. zur Verfügung:

- **Sokratischer Dialog inkl. Kompromiss.** Nach einer erfolgreichen Flipchart-Einheit (zur Inneren Teile-Arbeit), einem Modusgespräch oder nach der Bearbeitung des Modusfragebogens regt die Lehrkraft zeitnah einen sogenannten Sokratischen Dialog an. Eine Voraussetzung hierfür ist, dass sich beide Parteien im gesunden Erwachsenenmodus befinden, weswegen man das Projekt in einem ruhigen Ambiente verwirklichen sollte. Beim Sokratischen Dialog geht es allgemein darum festzustellen, wie der Schüler den relevanten Modus bewertet, einschätzt. Der junge Mensch soll dessen Vor- und Nachteile benennen, den signifikanten Ich-Anteil beleuchten von allen möglichen Seiten. Die Lehrkraft hört aktiv zu und agiert non-direktiv. Das heißt, sie gibt keine Ratschläge. Am Ende des Gesprächs steht immer eine Zielformulierung bezüglich des zukünftigen Umgangs mit dem entsprechenden Teil fest, die sich dann in der Praxis beweisen muss. An einem Nachfolgetermin wird dann darüber gesprochen, eventuell müssen neue Strategien entworfen.
- **Sokratischer Dialog inkl. Arbeitsauftrag.** Die Lehrkraft inszeniert zunächst einen Sokratischen Dialog, wie oben (a) beschrieben. Im Unterschied zur non-direktiven Variante schlägt der Erwachsene bei dieser Form demgegenüber einen konfrontativen Ton an. Sobald der Schüler eine haltbare Reflexion über seinen Problemmodus zustande bekommen hat, erteilt die Lehrkraft einen direkten Arbeitsauftrag, der gewissermaßen schon die Zielformulierung beinhaltet, etwa: „Du kontrollierst mit den von dir entworfenen Ideen ab jetzt deinen herausfordernden Ich-Anteil. Wenn du das bis nächste Woche Montag hinbekommst, dann werde ich sehr stolz auf dich sein." Der Schüler wird also direkt in die Verantwortung genommen. Diese Methode kommt vor allem bei kompensatorischen Modi in Betracht, die den Schulfrieden massiv stören.
- **Modus-Memo** (vgl. Kapitel 7.2). Mithilfe des Memos bekommt Schüler XY ein Gespür für eine oder mehrere typische Triggersituationen, die seinen hervorstechenden Ich-Anteil auslösen. Zugleich muss er sich zielorientierten Fragen stellen, wie er solche Aktivierungen aus Sicht des gesunden Erwachsenen einschätzt und zukünftig in eher prosoziale Impulse lenken kann.
- **Mit dem Arbeitsblatt Softskills** (vgl. Kapitel 7.3) werden weitere Möglichkeiten zur Selbstkontrolle in Triggersituationen eröffnet. Dieses Arbeitsblatt kann allein oder aber auch mit der Lehrkraft gemeinsam durchexerziert werden.

- Der **Hilfeplan** (vgl. Kapitel 7.4) wird im Rahmen eines Hilfeplangesprächs erstellt. Angeraten ist ein solcher Termin bei schweren Verstößen gegen die Schulordnung. Die Perspektiven aller Beteiligten werden miteinbezogen, gemeinsam werden Ziele formuliert.
- **Reflexionsbögen** (vgl. Kapitel 7.5) geben Klassenlehrern wichtige Rückmeldungen über SuS, die temporär unter Beobachtung stehen. Sie werden von den Kollegen ausgefüllt.
- Das **Wochenprotokoll** (vgl. Kapitel 7.6) gibt dem Heranwachsenden die Möglichkeit, durch Selbstreflexion die vergangene Schulwoche (gezeigte Verhaltensweisen/Modi) einzuordnen. Dadurch soll wieder der Modus des gesunden Erwachsenen gefördert werden. Es ist Lehrkräften angeraten, mit dem Betreffenden gemeinsam seine Einschätzungen durchzusprechen.

7.2 Modus-Memo

Diese (kognitive) Methode wird gewöhnlich in der Schematherapie eingesetzt. Mit ihr wird das Ziel verfolgt, sowohl dominante Modus-Trigger ausfindig zu machen, als auch das Modusbewusstsein im Gesamten zu stärken (Roediger 2016). Ein Einsatz dieser Methode ist auch im Schulalltag möglich, und zwar bei jeglichen Problemlagen, an denen kompensatorische Ich-Anteile beteiligt sind (vgl. Kapitel 4.1).

Das Modus-Memo besteht aus vier relevanten Fragestellungen, die nacheinander gemeinsam oder auch vom Schüler allein beantwortet werden (eine solidarische Reflexion im Anschluss daran ist aber angeraten). Um die folgenden Anliegen dreht es sich:

- Benennen von mindestens einem konkreten Modustrigger.
- Wie wird eine Triggersituation aus Sicht des Modus wahrgenommen und emotional und kognitiv interpretiert?
- Einschätzung des Geschehens aus Sicht des gesunden Erwachsenenmodus.
- Trennen vom bisherigen Automatismus und Entwurf einer zukünftigen Verhaltensalternative.

Eine Modus-Memo-Vorlage finden Sie im Download-Material Nr. 13. In der Regel muss die Lehrkraft je nach Bildungsgang bzw. Alter des Schülers die Fragestellungen didaktisch reduzieren (s.a. Beispiel unten). Denkbar ist auch, dass man den relevanten Ich-Anteil bereits im Vorhinein auf dem vorbereiteten Memo formuliert und so das jeweils problematische Verhalten betitelt (wie im Sarah-Beispiel).

B

Sarah erscheint seit dem Tag, an dem ihr Klassenlehrer und die Abteilungsleitung die Klärungseinheit (Stühlearbeit) mit ihr durchgeführt haben, regelmäßiger in die Schule. Ein erfreulicher Umstand, der etwa zwei Monate anhält, aber mittlerweile von einer unerfreulichen Tatsache begleitet wird. Die junge Frau ritzt sich offensichtlich immer mal wieder. Aus den Schnittwunden an den Unterarmen macht sie keinen Hehl, sie trägt ärmellose Tops.
Ein weiterer Gesprächstermin wird deshalb anberaumt. Dieses Mal ist nur der Klassenlehrer anwesend, der dann aber gleich zum Punkt kommt: „Sarah, mir – nicht nur mir – sind deine Trophäen an den Unterarmen aufgefallen. Was hat es damit auf sich?"
Die Schülerin berichtet von aktuellen emotionalen Krisen, die durch „die Schulsituation" ausgelöst werden. In diesen Momenten bräuchte sie ein Ablassventil für den „Druck", den sie empfindet. Sie meint, sie könne nach einigen Schnitten, die sie sich mit Rasierklingen zufügt, endlich wieder „atmen".
„Bist du derzeit wieder in Therapie, Sarah?", fragt ihr Lehrer. Sie Schülerin bejaht dies: „Seit einem Monat." Der Lehrer erkundigt sich nach Triggern, die zur Auslösung der „Selbstverletzer-Sarah" führen (diesen Begriff führt er ohne Ankündigung einfach ein). Die Schülerin nennt einige Situationen, woraufhin der Pädagoge im Anschluss daran erwidert: „Komm, füll mal ein Modus-Memo aus, dann haste alles Wichtige auf einem Blatt!"
Mit dem Endergebnis (s. u.) sind beide Seiten relativ zufrieden. Die Lehrkraft macht der Schülerin zum Abschluss des Beratungsgesprächs Mut („Steck das Memo bitte ein und zücke es bei Bedarf aus deiner Schultasche. Ich wünsche dir viel Erfolg beim Erreichen deines Ziels, halte mich auf dem Laufenden!").

Sahras Modus-Memo

- Wer oder was genau aktiviert aktuell hauptsächlich meinen selbstverletzenden Ich-Anteil?

Antwort: Die anstehenden Abschlussprüfungen in drei Wochen.

- Wie interpretierst du vor dem Hintergrund der Modusaktivierung gefühlsmäßig und gedanklich die oben genannte Situation?

Antwort: Ich bekomme Beklemmungsgefühle, fühle mich gestresst. Am liebsten würde ich das Schuljahr abbrechen, weiß aber, dass das nicht geht. Es ist so, als würde ich gerade im Auto sitzen und gleichzeitig aufs Gas und auf die Bremse treten. Ich bin davon überzeugt, dass ich versage und dass mich dann alle scheiße finden und als dumme Kuh bezeichnen. Durch das Ritzen kann ich Dampf ablassen.

- Wie würdest du rein objektiv und emotional unbeteiligt diese Modusaktivierung und das dadurch ausgelöste Verhalten bewerten?

Antwort: Dass die Aktivierung total übertrieben ist. Das letzte Schuljahr hatte ich ja mit derselben Situation zu tun und letztlich super Noten erzielt.

- Was beabsichtigst du zukünftig in Bezug auf einen gesünderen Umgang mit der Situation?

Antwort: Ich werde in ähnlichen Momenten meine Therapeutin anrufen, und wenn sie telefonisch nicht erreichbar ist, nutze ich die Softskills, die ich mit ihr erarbeitet habe.

7.3 Soft Skills

In der DBT kommen die sogenannten Soft Skills zum Einsatz (vgl. Kapitel 2.2). Diese Fähigkeiten helfen Borderlinerinnen im Umgang mit (unangenehmen) Gefühlen, Stimmungsschwankungen und Impulsivität. Neben den handlungs- und gedankenbezogenen Skills gibt es auch körperbetonte. Die letztgenannten Methoden können auch im Praxisfeld Schule thematisiert werden, etwa im Rahmen von Beratungsgesprächen.

Kommen körperbetonte Skills zum Einsatz, so setzt die Initiatorin einen Impuls, der bestenfalls zu einem spannungsentladenden Effekt führt, wodurch Verhaltensänderungen herbeigeführt werden können. Anders gesagt: Soft Skills verhindern die üblichen Auswirkungen auf der Verhaltensebene, die mit einer negativen Triggersituation einhergehen.

Borderlinerinnen, die im Rahmen der DBT entsprechend gecoacht wurden, haben häufig im Alltag ein „Notfallköfferchen" dabei, das z. B. gefüllt ist mit einer Zitrone, Chilischote, einem Gummiband (zum Schnalzen) usw. Gerät die Borderline-Betroffene dann im Laufe des Tages in eine Modusaktivierung – so der Plan –, so bemerkt sie (a) diese und (b) nutzt ein körperbetontes Hilfsmittel aus dem Notfallkoffer, um so erfolgreich Impulskontrolle zu betreiben.

Das folgende Arbeitsblatt kann in Bezug auf diese Thematik verwendet werden. Die Lehrkraft steht unterstützend in der Rolle als Coach zur Verfügung und stellt sinngemäß Fragen wie die folgenden:
- Welche Soft Skills sind aus deiner Sicht für dich passend?
- Mit was genau würdest du deinen Notfallkoffer füllen?
- Welche Einsatzmöglichkeiten sind im Schulalltag denkbar?

Soft Skills

- Welche Begriffe fallen dir spontan zu den Abbildungen unten ein? Nicht lange nachdenken, einfach direkt rechts und links neben die jeweilige Abbildung schreiben!
- Was könnte dir in einer zukünftigen Triggersituation dabei helfen, professionell mit deinen Emotionen und Handlungsimpulsen umzugehen?
- Was könnten noch weitere Soft Skills für dich sein? Erstelle Abbildungen auf der Rückseite dieses Arbeitsblatts.

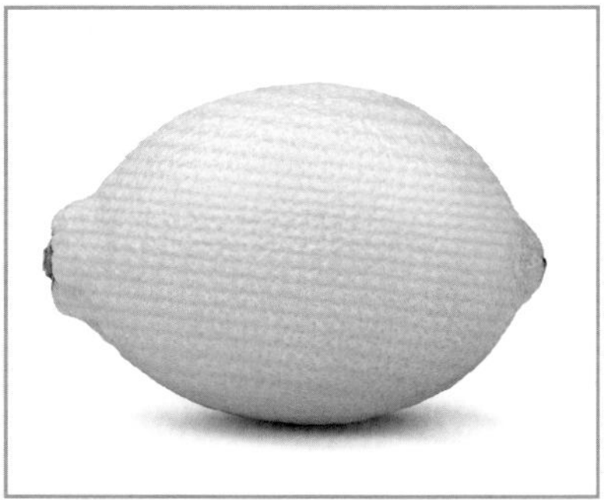

Abb. 21: Download-Material 14

7.4 Hilfeplan

Den nachfolgenden Hilfeplan finden Sie als Vorlage im Download-Material 15. Der Vorteil dieser systemischen Methode liegt darin, dass mehrere Personen (u. a. Lehrer, Klassenlehrer, Eltern) gemeinsam mit der betroffenen Schülerin bzw. dem relevanten Schüler auf die Ressourcen schauen, Entwicklungen reflektieren und auch Ziele entwickeln, wobei diese vom Gegenüber zuerst formuliert werden müssen.

Je nach eigener Fachkompetenz und Einschätzung können auch Begriffe thematisiert werden, die mit dem Konzept Schemapädagogik einhergehen (Modus, Schema, Psychospiel usw.). Inwieweit schemapädagogische Theorie und Praxis in den Hilfeplan einfließen, liegt im Ermessen und in den Erfahrungen der hauptverantwortlichen Lehrkraft. Eventuell muss man den Hilfeplan auch für eigene Zwecke modifizieren.

Hilfeplangespräch

Name des Schülers/der Schülerin: ______________________________

Gespräch am: ______________________________

um: ______________________________

in: ______________________________

Ersteller/-in: ______________________ Datum: ______________

Teilnehmer: ______________________________

1 Ressourcen des Schülers/der Schülerin:

1.1 aus Sicht des Schülers/der Schülerin:

1.2 aus Sicht der Eltern bzw. des Elternteils:

1.3 aus Sicht anderer „Stellen“: (z. B. SV-Lehrer, Schulsozialarbeiter):

1.4 aus Sicht der Klassenleitung:

2 Beschreibung der aktuellen Situation und Bewertung des bisherigen Hilfeverlaufes durch die Beteiligten: (Was wurde bisher geplant und umgesetzt? Wie beurteilen die Beteiligten den Verlauf? Inwiefern konnten die beim letzten Mal formulierten Ziele erreicht werden? Woran ist die Zielerreichung zu erkennen? Inwiefern konnten die beim letzten Mal formulierten Ziele nicht erreicht werden? Was hat die Zielerreichung erschwert? Welche Themen, Bewältigungsanforderungen usw. sind darüber hinaus relevant geworden?)

2.1 aus Sicht des Schülers/der Schülerin:

2.2 aus Sicht der Eltern bzw. des Elternteils:

2.3 aus Sicht anderer Stellen: (siehe oben 1.3)

2.4 aus Sicht der Klassenleitung:

3 Ergänzende Beschreibung zur Entwicklung des Schülers/der Schülerin:

3.1 Gesundheitliche Entwicklung (z. B. chronische Krankheiten, Medikamente, Arztbesuche, Sucht und Abhängigkeit etc.)

3.2 Lebenspraktische Fähigkeiten (z. B. Körperpflege, Essverhalten, Ordnung, Umgang mit Geld etc.)

3.3 Sozialverhalten (z. B. gegenüber Klassenkameraden, Lehrern, dem anderen Geschlecht, Nachbarn, Freunden etc.)

3.4 Freizeitverhalten (z. B. Vorlieben, allein oder in der Gruppe, Vereine etc.)

4 Vorschläge zu Perspektiven und Zielen zum weiteren Hilfeverlauf: (Wie soll es weitergehen? Welche Ziele sollen weiterhin verfolgt werden? Welche Ziele sind zu verändern? Welche Ziele sind neu aufzunehmen? Welche Möglichkeiten zum weiteren Vorgehen gibt es?)

4.1 aus Sicht des Schülers/der Schülerin:

4.2 aus Sicht der Eltern bzw. des Elternteils:

4.3 aus Sicht anderer Stellen: (siehe oben 1.3 und 2.3)

5 Zu klärende Fragen aus den unterschiedlichen Perspektiven:

Abb. 22: Download-Material 15

7.5 Reflexionsbogen

Mit dieser Methode holt man die Kolleginnen und Kollegen in Bezug auf die Dokumentation der Entwicklung der Grenzgängerin mit ins Boot. Die in der Klasse ebenfalls eingesetzten Lehrkräfte notieren ihre Eindrücke gemäß eines Wochenrückblicks. Auf diese Weise erhält die Klassenleitung ein rundes Bild, was wiederum bei Bedarf als Grundlage für weitere Beratungsgespräche mit Schülerin XY dient.

Reflexionsbogen

Beurteilen Sie im Wochenrückblick die Entwicklung der Schülerin/des Schülers ____________

Notieren Sie stichpunktartig Ihre Beobachtungen (z. B. bezüglich markanter Situationen). Nehmen Sie bei Ihrer Einschätzung (positiv, mittelprächtig, herausfordernd) Bezug auf das jeweilige Wettersymbol in der linken Spalte.

Abb. 23: Download-Material 16

7.6 Wochenprotokoll

Ergänzend zu den Einschätzungen des Lehrerteams sollte natürlich auch die Perspektive der Grenzgängerin berücksichtigt werden. Bei den meisten herausfordernden Fällen ist dies ausdrücklich zu empfehlen. So lassen sich eventuell unterschiedliche Wahrnehmungen transparent machen, wodurch diese auch wieder Gegenstand von gemeinsamen Reflexionen in Beratungsgesprächen sein können. Das Wochenprotokoll kann aber auch „nur" als Methode zum Einsatz kommen, um etwa in die Schemamodusarbeit bzw. in den komplementären Beziehungsaufbau praktisch einzusteigen.

Im Kern geht es darum, den Modus des gesunden Erwachsenen zu stärken. Die Borderlinerin nimmt eine reflektierende Haltung ein und bewertet die letzte Schulwoche. Sie orientiert sich an Aussagen, die das Gefühlsleben fokussieren, und schätzt sich auf einer Skala von 1 (trifft voll zu) bis 4 (trifft gar nicht zu) ein. Nachdem die Beurteilungen abgeschlossen sind, erfolgt die Begründung. Die Schülerin notiert ihre Gedanken diesbezüglich auf die Rückseite des Arbeitsblattes.

Wochenprotokoll

Schätze dich zu folgenden Aussagen auf einer Skala von 1 (trifft voll zu) bis 4 (trifft gar nicht zu) ein. Die Ergebnisse überträgst du als Kreuze in die Dartscheibe. Auf der Rückseite notierst du deine jeweilige Begründung.

Nr.	Aussage
1	Im Unterricht letzte Woche habe ich mich wohlgefühlt.
2	In den Unterrichtspausen hatte ich gute Laune.
3	Auf dem Weg in die Schule war ich entspannt.
4	Auf dem Weg von der Schule nach Hause ging es mir gut.
5	Das Erledigen der Hausaufgaben ist mir leichtgefallen.
6	In meiner Freizeit an den Schultagen ging es mir gut.
7	Am letzten Wochenende habe ich mich wohlgefühlt.
8	Der Umgang mit Personen, mit denen ich nicht gut kann, war dennoch konstruktiv.
9	In der kommenden Schulwoche wird es mir gut gehen.

1 = trifft voll zu   2 = trifft überwiegend zu   3 = trifft etwa zu   4 = trifft gar nicht zu

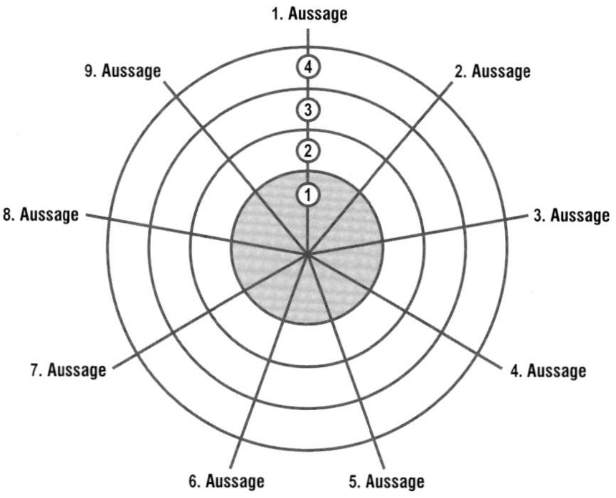

Abb. 24: Download-Material 17

Ausblick

In diesem Kapitel wurden Methoden beschrieben, die in der letzten Phase des schemapädagogischen Prozesses eingesetzt werden können, um die Nachhaltigkeit von Erkenntnisprozessen über sich selbst und andere zu fördern. An dieser Stelle wird der schemapädagogische Methodenkoffer geschlossen.

Im folgenden (letzten) Kapitel werden Ideen zur schemapädagogischen Elternarbeit formuliert, wobei die Adressaten Erziehungspersonen sind, die primär (selbst) oder sekundär (ihr Nachwuchs) vom Borderline-Phänomen betroffen sind.

8 Ideen zur schemapädagogischen Elternarbeit

Abb. 25: Ideen zur schemapädagogischen Elternarbeit

8.1 Elterngespräche und Allgemeines

In vielen Grund-, Haupt-, Real- und berufsbildenden Schulen sowie Gymnasien hat Elternarbeit einen hohen Stellenwert (Textor 2018). Durch die Vielfalt an Formen (Elternabende, -sprechtage, -vertretung) wird eine Bildungspartnerschaft zwischen Schule und Familie geschmiedet und (Vorsicht: Ironie) auch *manchmal* praktiziert.

Im Folgenden soll es vor dem Hintergrund unseres Hauptthemas *Borderline* um Entwicklungs- und Konfliktlösungsgespräche mit Eltern gehen, deren Nachwuchs mit mittel- bis stark ausgeprägten Grenzgängerphänomenen ausgestattet ist und in der Schule gemäß der populären Ausdrucksmöglichkeiten häufig in Erscheinung tritt (vgl. Kapitel 3.1 ff.).

Haben SuS mit Borderline-Persönlichkeit immer Eltern mit Borderline-Tendenzen?
Nein, natürlich nicht. Trotzdem muss bei den Ideen zur schemapädagogischen Elternarbeit zwischen Erziehungsberechtigten *mit* und *ohne* Grenzgängereigenschaften nicht unterschieden werden. Die folgenden Methoden sind für beide Personengruppen passend.

Meistens weiß man nie, welche Charaktere man bei entsprechenden Terminen kennenlernt, es sei denn, die Schülerin gibt von sich aus einige Informationen über ihre Eltern preis. Die Chance, dass man auf einen Borderline-Elternpart trifft, stehen nach meinen Erfahrungen etwa bei 50:50. Diese Einschätzung erscheint dem geneigten Leser vielleicht als zu hoch gegriffen, aber auch die Forschung belegt, dass Ursache und Verstärker des Borderline-Persönlichkeitsstils im Kindesalter maßgeblich bei Bezugspersonen zu suchen und zu finden sind, die ähnlich strukturiert sind. Infolgedessen praktiziert man unbewusst tendenziell einen ambivalenten Erziehungsstil, der dann Spaltungsphänomene aufseiten des Nachwuchses generiert; wie stark diese dann ausgeprägt sind, kommt immer auf den Einzelfall an (Lawson 2018; Fiedler & Herpertz 2016; Bohus 2002; Rauchfleisch 2019).

8.2 Vorbereitung des Gesprächstermins

Entwicklungsgespräche triggern Borderline-Tendenzen bei Eltern, falls vorhanden, allgemein meistens viel weniger als Termine, an denen Schulkonflikte der Tochter bzw. des Sohnes thematisiert werden. Letztere implizieren mehr Konfrontationspotenzial, vor allem dann, wenn die Schülerin von der Hauptbezugsperson *gerade* idealisiert wird (Motto: „Meine Tochter macht so etwas nicht!"). Falls am Termin XY demgegenüber gerade Abwertungstendenzen aktiviert sind, ist es nicht gerade einfacher, denn dann tut sich direkt eine gegensätzliche Baustelle auf („So war sie schon immer – und hat nichts gelernt, eine Schande! Taugt gar nichts!"). Man darf gewiss auf eines oder gar beide Phänomene während des Termins gefasst sein.

Noch einmal: *Man weiß wirklich nie, was kommt.* Es kann auch sein, dass man die Erziehungsberechtigten in einer guten Stimmung antrifft. Dann gestaltet sich die Gesprächsführung recht einfach. Man kann dann gleich nach der Begrüßung (vgl. Kapitel 8.3) zum Punkt der Sache kommen und zielorientiert agieren.

Fazit: Es ist, falls die Motivation hierfür besteht, zunächst ein Entwicklungsgespräch angeraten, gesetzt dem Fall, die Lehrkraft kommt zu dem Eindruck, dass sie es wirklich mit einer Grenzgängerin im Klassenraum zu tun hat, die potenziell Probleme bereitet.

Raumgestaltung und Formen der taktischen Eigeninitiative

Elterngespräche finden im BBS-Bereich meistens in der Räumlichkeit statt, die hauptsächlich von der Klassenleitung im Schulalltag praktisch genutzt wird, also im Klassenraum. Rein strategisch könnte man die Möglichkeit in Betracht ziehen, dass man bezüglich der Raumgestaltung einige populäre Borderline-Stimulationstechniken miteinfließen lässt (vgl. Download-Material 1). Denn eins ist sicher: Eltern mit Grenzgängereigenschaften, die sich bezüglich ihrer Vorlieben in der Freizeit ein Stück weit in der Lehrkraft wiedererkennen, werden mit an Sicherheit grenzender Wahrscheinlichkeit positive Impulse auf der Beziehungsebene generieren. Bestenfalls kann man so schon auf diese Weise das Eis brechen. Bei der Auswahl der Stimulationsmethoden (entsprechende Medien, Gegenstände, Accessoires usw.) ist aber unbedingt darauf zu achten, dass man einen persönlichen Bezug zu ihnen hat!

In der folgenden Liste sind entsprechende Impulse zur Veranschaulichung von möglichen Borderline-getriebenen Vorlieben formuliert, die auf eigenen Interessen basieren. (Falls Sie eine eigene Liste erstellen möchten, so wird diese natürlich letztlich anders aussehen.)

- Auf dem Lehrerpult liegt wie zufällig eine *Game-of-Thrones-Blu-Ray*.
- Das Tattoo am Unterarm ist bewusst nicht bedeckt.
- Auf einer anderen Tischplatte liegt das Buch *Der Minus-Mann* von Heinz Sobota.
- An der Tafel hängt ein Filmplakat von *Gegen die Wand*.
- An der linken Hand werden wie üblich drei Edelstahlringe mit Symbolen getragen, an der rechten zwei.

Natürlich sollte man es mit der Dekorierung bzw. Veranschaulichung nicht übertreiben! Zwei, drei Accessoires reichen völlig aus. Probieren Sie sich aus. Die Lehrkraft darf nie den Eindruck erwecken, sie hätte das Ganze inszeniert – Effekt: Game over! Auf jede mögliche Frage, die zu diesem oder jenem Objekt gestellt wird, sollte man eine *plausible* Antwort haben!

Falls Ihnen das Thema zu heiß ist oder Sie gar kein Interesse an dieser speziellen Vorgehensweise haben, verzichten Sie einfach darauf und gehen Sie direkt über zu den allgemeinen Basics der Raumgestaltung: Hübschen Sie das Setting etwas auf, stellen Sie eine Kanne Kaffee, Tee und ein paar kleine

Wasserflaschen und Gläser in Reichweite der Plätze, die später besetzt werden; ein paar Süßigkeiten tun ihr Übriges (sie werden in der Regel sowieso nicht konsumiert, machen sich aber gut).

B

Sarah und ihre beiden Erziehungsberechtigten, Klaus (43) und Beate (41), betreten den Raum, nachdem ich die Tür zum Flur öffne und sie, untermalt mit einem freundlichen Gesichtsausdruck, hereinbitte. Sie wirken etwas unbeteiligt, die Schülerin auch. Beim Eintreten wird allgemein bemerkt, dass Musik über die Laptop-Boxen ertönt. „Deutschland" von Rammstein. „Nehmen Sie doch bitte hier Platz", sage ich.
Ich gehe um das Lehrerpult herum und klappe den Laptop zu. Till Lindemann verstummt. „Das ist für mein neues Musikprojekt in der Parallelklasse", bemerke ich. „Kaffee, Tee?"

8.3 Begrüßung

Der Anfang des jeweiligen Gesprächs sollte niedrigschwellig und einladend gestaltet werden. Dafür verantwortlich ist selbstredend die Lehrkraft, sie ist der initiierende Part. Folgende Punkte sollten bedacht werden:

- Alle Anwesenden werden wertschätzend, mit Blickkontakt und Händedruck willkommen geheißen.
- Small Talk wird inszeniert!
- Problematische Themen werden zunächst außen vorgelassen!
- Auf mögliche Fragen zu den platzierten Borderline-Eye-Catchern wird authentisch eingegangen und es werden auch Rückfragen gestellt.

Am besten startet man das ganze Prozedere mit einem belanglosen Thema (Tagesgeschehen, Berufsverkehr, wichtige Pressemitteilung, Straßenfest im Dorf bzw. in der Stadt o. Ä.). Es bringt rein gar nichts, sofort mit der Tür ins Haus zu fallen (das habe ich auch schon als Beisitzer mitansehen müssen – peinlich).

8.4 Empfohlener Ablauf

Phase 1: Ressourcenperspektive – welche Stärken liegen vor?[7]

Nach der Begrüßung und Kurzinformationen über den Ablauf spricht die Lehrkraft die Kompetenzen der jeweiligen Schülerpersönlichkeit an und wie sie sich aktuell zeigen bzw. bis dato positiv entwickelt haben.

Je nach Relevanz macht sie einzelne Ressourcen transparenter. Hauptsächlich infrage kommen in meinem Praxisfeld nach meiner Einschätzung entsprechend kognitive, sozial-emotionale und sprachliche Kompetenzen im Unterricht. Natürlich sollte danach auch der Leistungsstand in den einzelnen Fächern kommuniziert werden. (Bei Konfliktlösungsgesprächen kann dieser Bereich übersprungen werden.)

Phase 2: Psychoedukation

Im Anschluss daran führt die Lehrkraft didaktisch reduziert ins Modusmodell ein, indem sie etwa die **Moduskarten** (vgl. Kapitel 6.4) auslegt und mit den vorher erwähnen Kompetenzen/Stärken der Schülerin in Verbindung bringt (z. B. „Dein fürsorglicher Teil, Sarah, zeigt sich im Umgang mit Mitschülern."). Eine andere Möglichkeit: Man zieht ein **Flipchart-Papier** hervor, auf dem die Schülerpersönlichkeit, genauer gesagt ihre innere Moduslandschaft abgebildet ist und geht einzelne Ich-Zustände durch.

Auch auf positive und problematische **Interaktionsstrategien** der Grenzgängerin kann eingegangen werden (vgl. Kapitel 4.6), etwa indem man Titel von Psychospielen benennt und transparent macht. Das Ganze sollte natürlich möglichst sachlich und formal vorgetragen werden, möglichst ohne negative Bewertung.

Phase 3: Achterbahnfahrten im Klassenraum thematisieren

Mit Berücksichtigung der **Modusperspektive** kann danach eine allgemeine Borderline-Checkliste abgearbeitet und in Bezug zu relevanten Unterrichtsituationen gesetzt werden, wobei man je nach Fall Schwerpunkte setzen kann:

- Reizstimulation (vgl. Kapitel 3.1.1),
- Schwarz-Weiß-Denken (vgl. 3.1.2),
- Impulsivität, Streitsucht, Frustrationsintoleranz (3.1.3),
- Formen von psychischer und physischer Selbstschädigung (3.1.4),
- sexualisiertes Verhalten (3.1.5).

---

7 Der nun dargestellte idealisierte schemapädagogische Ablauf beinhaltet Methodenvorschläge, die natürlich in Bezug auf ihre Einsatzmöglichkeiten zuvor reflektiert werden müssen. Es liegt in Ihrem Ermessen, welche Sie auswählen und entsprechend chronologisch ordnen.

Bei der Darstellung der Zusammenhänge ist auf einen angepassten und vor allem empathischen Sprachstil zu achten. Mit allen Anwesenden sollte dabei Blickkontakt inszeniert werden, damit sich niemand ausgeschlossen fühlt.

Phase 4: Zielformulierung nach SMART

Die Schülerin sowie die Eltern kommen natürlich auch zu Wort. Die Parteien werden dazu angehalten, ihre Eindrücke bezüglich des Vorgetragenen kundzutun. Die Lehrkraft achtet dabei darauf, dass die Modusperspektive beibehalten wird („Sie meinen, dass der verletzliche Teil Ihrer Tochter …?").

Wesentlich ist in dieser Phase letztlich die Überleitung hin zur Zielorientierung, die am besten nach dem sogenannten SMART-Prinzip definiert wird. Zunächst einige Bemerkungen zum Begriff. Was bedeutet SMART genau?

- **S** = **S**pezifisch: Das Ziel muss möglichst konkret benannt werden (die Modusperspektive kann hierbei miteinfließen, muss aber nicht).
- **M** = **M**essbar: Die von der Borderlinerin angestrebte Verhaltensänderung (Reduktion der Impulskontrolle, des Schwarz-Weiß-Denkens, der Formen der physischen bzw. psychischen Selbstschädigung usw.) muss letzten Endes irgendwie messbar sein. Dieser Aspekt ist oftmals nicht einfach zu formulieren.
- **A** = **A**ngemessen: Das Ziel muss natürlich zur Grenzgängerin und ihren inneren Ich-Zuständen passen. Außerdem muss es reizvoll sein, also einen Belohnungscharakter implizieren.
- **R** = **R**ealistisch: Eine möglichst realistische Selbsteinschätzung, die mit den Eindrücken der Eltern und der Lehrkraft bei Bedarf kritisch geschärft wird, macht die Zielformulierung wirklichkeitsbasierter.
- **T** = **T**erminiert: Das Ziel sollte einen genauen Zeitrahmen, das heißt unbedingt ein Enddatum haben. Bis zu Termin XY muss es erreicht sein.

Die Lehrkraft kann den SMART-Begriff mitsamt den Erläuterungen an die Tafel schreiben oder als Arbeitsblatt ausdrucken und an passender Stelle präsentieren. Die Schülerin soll nun, gern mit Unterstützung der Lehrkraft und ihrer Eltern, ein allgemeines Ziel mit Happy-End-Charakter kreieren und niederschreiben. Zwecks Förderung der Nachhaltigkeit des Projekts unterschreiben alle Anwesenden die Zielvereinbarung der Schülerin. Damit endet auch das Entwicklungs- bzw. Problemklärungsgespräch.

8.5 Verabschiedung

Die Lehrkraft gibt nun den entsprechenden Impuls, indem sie etwa aufsteht mit einem Ausspruch wie: „So! Da wären wir nun am Ende – und es ist doch einiges heute herausgekommen, was mich freut!" An diesen Impuls lässt sich noch ein kurzer informeller Small Talk über Belanglosigkeiten anschließen. Ich habe es auch schon erlebt, dass die Gelegenheit von einem der beiden Erziehungsberechtigten genutzt wird, um ein zuvor platziertes Borderline-Stimulanzobjekt anzusprechen („Das war *Rammstein* vorhin, waren Sie mal auf einem Konzert?")

Schluss

„Man muss noch Chaos in sich haben,
um einen tanzenden Stern gebären zu können.“
(Friedrich Nietzsche)

Die Bewältigung des Schulalltags ist für SuS mit Borderline-Nuancen, -Facetten und insbesondere -Persönlichkeit in der Regel temporär bis langfristig eine echte Herausforderung, wie in diesem Buch mehrfach unterstrichen wurde (für die beteiligten Lehrkräfte und Mitschüler gestaltet sich die Lage selbstredend auch so). Die selbstinszenierten, tendenziell maladaptiven Beziehungsmuster im Klassenraum basieren auf widersprüchlichen biografischen Erfahrungen mit dem engsten sozialen Umfeld. Diese haben heute entsprechend Wiedererkennungswert und fühlen sich für Grenzgänger bekannt (normal) an.

Nach meiner Erfahrung entscheidet vor allem der jeweilige Ausprägungsgrad sowie das individuelle Gesamtbild des Borderline-Phänomens über den schulischen Erfolg bzw. Misserfolg. In Hinsicht auf die Erkundung muss insbesondere im Sekundarbereich 1 berücksichtigt werden, dass das Pubertätsalter von Natur her Ecken und Kanten auf der Verhaltensebene mit sich bringt, die mit emotionalen Achterbahnfahrten durchaus vergleichbar sind. Dies erschwert die „Diagnostik“. Es gilt letztlich die Faustformel: *Die Pubertät endet irgendwann, Borderline bleibt!* Berücksichtigen Sie in Ihrem Praxisfeld unbedingt diese Tatsache! Auseinandersetzen müssen wir uns mit Borderline-Betroffenen in Klassen heutzutage so oder so, ob wir wollen oder nicht.

Mit diesem Buch wurde der Versuch unternommen, SuS mit Borderline-Persönlichkeit im Praxisfeld Schule integrativ zu erfassen, zu beschreiben und Ihnen, liebe Kolleginnen und Kollegen, tiefenpsychologische und auch schemapädagogische Instrumente zum Verständnis ihres Wesens und zum konstruktiven Umgang mit ihnen an die Hand zu geben. Ich hoffe, dass ich dieses Projekt zu Ihrer Zufriedenstellung verwirklicht habe.

Dennoch muss noch einmal auf das Manko hingewiesen werden, dass trotz vereinzelter Bemühungen viele, wohl (noch) die meisten Lehrkräfte wenige bis keine Kenntnisse über das Thema *Borderline* haben. Infolgedessen kommt es meistens recht schnell zu negativen Erst- und Zweiteindrücken, die man sich von Betroffenen bereits zu Schuljahresbeginn macht. Ruckzuck landen solche SuS in Schubladen, aus denen sie nicht mehr herauskommen. Weiterhin werden infolge fehlender Fachkompetenz von Lehrerseite die Potenziale von Grenzgängern überwiegend verkannt bzw. (verursacht durch die problematische Interaktion) irgendwann gar nicht mehr gesehen. So entsteht ein Teufelskreis, welcher der jeweiligen Grenzgängerin zum größtmöglichen Nachteil gereicht (das habe ich schon zu Genüge mitansehen müssen). Endergebnis: Klassenziel verfehlt!

Trägt man alldem Rechnung, wird klar, dass noch viel Aufklärungsarbeit betrieben werden muss.

Erfolgreiche Borderliner

Aber Grenzgänger-Tendenzen allein provozieren noch lange kein Schulversagen. Im Gegenteil: Wer nämlich, um mit Nietzsche zu sprechen, lediglich ein *bisschen* Chaos in sich trägt und durchaus imstande ist, diese Energie, anders gesagt dieses *Potenzial,* zu bündeln und konstruktiv zu nutzen, der gehört meistens zu den Gewinnern im Schulalltag. Warum?

Die betreffenden Grenzgänger spielen in solchen Fällen häufig ihre sozialen und Ich-Kompetenzen aus, sind im kreativen Bereich geradezu unschlagbar, eloquent, charismatisch und infolgedessen in der Gruppe wie auch bei den Lehrkräften sehr beliebt. Solche Fälle sind mir in meiner Biografie schon einige Male im Klassenverband sehr positiv aufgefallen, und diesbezüglich war der schemapädagogische Handlungsbedarf gleich null. Die Mädels und jungen Frauen haben ihren Weg gemacht. Manchmal berichteten die betreffenden SuS von Therapieerfahrungen, ja, aber sie liefen einfach in der Spur und hatten sich im Griff. Sie fielen überhaupt nicht negativ auf!

In Anlehnung an die klinische Unterteilung in Subtypen von Sachse, Sachse & Fasbender (2011) von Personen, die von einer Narzisstischen Persönlichkeitsstörung betroffen sind, möchte ich den entsprechenden Transfer in Bezug auf Grenzgänger weiterführen.

Borderliner, die immer wieder scheitern

Im Unterschied zu den erfolgreichen Borderline-Betroffenen (s. o.) wird dieser Gruppe nun wirklich kein förderliches Schicksal zuteil. Die Betreffenden gehen zwar gewöhnlich mit ganz viel Ehrgeiz und Willen das Schuljahr an, wobei sie es manchmal in Sachen Engagement übertreiben. Das Problem besteht in den regelmäßig stattfindenden Phasen des Leistungsniveau-Einbruchs. Stimmungsschwankungen, Provokationen, Frustrationsintoleranz – solche Faktoren können mehrere Schultage oder gar -wochen lang für die beteiligten Mitschüler und Lehrkräfte echte Prüfsteine sein.

In der Zusammenarbeit mit Vertretern *dieser* Borderline-Subgruppe entsteht gezwungenermaßen Handlungsbedarf seitens der Pädagogen. Grenzgänger, die immer wieder an die sprichwörtliche Wand fahren, haben aber erfreulicherweise meistens ein offenes Ohr für Professionelle, die ihnen empathisch gegenüber auftreten und Interesse aufbringen. Bestehen darüber hinaus auf Schülerseite noch ein Borderline-Bewusstsein und sogar eventuell eine entsprechende fachärztliche Diagnose, so kann man als Lehrkraft doch sehr unterstützend und produktiv auf die jeweilige Persönlichkeit pädagogisch einwirken.

Scheiternde bzw. gescheiterte Grenzgänger sind demzufolge keine hoffnungslosen Fälle. Ich bin davon überzeugt, dass die Lehrkräfte, die sich entsprechend fortgebildet haben, hier die größten pädagogischen Erfolge herbeiführen können. Wobei: Eine Garantie gibt es nie!

Erfolglose Borderliner

Dieser Subtyp startet meistens auch sehr vielversprechend ins Schuljahr und glänzt überall dort, wo er nur kann. Die positive Gegenübertragung regiert dann gezwungenermaßen und man könnte schnell zu dem Schluss kommen: Das wird was! Doch recht zeitnah inszenieren die Betreffenden langsam, aber stetig eine Konstellation in der Gruppe, in der sie schrittweise zu Außenseitern werden, mit denen irgendwann niemand mehr zu tun haben möchte. Diese Entwicklung ist nicht aufzuhalten. Man sorgt natürlich selbst dafür, dass die anfangs förderlichen Beziehungen kippen. Dies geschieht meistens in schleichender Weise, auch der Initiator merkt es kaum – darauf sollte noch einmal ausdrücklich hingewiesen werden.

An diesem nachteiligen Geschehen ist in der Regel der Abwehrmechanismus projektive Identifizierung beteiligt (vgl. Kapitel 3.1.6). Das heißt, die Betreffenden lösen sehr professionell in bestimmten Interaktionspartnern Täter-Anteile aus, wodurch eigene Opfer-Modi gespürt und ausgelebt werden können. Man kennt es nicht anders. Meistens wurden in den Schuljahren zuvor dieselben nachteiligen Erfahrungen gemacht. Möglichkeiten zur Etablierung der erwähnten Rollen gibt es wie Sand am Meer. Die einen Initiatoren beginnen etwa damit, (a) offenkundig über Personen in der Klasse zu lästern, (b) sich mit Lehrkräften zu solidarisieren, um gegen Dritte in der Gruppe oder im Kollegium zu schießen; andere (c) verpetzen Mitschüler beim Spicken – und stets wundert man sich dann, jeglicher Logik zum Trotz, über die Reaktionen der anderen.

Mittelfristig steht die Grenzgängerin mit dem Rücken zur Wand. Aber das aktuelle Dilemma geht natürlich nicht auf ihr Konto. Klar.

Der Umgang mit erfolglosen Borderlinern ist sehr herausfordernd, zermürbend und meistens nicht zielführend. Erfahrungsgemäß erreicht man pädagogisch wenig bis gar nichts, das kann schon sehr betroffen machen. Alles schon erlebt. Erschwert wird die Zusammenarbeit auch dadurch, weil selbst die empathischste Lehrkraft (aus ihrer Sicht) irgendwann auf gar keinen Beziehungskredit mehr zurückgreifen kann, mit der Sympathie ist es verständlicherweise irgendwann vorbei. Erfolglose Borderliner hinterlassen auf der Beziehungsebene verbrannte Erde.

Wann sind die Grenzen erreicht?

Borderliner spalten nicht nur Klassen, sondern teilen auch die Lehrerschaft in zwei Lager. Manche Pädagogen werden bereits auf den ersten Blick nicht warm mit Grenzgängern und gehen *ad hoc* auf emotionale Distanz – bis zum Ende des Schuljahres. Die persönlichen Belange der betreffenden SuS interessieren solche Lehrkräfte nicht. Keine Anfälligkeit für Psychospiele; sie lassen sich andererseits auch nicht in Kollusionen verwickeln und betreten somit gar nicht die Beziehungsebene. Ergeben sich Unterrichtsstörungen, werden diese rigoros verfolgt bzw. sanktioniert. Der emotionale Abstand trägt Früchte. Fazit: Mit so einer Einstellung erspart man sich grundsätzlich viel Stress. Außerdem wird man infolgedessen in der Regel gar nicht an seine persönlichen Grenzen gebracht.

Umgekehrt verhält es sich bei der anderen Fraktion. Wer ihr angehört, ist beim ersten Aufeinandertreffen sofort emotional beeindruckt und entsprechend an der schillernden Borderline-Persönlichkeit und ihrem schulischen Erfolg interessiert, in welcher Form auch immer. Man fühlt infolge der gefühlsspezifischen Trigger auf der Beziehungsebene mehr Bezug! Als Klassenleitung mit viel Empathie im Persönlichkeitsinventar steht man insbesondere bei dieser Konstellation vor einem echten Dilemma, wenn erfolglose oder permanent scheiternde Grenzgänger vor einem sitzen. Zum einen kann es sein, dass man mehr Augenmerk auf die betreffenden SuS legt und ihnen zu viel Unterrichtszeit einräumt, wodurch die Gefahr steigt, dass man seine Professionalität sowie die erfolgreiche Umsetzung des Erziehungs- und Bildungsauftrages untergräbt. Andererseits kann ein gesundes Nähe-Distanz-Verhältnis nach und nach zu Ungunsten der Distanz kippen. In solchen Fällen fühlen sich Lehrkräfte übertrieben verantwortlich für Schülerin XY. Handelt es sich dann um eine erfolglose bzw. zum Scheitern verurteilte Grenzgängerin, so kann die Lehrergesundheit irgendwann darunter leiden, weil man zu sehr *mitleidet*. Merken solche Pädagogen dann, dass sämtliche Unterstützungs- und Hilfsangebote verpuffen, so können sogar depressive Symptome auftreten. Spätestens dann sollten die Alarmglocken hörbar läuten!

Nun zur Frage: Wann ist die persönliche Grenze im Umgang mit Grenzgängern erreicht? Nicht einfach zu beantworten. Einige Anzeichen gibt es aber nach meiner Erfahrung:

- SuS beschweren sich im Unterricht regelmäßig darüber, dass es nur noch um Schülerin XY geht und die Umsetzung des Lehrplans darunter leidet.
- Kollegen fällt auf, dass in Gesprächen mit Ihnen immer wieder der Name von Schülerin XY fällt.

- Ihre Gedanken drehen sich überwiegend um Schülerin XY. Sie fragen sich: Wie kann ich ihr helfen? Welche schemapädagogischen Methoden könnten möglicherweise noch zum Einsatz kommen? Welche Kollegen muss ich noch für Schülerin XY sensibilisieren, dass sie das Schuljahr erfolgreich abschließt?

Kommt man an seine Grenzen, entsteht Handlungsbedarf, der mit dem Titel *Verantwortung abgeben* überschrieben werden kann. Der Austausch mit Kollegen, die in derselben Klasse eingesetzt sind, kann ein erster Schritt zur Realisierung dieses Projekts sein. Wichtig ist, dass man gemeinsam eine Linie fährt und die Hausordnung konsequent umsetzt. Eingefahrene Kollusionen lassen sich andererseits etwa in einer Klassenkonferenz veranschaulichen und entsprechend aufbrechen.

Es braucht manchmal eine Art kollektives Wachrütteln. Die Schülerin sollte natürlich auch in ihrem Verhalten und ihren Mustern gespiegelt werden. Gemeinsame Ziele können in diesem Rahmen ebenfalls formuliert werden. Diese Maßnahmen können vor allem denjenigen Lehrkräften beim Etablieren von mehr emotionaler Distanz helfen, die auf der Beziehungsebene allzu sehr mit der Borderlinerin verstrickt sind.

Der Vorhang fällt ...

Abgesang

Die Türen zu gestern
hast du längst hinter dir geschlossen
hast mit allem, was dich einmal bewog, und allem
was dich auch heute noch bewegt
für immer gebrochen

Der Abend erschließt sich nunmehr für dich in einem Heut' wirklich schnell
kaum ist es drei, schon wird's fast wieder hell

Auch wenn der Vorhang fällt für das
was dein Auftritt einmal wirklich war
das gibt's für dich schon lange nicht mehr

So kann ein Hier-und-Jetzt auch ein Neuanfang
mit Start ins neue Leben sein

Vorhang fällt
ist nicht das Ende der Welt

Du wirst erleben, dass er sich irgendwann auf
wundersame Weise wieder für dich hebt

Der Morgen zeigt wie selbstverständlich
sein Alltagsgesicht
den Hintergrund des Tagesganges
den sieht man erst bei Abendlicht

Jetzt bist du am Zuge, gib' dir selbst 'ne zweite Chance
sonst verfällst du erneut in Angst und Trance

Hans-Jörg Treitler

Literaturverzeichnis

American Psychiatric Association (2015): Diagnostisches und Statistisches Manual Psychischer Störungen DSM-V. Hogrefe.

Armbrust, Michael & Link, Anja (2015): Borderline im Trialog. Miteinander reden – miteinander lernen. Paderborn.

Arntz, Arnoud & van Genderen, Hannie (2010): Schematherapie bei Borderline-Persönlichkeitsstörung. Weinheim.

Axelrod, Robert (2009): Die Evolution der Kooperation (7. Aufl.). Berlin.

Bateman, Anthony, W. & Fonagy, Peter (2014): Psychotherapie der Borderline-Persönlichkeitsstörung. Ein mentaliseriungsgestütztes Behandlungskonzept. Gießen.

Bauer, Joachim (2006): Warum ich fühle, was du fühlst. Intuitive Kommunikation und das Geheimnis der Spiegelneurone. München.

Bauer, Joachim (2007): Lob der Schule. Sieben Perspektiven für Schüler, Lehrer und Eltern. München.

Bauer, Joachim (2013): Schmerzgrenze. Vom Ursprung alltäglicher und globaler Gewalt. München.

Berne, Eric (2005): Spiele der Erwachsenen. Psychologie der menschlichen Beziehungen (5. Aufl.). Reinbek.

Bohus, Martin (2002): Borderline-Störung. Göttingen.

Bohus, Martin & Reicherzer, Markus (2012): Ratgeber Borderline-Störung. Göttingen.

Bonelli, Raphael M. (2014): Perfektionismus. Wenn das Soll zum Muss wird. München.

Bowlby, John (2014): Bindung als sichere Basis. Grundlagen und Anwendung der Bindungstheorie (3. Auflage). München.

Breil, Janine & Sachse, Rainer (2018): Klärungsorientierte Psychotherapie der Borderline-Persönlichkeitsstörung. Göttingen.

Britsch, Karl-Heinz (1999): Bindungsstörungen. Von der Bindungstheorie zur Therapie. Stuttgart.

Buss, David M. (2017): Evolutionary Psychology. The New Science of the Mind (5. Auflage). New York.

Damasio, Antonio R. (2004): Descartes' Irrtum. Fühlen, Denken und das menschliche Gehirn. Berlin.

Damm, Marcus (2010): Praxis der Schemapädagogik. Schemaorientierte Psychotherapien und ihre Potenziale für die psychosoziale Arbeit. Stuttgart.

Damm, Marcus (2012): Persönlichkeitsstörungen verstehen in der Schule, Schulsozialarbeit und Jugendhilfe 1. Schemapädagogik bei Narzissten, Histrionikern, Antisozialen und Borderline-Persönlichkeiten. Stuttgart.

Damm, Marcus (2014): Der schemapädagogische Handwerkskoffer. 30 praktische Methoden zum Konfliktmanagement in Schule und sozialer Arbeit. Stuttgart.

Damm, Marcus (2015): Psychospiele der Pädagogen 2. Konfliktlösungen in der schulischen Teamarbeit mit Narzissten, Passiv-Aggressiven, Perfektionisten. Stuttgart.

Damm, Marcus (2019a): Guter Unterricht braucht Beziehungen. Schemapädagogik – ein Konzept zum Umgang mit verhaltensauffälligen Schülern (2. Aufl.). Seelze.

Damm, Marcus (2019b): „Gar nichts muss ich!" Mit narzisstischen Schülern kompetent umgehen. München.

Dilling, Horst; Mombour, Werner & Schmidt, Martin, H. (2015): Internationale Klassifikation psychischer Störungen. ICD-10 Kapitel V (F). Klinisch-diagnostische Leitlinien (10. Aufl.). Bern.

Doering, Stephan; Hartmann, Hans-Peter & Kernberg, Otto, F. (2017): Narzissmus: Grundlagen – Störungsbilder – Therapie (2. Aufl.). Stuttgart.

Dobelli, R. (2014): Die Kunst des klaren Denkens. 52 Denkfehler, die Sie besser anderen überlassen. München.
Dreikurs, Rudolf (2009): Psychologie im Klassenzimmer (3. Aufl.). Stuttgart.
Dulz, Birger; Benecke, Cord & Richter-Appelt, Hertha 2009: Borderline-Störungen und Sexualität. Ätiologie – Störungsbild – Therapie. Stuttgart.
Dulz, Birger; Briken, Peer; Kernberg, Otto F. & Rauchfleisch, Udo (Hg.) (2016): Handbuch der Antisozialen Persönlichkeitsstörung. Stuttgart.
Eliot, Lise (2010): Was geht das drinnen vor? Die Gehirnentwicklung in den ersten fünf Lebensjahren. Berlin.
Fiedler, Peter & Herpertz, Sabine (2016): Persönlichkeitsstörungen (7. Aufl.). Weinheim.
Fleischhaker, Christian & Schulz, Eberhard (2010): Borderline-Persönlichkeitsstörungen im Jugendalter. Berlin.
Freud, Anna (1984): Das Ich und die Abwehrmechanismen (23. Aufl.). Frankfurt a.M.
Freud, Sigmund (2011): Vorlesungen zur Einführung in die Psychoanalyse. München.
Gazzaniga, Michael (2012): Die Ich-Illusion. Wie Bewusstsein und freier Wille entstehen. München.
Graaf, Peter (2016): Schematherapie mit Kindern, Jugendlichen und Erwachsenen. Kartenset mit 56 Bildkarten (2. Aufl.). Weinheim.
Grawe, Klaus (2004): Neuropsychiatrie. Göttingen.
Grossmann, Karin & Grossmann, Klaus E. (2012): Bindungen – das Gefüge psychischer Sicherheit. Stuttgart.
Handrock, Anke; Zahn, Claudia A. & Baumann, Maike (2016): Schemaberatung, Schemacoaching, Schemakurzzeittherapie. Weinheim.
Hare, Robert T. (2005): Gewissenlos. Die Psychopathen sind unter uns. Berlin.
Hattie, John & Zierer, Klaus (2017): Kenne Deinen Einfluss! Visible Learning für die Unterrichtspraxis (2. Aufl.). Battmannsweiler.
Heedt, Thorsten (2019): Borderline-Persönlichkeitsstörung. Das Kurzlehrbuch. Stuttgart.
Jacob, Gitta (2017): Raus aus Schema F. Psychische Muster erkennen und die eigene Persönlichkeit entfalten. Weinheim.
Kahneman, Daniel (2016): Schnelles Denken, langsames Denken. München.
Kernberg, Otto F. (2006): Narzißmus, Aggression und Selbstzerstörung. Stuttgart.
Kernberg, Otto F. (2017): Borderline-Störung und pathologischer Narzißmus (18. Aufl.). Frankfurt a.M.
Kernberg, Paulina F.; Weiner, Alan & Bardenstein, Karen (2015): Persönlichkeitsstörungen bei Kindern und Jugendlichen (3. Aufl.). Stuttgart.
König, Karl (1995): Charakter und Verhalten im Alltag. Hinweise und Hilfen. Göttingen.
König, Karl (2007): Abwehrmechanismen (4. Aufl.). Göttingen.
König, Karl (2010): Kleine psychoanalytische Charakterkunde (10. Aufl.). Göttingen.
Kohut, Heinz (1971): Narzißmus. Eine Theorie der Behandlung narzißtischer Persönlichkeitsstörungen. Frankfurt a.M.
Kreisman, Jerold, J. & Straus, Hal (2008): Zerrissen zwischen Extremen. Leben mit einer Borderline-Störung. Hilfe für Betroffene und Angehörige. München.
Kreisman, Jerold J. & Straus, Hal (2012): Ich hasse dich – verlass mich nicht. Die schwarzweiße Welt der Borderline-Persönlichkeit (6. Aufl.). München.
Kumbier, Dagmar (2016): Aufstellungsarbeit mit dem Inneren Team. Methoden- und Praxisbuch. Stuttgart.
Künkel, Fritz (2000): Einführung in die Charakterkunde (18. Aufl.). Stuttgart.
Lammers, Claas-Hinrich (2014): Psychotherapie narzisstisch gestörter Patienten. Ein verhaltenstherapeutisch orientierter Therapieansatz. Stuttgart.
Lawson, Christine Ann (2018): Borderline-Mütter und ihre Kinder. Wege zur Bewältigung einer schwierigen Beziehung. Gießen.

LeDoux, Joseph (2001): Das Netz der Gefühle. Wie Emotionen entstehen. München.
Lelord, Francois & André, Christophe (2009): Der ganz normale Wahnsinn. Vom Umgang mit schwierigen Menschen. Berlin.
Linehan, Marsha M. (1996): Dialektisch-Behaviorale Therapie der Borderline-Persönlichkeitsstörung. München.
Lohmer, Mathias (Hg.) (2013): Borderline-Therapie. Psychodynamik, Behandlungstechnik und therapeutische Settings (3. Aufl.). Stuttgart.
Manning, Shari Y. (2018): Ich liebe einen Borderliner. Eine Persönlichkeitsstörung mit vielen Gesichtern. Lichtenau.
Mentzos, Stavros (2017): Lehrbuch der Psychodynamik. Die Funktion der Dysfunktionalität psychischer Störungen (8. Aufl.). Göttingen.
Merod, Rudi (2016): Dialektisch-behaviorale Therapie (DBT-A) mit Jugendlichen mit einer Borderline-Persönlichkeitsstörung. Tübingen.
Nissen, Gerhard (2001): Persönlichkeitsstörungen. Ursachen – Erkennung – Behandlung. Stuttgart.
Nuber, Ursula (2012): Lass die Kindheit hinter dir. Das Leben endlich selbst gestalten. München.
Oldham, John M. & Morris, Lois B. (2017): Ihr Persönlichkeitsportrait (7. Aufl.). Eschborn.
Patrzek, Andreas & Scholer, Stefan (2018): Systemisches Fragen in der kollegialen Beratung. Weinheim.
Peichl, Volker (2010): Jedes Ich ist viele Teile. Die inneren Selbst-Anteile als Ressource nutzen. München.
Pommer, Claudia & Zögling, Doris (2019): Schemageleitete Pädagogik im Kinder- und Jugendbereich. Berlin.
Preuss-Lausitz, Ulf (2013): Schwierige Kinder – schwierige Schule. Inklusive Förderung verhaltensauffälliger Schülerinnen und Schüler (2. Aufl.). Weinheim.
Rahn, Ewald (2015): Basiswissen. Umgang mit Borderline-Patienten (7. Aufl.). Bonn.
Rattner, Josef (1999): Anleitung zum Umgang mit schwierigen Menschen. Augsburg.
Rautenberg, Walter & Rogoll, Rüdiger (2001): Werde der, der du werden kannst. Persönlichkeitsentwicklung durch Transaktionsanalyse (20. Aufl.). Freiburg i. B.
Rauchfleisch, Udo (2019): Diagnose Borderline. Diagnostik und therapeutische Praxis. In: Michael Ermann & Dorothea Huber (Hg.): Lindauer Beiträge zur Psychotherapie und Psychosomatik. Stuttgart.
Rentrop, Michael & Schneider-Heine, Agnes (2013): Aktuelle Forschungsergebnisse zu Diagnostik, Genese, Therapie und Versorgungslage bei Borderline-Persönlichkeitsstörungen. In: Michael Lohmer (Hg.): Borderline-Therapie. Psychodynamik, Behandlungstechnik und therapeutische Settings (3. Aufl.). Stuttgart. S. 44–53.
Rhode, Rudi; Meis, Mona, S. & Bongartz, Ralf (2003): Angriff ist die schlechteste Verteidigung. Der Weg zur kooperativen Konfliktbewältigung. Paderborn.
Roediger, Eckhard (2014): Wer A sagt ... muss noch lange nicht B sagen. Lebensfallen und lästige Gewohnheiten hinter sich lassen. München.
Roediger, Eckhard (2015): Raus aus den Lebensfallen. Das Schematherapie-Patientenbuch (2. Auf.). Paderborn.
Roediger, Eckhard (2016): Schematherapie. Grundlagen, Modell und Praxis (3. Aufl.). Stuttgart.
Rösel, Manuela (2010): Wenn lieben weh tut. Ein Kommunikationsratgeber für Partner in der Borderline-Beziehung (10. Aufl.). München.
Rosenberg, Marshall B. (2016): Gewaltfreie Kommunikation. Eine Sprache des Lebens (12. Aufl.). Paderborn.
Roth, Gerhard (2016): Persönlichkeit, Verhalten und Entscheidung. Warum es so schwierig ist, sich und andere zu verändern (11. Aufl.). Stuttgart.

Roth, Gerhard & Strüber, Nicole (2016): Wie das Gehirn die Seele macht (6. Aufl.). Stuttgart.
Sachse, Rainer (2010): Persönlichkeitsstörungen verstehen. Zum Umgang mit schwierigen Klienten (10. Aufl.). Köln.
Sachse, Rainer (2014): Manipulation und Selbsttäuschung. Wie gestalte ich mir die Welt so, dass sie mir gefällt? Manipulationen nutzen und abwenden. Berlin.
Sachse, Rainer; Sachse, Maike & Fasbender, Jana (2011): Klärungsorientierte Psychotherapie der narzisstischen Persönlichkeitsstörung. Göttingen.
Schmidbauer, Wolfgang (2007): Das Helfersyndrom. Hilfe für Helfer. Reinbek.
Schulz von Thun, Friedemann (2010): Miteinander reden 1. Störungen und Klärungen: Allgemeine Psychologie der Kommunikation (48. Aufl.). Reinbek.
Schwartz-Salant, Nathan (2006): Die Borderline-Persönlichkeit. Vom Leben im Zwischenreich. Ostfildern.
Siegel, Daniel J. (2006): Wie wir werden, die wir sind. Paderborn.
Singer, Wolf (2002): Der Beobachter im Gehirn. Essays zur Hirnforschung. Frankfurt a. M.
Spitzer, Manfred (2007): Lernen. Gehirnforschung und die Schule des Lebens. Heidelberg.
Steiner, John (2015): Orte des seelischen Rückzugs. Pathologische Organisationen bei psychotischen, neurotischen und Borderline-Patienten (5. Aufl.). Stuttgart.
Steinhausen, Hans-Christoph (2006): Schule und psychische Störungen. Stuttgart.
Stiglmayr, Christian & Gunia, Hans (2016): Dialektisch-Behaviorale Therapie (DBT) zur Behandlung der Borderline-Persönlichkeitsstörung. Ein Manual für die ambulante Praxis. Göttingen.
Stout, Martha (2010): Der Soziopath von nebenan. Die Skrupellosen: ihre Lügen, Taktiken und Tricks. Berlin.
Textor, Martin R. (2013): Elternarbeit im Kindergarten. Ziele, Formen, Methoden (2. Aufl.). Norderstedt.
Vaitl, Dieter (2012): Veränderte Bewusstseinszustände. Grundlagen – Techniken – Phänomenologie. Stuttgart.
Watzlawick, Paul (2010): Wie wirklich ist die Wirklichkeit? (10. Aufl.). München.
Werth, Lioba & Mayer, Jennifer (2007): Sozialpsychologie. Heidelberg.
Wewetzer, Gunilla & Bohus, Martin (2016): Borderline-Störung im Jugendalter. Ein Ratgeber für Jugendliche und Eltern. Göttingen.
Wöller, Wolfgang (2014): Bindungstrauma und Borderline-Störung. Ressourcenbasierte Psychodynamische Therapie. Stuttgart.
Young, Jeffrey; Klosko, Janet & Weishaar, Marjorie (2008): Schematherapie. Ein praxisorientiertes Handbuch (2. Aufl.). Paderborn.
Young, Jeffrey & Klosko, Janet (2006): Sein Leben neu erfinden. Wie Sie Lebensfallen meistern. Paderborn.
Zanarini, Mary C. & Hörz, Susanne (2011): Epidemiologie und Langzeitverlauf der Borderline-Persönlichkeitsstörung. In: Birger Dulz; Susanne Herpertz; Otto F. Kernberg & Ulrich Sachse (Hg.): Handbuch der Borderline-Persönlichkeitsstörung. Stuttgart. S. 44–56.

Danksagung

Auch bei diesem Projekt haben mich wieder einige Menschen unterstützt, bei denen ich mich an dieser Stelle bedanken möchte. Zunächst ist da Dr. Gabriela Holzmann, Programmleiterin Fachbuch vom Friedrich Verlag, zu nennen. Sie war maßgeblich dafür verantwortlich, dass die Achterbahnen zu meiner Freude in ihrem Verlagshaus erschienen sind. Die Zusammenarbeit fiel wie immer professionell und zielführend aus.

Meinem Lektor Dirk Haupt bin ich auch zu Dank verpflichtet. Mit ihm arbeitete ich bereits sehr intensiv im Rahmen der Publikation *Guter Unterricht braucht Beziehungen* (Damm 2019a) zusammen.

Kethelin Froese, derzeit Schülerin in der Fachschule für Erzieher (Teilzeit), ist für die ansprechenden Moduskarten verantwortlich. Für ihr Engagement schulde ich auch meinen Dank.

Meiner geschätzten Fachkollegin, Abteilungsleiterin der Fachschule für Sozialpädagogik und zugleich guten Freundin Pia Pfoh-Ziegler möchte ich an dieser Stelle auch (wieder) danken. Sie begleitete als persönliche Korrektorin und Lektorin den Entstehungsprozess des Manuskripts. Sie bewies in vielerlei Hinsicht wieder ein gutes Händchen, insbesondere dann, wenn sie einzelne Stellen im Manuskript kritisierte und Verbesserungsvorschläge formulierte. Außerdem erstellte sie zu meiner Entlastung zahlreiche Abbildungen und Download-Materialien. Ich freue mich bereits jetzt schon auf unser anstehendes gemeinsames Buchprojekt, in dem wir verschiedene Schülertypen für Lehrkräfte beschreiben, die im Klassenraum auffallen und die eine besondere pädagogische Handhabe benötigen, um gefördert zu werden. Dieses Buch wird stark beeinflusst sein vom berühmten tiefenpsychologischen Klassiker von Fritz Riemann: *Grundformen der Angst.* Erscheinen wird es voraussichtlich im Herbst 2020 im Ernst Reinhardt Verlag.

Es gab weitere Unterstützung beim Korrektorat: Ein großes Dankeschön geht an meine Kolleginnen Janice Haney-Detsch und Sabrina Holz. Die beiden sind sehr akribisch die Rohfassung durchgegangen und haben zahlreiche Ecken und Kanten abgerundet oder gleich ganz abgeschliffen.

Bei Uta Abelmann, die mich als Schemapädagogin® bei Weiterbildungen fachlich und auch als Dozentin begleitet, bedanke ich mich vor allem für die zahllosen fruchtbaren Gespräche und Eindrücke über typische schulische Situationen, die von SuS mit Borderline-Tendenzen inszeniert werden. Auch mit ihr ist ein Buchprojekt und dessen Realisierung 2021 geplant, in dem es um Schemata bei Erzieherinnen und deren zwischenmenschlichen Auswirkungen geht, die im Praxisfeld Kindergarten arbeiten (ebenfalls Ernst Reinhardt Verlag).

Last but not least bedanke ich mich bei den zahllosen Schülerinnen und Schülern, die mich in den letzten 14 Jahren mit ihren Persönlichkeiten und Ecken und Kanten inspiriert haben. Alle im Buch dargestellten Borderline-Fallbeispiele sind realitätsbasiert.

Übersicht zu den Download-Materialien

Material 1: 50 mögliche Borderline-Items
Material 2: Schemafragebogen
Material 3: Schemata und mögliche Beurteilungsfehler
Material 4: Modusfragebogen
Material 5: Beobachtungsbogen „Borderline-Tendenzen bei SuS"
Material 6: Zirkuläre Fragetechniken
Material 7: Vorlage Psychospiel-Diagramm
Material 8: Reflexionsblatt
Material 9: Methode Expertenrolle (Merkkarte)
Material 10: Modusgespräch (Merkkarte)
Material 11: Moduskarten und Arbeitsauftrag
Material 12: Anleitung Stühlearbeit (einfache und komplexe)
Material 13: Modus-Memo (Vorlage)
Material 14: Soft Skills
Material 15: Hilfeplan (Vorlage)
Material 16: Reflexionsbögen (Persönlichkeitsentwicklung von SuS mit Borderline-Tendenzen)
Material 17: Wochenprotokoll

Bildquellenverzeichnis

Coverbild: © Photographee.eu/stock.adobe.com, S. 169/170: © Kethelin Froese, S. 186: Zitrone © grey/stock.adobe.com, Peperoni © egorxfi/stock.adobe.com, Gummis © Duangjit/stock.adobe.com, S. 187: Süßigkeiten © yanikap/stock.adobe.com, Gummiball © rmbarricarte/stock.adobe.com